薪酬管理：理论与实务

Compensation & Benefits
Management: Theory and Practise

王凌峰 ◎ 编著

西南交通大学出版社
·成 都·

图书在版编目（CIP）数据

薪酬管理：理论与实务 / 王凌峰编著. —成都：
西南交通大学出版社，2021.9
ISBN 978-7-5643-8248-3

Ⅰ. ①薪… Ⅱ. ①王… Ⅲ. ①工资管理－高等学校－
教材 Ⅳ. ①F244

中国版本图书馆 CIP 数据核字（2021）第 183519 号

Xinchou Guanli: Lilun yu Shiwu
薪酬管理：理论与实务

王凌峰 / 编著

责任编辑 / 罗爱林
封面设计 / 原谋书装

西南交通大学出版社出版发行
（四川省成都市金牛区二环路北一段 111 号西南交通大学创新大厦 21 楼　610031）
发行部电话：028-87600564　　028-87600533
网址：http://www.xnjdcbs.com
印刷：四川森林印务有限责任公司

成品尺寸　185 mm × 260 mm
印张　14.25　　字数　319 千
版次　2021 年 9 月第 1 版　　印次　2021 年 9 月第 1 次

书号　ISBN 978-7-5643-8248-3
定价　48.00 元

课件咨询电话：028-81435775

目 录
CONTENTS

第 8 章 调　薪

第 9 章 福利管理

第 10 章 长期激励

第 11 章 典型职序薪酬管理常见问题

第1章 导 言

学习目标

1. 了解薪酬概念的发展脉络及定义。
2. 理解薪酬类型划分。
3. 理解薪酬管理目标。
4. 了解薪酬管理主要影响因素。
5. 理解薪酬管理的困难性及本书内容的适用公司类型。

薪酬管理的合理性在相当大程度上决定组织内部效率与外部竞争力，评价一个组织管理水平与效率，首先要查看该组织的薪酬管理水平与现状。人是社会性动物，必须在群体当中才能生存与发展。薪酬的本质是通过为其他人提供对方需要的产品与服务，从而换取自身生存与发展所需要的物质与资源。员工加入一个组织的动机很多，但是对于绝大多数员工而言，加入一个组织可以带来比其单干更多的个人收益是最主要的动机。薪酬对员工的物质和精神生活质量影响巨大，是多数员工最关注的主题之一。

美国人力资源管理协会 2007 年开展的一项大型调查显示，59%的被调查员工和 67%的被调查人力资源从业人员都认为薪酬是员工满意度的首要影响因素。当然，不同个体对薪酬的需求数量与强度在不同时期有所变化。

有一种观点认为，确实有很多调查表明薪酬是多数员工最关注的问题，但同样也有一些调查结果表明薪酬并不是员工关注的第一因素，因此，没必要过分关注薪酬对员工的影响。此种现象与观点出现的原因主要包括两个方面：一是此类调查是在薪酬不错、员工教育程度较高、在劳动力市场上具有相对优势、待遇不错的公司中进行的，显然此类公司在全社会公司中属于相对少数。二是一些员工言行不一，不少员工在回答调查时，往往出于符合社会期许性考虑，不会将薪酬列为第一重要的因素，以避免被别人视为唯利是图，但实际行为并非如此。

对于今天的大多数公司而言，薪酬仍是激励大多数员工第一重要、第一有效的工具，也是公司管理的矛盾高发点。公司需要制定落实合理的薪酬制度和与之配套的健全的绩效考核制度与措施，要持续高效经营，甚至追求基业长青，就要做好利益分配，短期可以忽悠、压榨员工，但是不能持续，毕竟画饼不能充饥。对于组织来说，薪酬一方面意味着人力成本；另一方面也是必不可少的有效激励手段，是对劳动者劳动的酬劳，是一种驱动、一种激励和一份回报。一流的竞争力需要一流的人才，一流的人才需要一流的投入，薪酬是员工工作的直接动力，合理的薪酬能起到有效的激励效果。元代文学家王实甫在《西厢记》中云："重赏之下，必有勇夫；赏罚若明，其计必成。"

因此，如何进行有效合理的薪酬设计、有效激励员工的薪酬管理是人力资源管理的重要内容。

1.1 薪酬的概念

学习薪酬管理首先应从清晰界定薪酬的定义开始。

1.1.1 学理性定义

工资、报酬、薪水、薪资、薪金、待遇等与"薪酬"的含义大体相当，但又略有区别。

薪水一词在中国古代最初指柴和水，进而用于代指生活必需品。南宋著名思想家叶适在《提举江州陈公墓志铭》中写道：虏既解去，襄城米未食者十五万，薪水不乏，竟完二城，皆如公策。《儒林外史》第48回写道：这是家兄的俸银一两，送与长兄先生，权为数日薪水之资。薪水也指打柴汲水，如《南史·隐逸传·陶潜》写道：今遣此力，助汝薪水之劳。到清朝末年，薪水一词有了今天"工资"的含义。俞樾《茶香室丛钞·薪俸》中写道：按此知国初官员有给薪之例，故至今薪俸之名犹在人口，而近来各局委员有薪水之给，亦本此也。

薪酬与工资两个词经常混用。但是，人力资源管理工作者应该理解其中的不同之处。中国过去的工资概念更多属于计划经济时代的概念，大致相当于今天薪酬管理中纯粹货币的那一部分，不涉及非货币薪酬，甚至很多人平时口头说的"工资"也仅仅指固定工资、基本工资。今天所用薪酬一词的含义更广泛。

英语中 Wage 与 Salary 的区别是：Wage 最初指体力劳动者的收入，而 Salary 更多指脑力劳动者的收入。据《韦氏英语词典》的解释，Salary 是指按月发放的年俸，限指白领阶层的收入。在美国，Salary 指员工收入中不受《公平劳动标准法案》（*Th Fair Labor Standards Act*）管制的那一部分报酬，主要是指管理人员和专业技术人员的报酬，因为他们的报酬采取年薪或月工资的形式，不采取小时工资制，没有加班报酬，不受《公平劳动标准方案》的约束，属于所谓的"豁免员工"。Wage 指受《公平劳动标准法案》管制的员工获得的报酬，这一部分员工以小时报酬率作为计算报酬的基础，加班工作应该获得额外的报酬，主要针对工厂生产员工、服务业一线员工等群体。欧美地区所使用的工资 Wage 主要有两个含义：① 不包括因管理、资本、技术等因素产生的收入；② 一般限于蓝领阶层。Emolument 一词在日常使用中很少出现，仅用于个别场合，如董事袍金为 Director Emolument。Compensation 一般被用来指雇员的一揽子整体性薪资，即除了一般性工资外，还包括奖金、福利以及其他收入等。

我国台湾、香港地区“薪资”一词主要用来表述政府职员、公司白领雇员的收入，“工资”主要用于建筑餐饮服务业佣工和家庭佣工。内地的多数公司普遍不做严格区分，一些规模较大，或有外商背景、港台商背景的公司可能会比较注意用语上的区分。特别是，要把平时口语、公司管理、法律法规定义的一些概念区分清楚，在正式场合尤其是签订劳动合同、制定管理制度时应该以法律法规的界定为准。

1.1.2 操作性定义

劳动者基本工资是根据劳动合同约定或国家及公司规章制度规定的工资标准计算的工资，如实行岗位结构工资的单位支付给职工的基础工资和岗位工资均属基本工资。平常人们说的基本工资是指固定、与业绩无关的工资部分。用人单位与员工围绕薪酬出现劳动纠纷时，当然要按照法律定义的工资相关概念来判决，所以薪酬管理专业人员必须熟悉法律对工资的相关定义，而不能以日常生活中的习惯用法来开展工作。

薪酬管理实务中关于薪酬与工资定义的一些常见、容易混淆的概念有：税前工资（全额工资、应发工资、应得工资）、税后工资（实发工资、到手工资）。税前工资 Q（应发工资）= 到手工资 D（实发工资）+ 社保个人缴纳部分 W + 公积金个人缴纳部分 G + 个人所得税 X。社保算不算工资？很多人认为不算，因为没当场领到手中，这是错误的认识。因为个人缴纳的部分虽然没有直接发给个人，但是当个人退休或者生病报销时，能够从养老保险、医疗保险的个人账户和统筹账户中支出，仍然由个人支配，只是滞后了而已。

1949 年国际劳工组织（ILO）《保护工资条约》（*Protection of Wages Convention*）中第一条规定：工资一词是指不管名称或者计算方式，由雇主支付给受雇者的全部经济报酬或收入。

根据国家统计局 1990 年颁发的《关于工资总额组成的规定》（1990 年 1 月 1 日局令第 1 号）和《〈关于工资总额组成的规定〉若干具体范围的解释》，以及原劳动部颁发的《工资支付暂行规定》（劳部发〔1994〕489 号）和《对〈工资支付暂行规定〉有关问题的补充规定》（劳部发〔1995〕226 号）的有关规定，劳动者的全额工资是指其每月所收入的基本工资（又称标准工资）与辅助工资（又称非标准工资）的总和，即实得工资。

《工资支付暂行规定》（劳部发〔1994〕489 号文）第三条规定：“本规定所称工资是指用人单位依据劳动合同的规定，以各种形式支付给劳动者的工资报酬。”《关于贯彻执行〈中华人民共和国劳动法〉若干问题的意见》（劳部发〔1995〕309 号）第五十三条明确“工资”是指用人单位依据国家有关规定或劳动合同的约定，以货币形式直接支付给本单位劳动者的劳动报酬，一般包括计时工资、计件工资、奖金、津贴和补贴、延长工作时间的工资报酬以及特殊情况下支付的工资等。劳动者的以下劳动收入不属于工资范畴：① 单位支付给劳动者个人的社会保险福利费用，如丧葬抚恤救济费、生活困难补助费、计划生育补贴等；② 劳动保护方面的费用，如用人单位支付给劳动者的工作服、解毒剂、清凉饮料费用等；③ 按规定未计入工资总额的各种劳动报酬及其他劳动收入，如国家根据规定发放的创造发明奖、国家星火奖、自然科学奖、科学技术进步奖、合理化建议和技术改进奖、中华技能大奖等，以及稿费、讲课费、翻译费等。

2014 年财政部修订的公司会计准则《公司会计准则第 9 号——职工薪酬》，使用的是“职工薪酬”概念，符合国际惯例，也是最为接近学术上的“薪酬”概念。我国现行公司会计准则是财政部于 2014 年修订并实施的，借鉴了 2011 年国际会计准则理事会（International Accounting Standards Board，IASB）发布的《国际财务报告准则第 19 号——雇员福利》相关内容，与国际会计惯例更加趋向一致。修订后的职工薪酬准则不仅包括公司为获得职工提供的服务给予的各种形式的报酬或补偿，也包括解除劳动关系后给予的各种报酬或补偿，还包括公司提供给职工配偶、子女、受赡养人、已故员工遗属及其他受益人等的福利，主要分成 4 类：短期薪酬、离职后福利、辞退福利、其他长期职工福利。“五险一金”中养老保险和失业保险不属于短期薪酬，新准则将该部分内容调整到离职后福利，属于设定提存计划。会计准则中的“职工”的定义范围包括所有与公司签订劳动合同的人员、没有签订合同但有正式任命的人员、既没有和公司签订劳动合同也没有正式任命但向公司提供了服务的人员，而一般的员工定义范围仅指与公司签订劳动合同的人员。其他长期职工福利包括长期带薪缺勤、长期残疾福利等。公司如果向职工提供的其他长期职工福利，满足设定提存计划规定的条件，一方面应将计算的应缴存金额确认为负债，另一方面应计入当期损益或相关资产成本。

1.2 薪酬类型划分

1.2.1 货币薪酬与非货币薪酬

薪酬可以从不同角度做不同分类，常见的有以下几种分类：

（1）将基本工资、奖金、津贴/补贴合称为货币薪酬、直接薪酬，均为现金收入；而将福利与股权合称为非货币薪酬、间接薪酬，一般为非现金收入。

（2）将基本工资、奖金、津贴/补贴、福利合称为短期薪酬，而将股权称为长期薪酬。

（3）将基本工资、津贴/补贴、奖金、福利和股权称为经济薪酬（外在薪酬、物质薪酬），而将对员工精神与心理方面的薪酬称为内在薪酬、精神薪酬，如关注员工尤其是核心员工的工作生活平衡、授权、参与决策、挑战性工作、学习新知识和技能、工作的自由度、感兴趣的工作或工作任务、工作丰富化、职业生涯规划、培训的机会、提高个人名望的机会（如为著名大公司工作）、愉快的工作环境、公司对个人的表彰等心理需要，满足员工的荣誉感、成就感、责任感、归属感。Richard Hackman 与 Greg Oldham 于 1976 年提出的工作特征模型（Job Characteristics Model）就指出，工作的技能多样性、任务完整性、任务重要性、自主性与工作对象的积极反馈会使员工感受到工作的意义、责任与结果，从而对员工产生激励作用[1]。

经济性报酬和非经济性报酬、直接与间接报酬、内在与外在报酬的分类如图 1-1 所示。

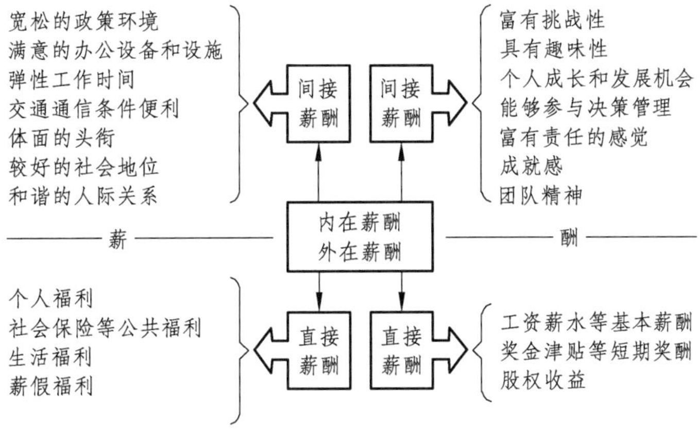

图 1-1　薪酬的分类

当然，非货币激励与货币激励互补，适用于不同激励对象与场合，不能走极端，金钱万能、精神万能都是不对的。不同的激励对象需要货币与非货币的不同比例组合，对于多数公司的一般员工来说，首先是货币激励；对于收入较高、教育程度较高的少数员工来说，非货币激励的作用更大。

著名国际管理咨询公司韬略（Towers Perrin）公司提出全面薪酬模型，对货币薪酬与非货币薪酬予以归类。（见图 1-2）

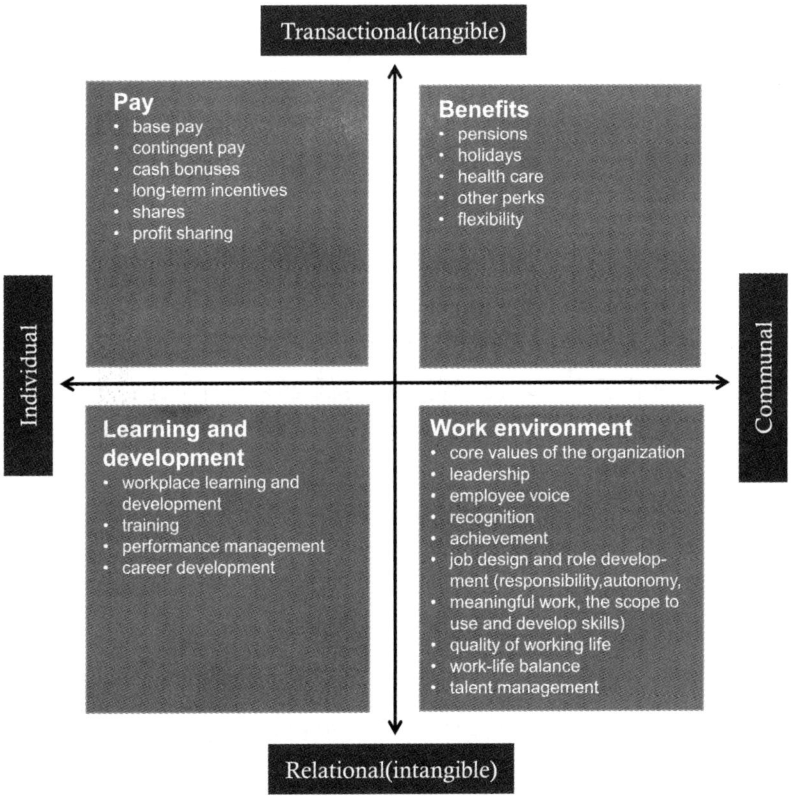

图 1-2　韬略（Towers Perrin）公司全面薪酬模型

1.2.2 整体薪酬

密歇根大学商学院教授 John Tropmuan 提出整体薪酬（见表 1-1），主要观点是：① 突出各种激励因素的整合处理。薪酬不仅限于金钱方面，也包括非金钱方面。把基本工资、附加工资、福利工资、工作用品补贴、额外津贴、晋升机会、发展机会、心理收入、生活质量和个人因素等统一起来，作为整体薪酬体系来考虑。② 突出薪酬的定制性、组合性和可选择性。

表 1-1 整体薪酬方案的构成

名称	符号	意 义
基本工资	BP	员工的基本工资
附加工资	AP	从加班工资到股票期权等一次性报酬
间接工资	IP	传统的福利如医疗保险和养老金
工作用品补贴	WP	员工不必自己在外购买而由公司本身提供的各种物品，如工作服、手机等
额外津贴	PP	购买公司产品的优惠折扣，其杠杆作用用于激发员工潜力
晋升机会	OA	公司内的提拔机会
发展机会	OG	公司提供的所有与工作相关的学习和深造机会，包括在外学习与学费赞助
心理收入	PI	雇员从工作本身和工作场所中得到的精神上的满足
生活质量	QL	如上下班便利措施、弹性工作时间等。员工通过平衡工作与整个生活的关系，能愉快地享受工作和生活中的乐趣
私人因素	X	员工的特殊个人需求，如能否带宠物一起上班

生活质量与私人因素中，生活环境是非常重要的一个方面，如著名的雷尼尔效应。西雅图位于太平洋西海岸，湖泊星罗棋布，天气晴朗时可以看到北美最高雪山之一的雷尼尔山峰。《西雅图无眠》等多部著名电影都在西雅图拍摄。与美国同类大学教授平均工资水平相比，西雅图华盛顿大学教授工资一般要低 20%左右（注：美国有多所高校叫华盛顿大学，但位于不同城市，彼此没有内在联系）。很多教授留恋西雅图的湖光山色而愿意接受更低一些的工资。用全面薪酬观点看，西雅图华盛顿大学教授的工资，80%是以货币形式支付的，20%是由美丽的湖光山色支付的。

1.2.3 全面薪酬

美国薪酬协会（World at Work，WAW）将报酬区分为薪酬、福利、工作体验 3 部分，工作体验进一步区分为表扬和认可、工作与生活平衡、组织文化、职业生涯发展、工作环境 5 个模块。其中，薪酬和福利是用以吸引、保留和激励员工的基础，而置身于组织所获得的工作体验则发挥着重要的杠杆作用。美国薪酬协会的总体报酬模型有多个版本，目前的版本是 2015 年版，与之前的版本相比有一些变化，但基本一致。

对 5 大模块的具体含义，美国薪酬协会的解释如下：

（1）薪酬包括固定薪酬和浮动薪酬两个部分。固定薪酬即基薪或基本工资，通常不会随着绩效水平或工作结果的变化而变化。浮动薪酬随着员工绩效的变化而变化。组织根据员工在某一绩效周期内的绩效表现向其支付浮动薪酬。浮动薪酬的支付是一次性的，一般包括短期激励（如加薪、一次性奖金等）和长期激励（如现金奖励、股票期权、利润分享等）两类。福利大致可以分为社会保险、集体保险以及非工作时间报酬。其中，社会保险是国家以立法形式，由社会集中建立基金，以使劳动者在年老、患病、工伤、失业等情况下能够获得国家和社会补偿、帮助的一种保障机制，通常包括失业保险、工伤保险、养老保险等；集体保险通常包括重大疾病保险、人寿保险、意外死亡（伤残）保险、退休金保险和储蓄保险等。非工作时间报酬通常包括为员工在工作期间的休息、卫生整理和换装时间，以及为员工正常休假、公司节假日等法定非工作时间支付报酬。

（2）工作与生活平衡（Work-life Balance）主要包括提供灵活的工作时间、安全卫生的工作环境、重视员工的身体健康、关心员工家庭等。

（3）绩效与认可。认可指组织承认员工的绩效贡献并对员工的努力工作给予关注，创造尊重员工贡献、价值的工作氛围，适当地以现金或非现金的方式（如口头表扬、授予奖品、颁发奖状、与管理层共进晚餐等），对员工的优秀表现进行奖励。

（4）个人发展与职业机会。个人发展指组织为员工提供有价值的培训和学习机会以提升他们的工作能力，规划员工的职业发展，并在组织内部为优秀员工提供工作轮换的机会和职位晋升的空间。

1.3　薪酬管理影响因素

本节从组织外部、组织内部、管理层、劳动者个体 4 个方面讨论薪酬管理的主要影响因素。

1.3.1　组织外部因素

1. 劳动力市场供求比

与一般商品类似，在市场经济条件下，劳动力市场的供需状况直接影响劳动力价格。当劳动力供给大于需求时，薪酬水平下降；供给小于需求，则薪酬水平上升。

最典型的例子是，改革开放后的很长一段时间里，我国农民工工资普遍偏低。2010 年之前，我国的劳动力市场一直被认为供大于求。但随着人口年龄结构的变化，本科扩招后大学毕业生的数量急剧增加，就业集中在城市、白领岗位。年轻人尤其是接受过高等教育的年轻人普遍不愿意从事室外、体力、危险工作岗位以及在小公司、小城市、收入不高或者高度不确定、职业发展前景黯淡、需要经常出差或者经常被拒绝的工作，这类公司或工作自然需要付出更高薪酬才可能雇到合适的人。2010 年之后，我国多个地区开始出现“民工荒”，农民工工资不断攀升，劳动密集型行业的很多小公司招聘难度与成本增加。

今天的制造业生产自动化程度与 19—20 世纪工业管理时代已经不可同日而语，传统的体力型一线普通工人需求在逐步萎缩，更需要高素质的一线技术工人。德国、瑞士等非常注意发展职业教育，我国由于教育体制、文化传统等原因，职业教育一直备受歧视，成为成绩不佳学生的上学选择。目前中国劳动力市场中，工程师、博士硕士易求，高级技工却难觅，出现“中国制造，谁来制造”的问题。没有一流的技术工人，就没有一流的产品。因而，许多关键产品的瓶颈不是设计能力，而是制造能力。实际上，由于 CAD 软件以及各种算法不断编入设计软件中，设计的难度在降低，反而是实现设计的制造环节更容易成为瓶颈。中国神舟七号使用的零部件，由于零件需求量并不大，且对成本不敏感，国内公司可以不计成本，制造出少数符合要求的零件，但是难以保持稳定质量的大批量生产。

市场经济环境下，物以稀为贵的供求法则是永恒不变的真理，与教育程度、学历无关。2015 年新华网报道，当时的澳大利亚房地产市场持续高涨，对砌砖工的需求猛增。据悉尼和墨尔本媒体报道，悉尼的砌砖工按照一天砌 500 块砖计算，日薪超过 4 000 元人民币，一些大城市的建筑项目由于砌砖工严重短缺导致项目工期延长一年之久。澳大利亚砌砖培训基金主席乔夫·诺伯说，很多为子女选择职业教育的父母都不希望自家孩子做砌砖工，更倾向从事电工、水管工和木工等。据该基金统计，澳洲当时约有 22 000 名砌砖工人，远远不能满足市场需求。相比之下，普通大学生遍地都是，薪酬水平反而低于砌砖工。当然，普通大学生从事办公室白领工作居多，工作环境与工作条件比砌砖工好得多，职业发展前景也有很大差异。

因此，公司在确定薪酬标准之前，必须对本地区和本行业的市场薪酬水平进行调查，确保本公司制定的薪酬水平处于与公司实力相当的合适水平。低于市场水平的薪酬，会使员工不满或者离职率过高；明显高于市场水平的薪酬，容易引来本地其他同类公司的压力，也会增加公司人力成本。

对于一些全国全球经营的公司，需要在全国全球范围内进行薪酬调查。在衡量国家间薪酬差异方面，英国《经济学家》杂志 1986 年至今每年发布的巨无霸汉堡指数（Big Mac Index）非常有名：以 A 国货币计算的巨无霸汉堡价格除以 B 国货币计算的巨无霸价格，该商数跟两国货币汇率比较。根据购买力平价理论，要是商数比汇率低，表示 A 国货币汇率被低估，反之被高估。选择巨无霸汉堡作为比较基准的原因是，巨无霸在多个国家均有供应，且制作规格相同，由当地麦当劳经销商负责为材料议价，使该指数在各国的可比性较强。

2. 法律法规

无论在中国还是发达国家，各类全国性、地方性的法律法规以及政府发布的政策对薪酬管理都有很大影响。

以美国而言，1935 年罗斯福新政出台的《瓦格纳法》（*National Labor Relations Act*）与随后的《社会保障法》、1936 年的 *Walsh-Healy Public Contracts Act*（该法要求与联邦政府签订生产、供应合同的公司按照行业通行工资标准支付薪酬）、1938 年的《公平劳工标准法》，1963 年的《公平工资法》、1964 年的《民权法案》第 7 章修订，强调同工同酬与内部公平性，在类似法律的要求下，在公司人力资源管理领域催生工作分析、岗位评价、任职资格等一系列主题内容的系统化。

以我国而言，1994 年原劳动部颁发《劳动部关于贯彻实施〈劳动法〉的意见》中指出：《劳动法》是劳动法律体系中的基本法，要使其规定的各项基本原则得到很好的贯彻执行，还需要制定配套的《促进就业法》《劳动合同法》《工资法》《安全生产法》《劳动保护法》《职业技能开发法》《社会保险法》《劳动争议处理法》和《劳动监察法》等单项法律和法规。目前上述单项法律法规基本上都已经完成立法并施行。

我国对员工最低工资、个人所得税、工厂安全卫生、女职工特殊保护、员工退休养老医疗保险等都有一系列规定。近年来相关的新法律法规不完全列举如下：

财政部、人力资源社会保障部、国家税务总局联合下发的《关于公司年金、职业年金个人所得税有关问题的通知》（财税〔2013〕103 号）。

个人所得税法修订。1980 年个人所得税起征点为 400 元，当时的国家领导人月工资为 400 多元，普通员工月工资不到 50 元，当时该标准主要针对外籍人士。目前的最新规定是，月工资起征点为 5 000 元。

2008 年开始实行的《中华人民共和国企业所得税法实施条例》规定：

第四十条，企业发生的职工福利费支出，不超过工资薪金总额 14%的部分，准予扣除。

第四十一条，公司拨缴的工会经费，不超过工资薪金总额 2%的部分，准予扣除。

第四十二条，除国务院财政、税务主管部门另有规定外，公司发生的职工教育经费支出，不超过工资薪金总额 2.5%的部分，准予扣除；超过部分，准予在以后纳税年度结转扣除。

当然，对于上述法律法规，薪酬管理从业者不必背诵，大概了解即可，具体计算可利用薪酬管理、个人所得税软件。注意要选择代表性软件的最新版本，因为相关规定可能随时变化，软件更新最快。

3. 工会组织

如今很多国家或地区的劳动力市场中，劳动力供给方往往以工会整体出现，参与薪酬确定，让工会与集体谈判成为影响薪酬的重要因素。集体谈判的过程是一系列建议与反建议的博弈过程。其他情况相当的条件下，有工会的公司薪酬水平高于没有工会的公司。

由于历史原因，欧洲（特别是北欧、西欧）、南美国家的工会力量相对于美国而言，更为强大。在欧洲一些国家，主要由工会组织与雇主组织进行工资谈判，达成全国性薪酬协议。这一协议对公司薪酬政策有巨大影响，对市场的影响反而相对其次。美国 3M 公司是一家跨国公司，公司在美国以及新加坡的分公司实行收益分享和奖励计划、绩效工资，而在比利时布鲁塞尔的分公司采用绩效工资，却被起诉为非法。因为比利时为控制通货膨胀和提倡收入分配平等，规定所有超过工会组织与雇主组织全国性薪酬协议确定的薪酬水平都是违法的。

4. 社会文化

文化对薪酬的影响虽然比较间接，但在深层次上影响着公司员工对组织内薪酬分配的态度和基本判断。现代管理学研究中，社会文化对公司各领域的影响是一个重要的研究课题，文化差异特别容易对跨国公司经营产生巨大障碍。《项目管理知识体系指南》（PMBOK 指南）是美国项目管理协会（PMI）的权威出版物，自 1996 年第一版正式出版以来，每三年更新一次。PMBOK 中文第四版“9.3.2.6 认可与奖励”一节中强调：“在决定认可与奖励时，应考虑文化差异。”

美国主流文化强调个体独立性与高度绩效化的管理风格，而日本主流文化强调集体与合作，不宜过分突出个人。日本和美国的文化差异非常典型地体现在大型公司高级管理人员与普通员工的薪酬水平差距上。美国上市大公司高级经理人员年收入为普通员工的上百倍，个别甚至达到 300 多倍，而在日本该差距很少超过 30 倍。

如此差异，美式理念在日本落地时，可能产生矛盾。一个实例是 20 世纪发生的 IBM 东京公司事件。IBM 东京公司的美国高层秘密重奖几位工作出色的日本员工，这在美国属于管理惯例。之后，一些没有得到奖励的日本员工提出辞职，原因虽然让美方有点意外但还算合情合理：因为别人被重奖，而自己没有得到奖励，证明能力达不到公司要求，所以主动请辞。但是，随后受到奖励的人也提出辞职，原因让美方觉得匪夷所思：辞职员工说由于个人被公司重奖，一些同事辞职失去工作，而同事辞职又让公司被动，自己得奖既对不起同事也对不起公司，只好也辞职。

美国公众对社会贫富差距的接受度远超其他发达国家。我国香港地区专栏作家薛涌在香港《信报》2001 年发表过的《减税与美国经济》写道：斯坦福大学历史学家大卫·肯尼迪（David Kennedy）曾讲道，在 20 世纪 30 年代大萧条时代的纽约，每周末大批劳工被送到体育场去看橄榄球，等比赛结束后，便有人出来对刚看完球的劳工们说“对不起，你们被解雇了”。一个体育场能容纳数万人之众，而当时的美国家庭，只有丈夫上班赚钱养活一家。每周有这样的球赛，意味着每周几万家庭会失去生活来源。然而当时却很少有暴乱，战后也同样如此。

在全球化与信息技术等因素推动下，今天美国 1%的富人越来越富裕，而其余 99%尤其是中产阶级收入的绝对水平及占美国国民收入的比例都在下降，因此 2011 年美国出现占领华尔街运动，美国国民对贫富差距开始日益敏感。当然，传统文化的影响并非短期可以消除，美国人对贫富分化的反感程度仍然低于欧洲与日本。

1.3.2 组织内部因素

大公司与小公司、快速增长公司与成熟公司的薪酬设计有很大不同。一般而言，50 人以下的小公司基本上完全根据外部劳动力市场、随行就市确定薪酬。员工数量多的公司，内部部门与岗位复杂度高，需要进行内部劳动力市场的工作评价，以便分出层次与结构，规划人力成本总额、系统支付薪酬，不能随行就市。因为随行就市难以有效进行人力成本管理。

1. 公司规模

根据国家统计局官网发布的《统计上大中小微型公司划分办法（2017）》，典型行业的大中小微型公司划分标准如表 1-2 所示。大型、中型和小型公司须同时满足所列指标的下限，否则下划一档，微型公司只需满足所列指标中的一项即可。

表 1-2 统计上大中小微型公司划分标准

行业名称	指标名称	计量单位	大型	中型	小型	微型
农林牧渔业	营业收入（Y）	万元	Y≥20 000	500≤Y<20 000	50≤Y<500	Y<50
工业	从业人员（X）	人	X≥1 000	300≤X<1 000	20≤X<300	X<20
	营业收入（Y）	万元	Y≥40 000	2 000≤Y<40 000	300≤Y<2 000	Y<300
建筑业	营业收入（Y）	万元	Y≥80 000	6 000≤Y<80 000	300≤Y<6 000	Y<300
	资产总额（Z）	万元	Z≥80 000	5 000≤Z<80 000	300≤Z<5 000	Z<300
批发业	从业人员（X）	人	X≥200	20≤X<200	5≤X<20	X<5
	营业收入（Y）	万元	Y≥40 000	5 000≤Y<40 000	1 000≤Y<5 000	Y<1 000
零售业	从业人员（X）	人	X≥300	50≤X<300	10≤X<50	X<10
	营业收入（Y）	万元	Y≥20 000	500≤Y<20 000	100≤Y<500	Y<100
交通运输业	从业人员（X）	人	X≥1 000	300≤X<1 000	20≤X<300	X<20
	营业收入（Y）	万元	Y≥30 000	3 000≤Y<30 000	200≤Y<3 000	Y<200
仓储业	从业人员（X）	人	X≥200	100≤X<200	20≤X<100	X<20
	营业收入（Y）	万元	Y≥30 000	1 000≤Y<30 000	100≤Y<1 000	Y<100
邮政业	从业人员（X）	人	X≥1 000	300≤X<1 000	20≤X<300	X<20
	营业收入（Y）	万元	Y≥30 000	2 000≤Y<30 000	100≤Y<2 000	Y<100
住宿业	从业人员（X）	人	X≥300	100≤X<300	10≤X<100	X<10
	营业收入（Y）	万元	Y≥10 000	2 000≤Y<10 000	100≤Y<2 000	Y<100
餐饮业	从业人员（X）	人	X≥300	100≤X<300	10≤X<100	X<10
	营业收入（Y）	万元	Y≥10 000	2 000≤Y<10 000	100≤Y<2 000	Y<100
信息传输业	从业人员（X）	人	X≥2 000	100≤X<2 000	10≤X<100	X<10
	营业收入（Y）	万元	Y≥100 000	1 000≤Y<100 000	100≤Y<1 000	Y<100
软件和信息技术服务业	从业人员（X）	人	X≥300	100≤X<300	10≤X<100	X<10
	营业收入（Y）	万元	Y≥10 000	1 000≤Y<10 000	50≤Y<1 000	Y<50

续表

行业名称	指标名称	计量单位	大型	中型	小型	微型
房地产开发经营	营业收入（Y）	万元	Y≥200 000	1 000≤Y<200 000	100≤Y<1 000	Y<100
	资产总额（Z）	万元	Z≥10 000	5 000≤Z<10 000	2 000≤Z<5 000	Z<2 000
物业管理	从业人员（X）	人	X≥1 000	300≤X<1 000	100≤X<300	X<100
	营业收入（Y）	万元	Y≥5 000	1 000≤Y<5 000	500≤Y<1 000	Y<500
租赁和商务服务业	从业人员（X）	人	X≥300	100≤X<300	10≤X<100	X<10
	资产总额（Z）	万元	Z≥120 000	8 000≤Z<120 000	100≤Z<8 000	Z<100
其他未列明行业	从业人员（X）	人	X≥300	100≤X<300	10≤X<100	X<10

一个公司达到数百人规模后，薪酬方面的工作很难通过公司经营者的个人印象进行管理，需要设立专门的薪酬管理岗位。

2. 公司发展阶段

美国管理学家伊恰克·阿迪兹（Ichak Adizes）提出，公司和生物一样，具有一定的生命周期，即成长期、婴儿期、起步期、青春期、巅峰期、衰老期。世界 500 强公司平均寿命为 40 岁，一般跨国公司平均寿命为 12 岁，中国民营公司平均寿命为 2.9 岁。当然，上述数据没有区分行业及公司规模、公司所在地区等特征。

一般认为，处于初创期的公司由于规模、资金等方面的限制，薪酬水平一般略低于行业水平（个别从资本市场、风险投资行业快速融资的互联网等领域的一部分被看好的初创公司除外），而成长期的公司更愿意用较高的工资来吸引人才。成熟期的公司比较稳定，薪酬增长速度较慢甚至长期处于停滞状态。

1.3.3 管理层因素

出于追求个人利益最大化的本能，多数资本家与老板天然倾向减少劳动方在公司产出中的收益比例，以便资本方多得和转移公司经营风险。

19 世纪英国政论家托马斯·登宁（Thomas Joseph Dunning）说过一段话，这段话被马克思在《资本论》引用后，被人们所熟知："一旦有适当的利润，资本就胆大起来。如果有 10%的利润，它就保证到处被使用；有 20%的利润，它就活跃起来；有 50%的利润，它就铤而走险；为了 100%的利润，敢践踏一切人间法律；有 300%的利润，敢犯任何罪行，甚至冒绞首的危险。如果动乱和纷争能带来利润，它就会鼓励动乱和纷争。走私和贩卖奴隶就是证明。"[2]

上述判断符合多数公司，但必须指出，有极少数公司并非如此，资本方主动拿出部分利润分给员工，如巴西赛氏公司（SEMCO SA 公司）就是如此。塞氏公司拿出税前利润的 23%让员工自行决定如何分配[3]。

1.3.4 劳动者个体因素

劳动者素质主要体现在长相、气质、身高、知识技能等方面。

在某些行业尤其是高端服务业，长相气质尤其重要。之前有一句民间流行语："漂亮的脸蛋能长出大米吗？"此话出自朝鲜电影《鲜花盛开的村庄》，影片中一个媒人给一位小伙介绍对象，由于姑娘长相不佳，小伙不乐意，媒人劝说："漂亮的脸蛋能长出大米吗？"劳动经济学家 Daniel Hamermesh 与 Jeff Biddle 1994 年 12 月在《美国经济评论》杂志上发表的一项题为 *Beauty and the Labor Market* 的论文中分析了大量美国和加拿大的资料，发现其他因素相当的情况下，长相更有吸引力的人比普通长相的人平均收入高 5%，而普通长相的人比低于普通长相的人平均收入高 5% ~ 10%。[4]伦敦城市大学（London Metropolitan University）研究人员 Killings 同样发现在其他因素相当的情况下，外貌漂亮的员工薪酬更高，存在所谓"美丽溢价"（Beauty Premium）。长相一般的秘书比漂亮秘书的收入平均少 15%。2010 年 5 月 14 日《华尔街日报》同样提道，其他因素相当的情况下，身材高的推销员赚到的钱比身材矮的多 1/4。当然上面的讨论是一个平均值，并非对所有个体都成立。

中国有类似研究，有学者利用中国健康和营养调查数据库（CHNS）中的城镇居民收入和体检数据，使用分位数回归分析了我国劳动力市场中的"外表歧视"问题。[5]结果表明，女性身高每增加 1 厘米，其工资收入会提高 1.5% ~ 2.2%，身材偏胖对女性的工资收入和就业都有显著的负面影响。身高对中等收入阶层女性的收入影响最明显。身材对男性就业和收入的影响并不明显。

美丽溢价也许是韩国美容行业兴盛的一个重要原因。多年来，笔者观察到一个有趣现象：看一家餐馆盈利情况如何，只需要看服务生的长相和气质就大致知道了。

知识技能方面，在其他条件不变的情况下，员工的人力资本投入大，受教育与培训程度高，员工素质高，则生产率高，公司竞争力强。人力资本投资包括直接成本和间接成本，其中直接成本指为提高知识技能产生的直接费用，如培训费用。间接成本指为提高知识技能而产生的机会成本，如利用工作时间训练而造成的工资或奖金的减少等。员工的薪酬必须能够补偿员工提高知识技能而产生的直接成本和间接成本。正如其他任何投资一样，人力资本投资也存在成本和收益风险。

当然，尽管薪酬影响因素有很多，但影响最大的还是劳动力市场供求关系。

1.4 薪酬管理目标

薪酬的本质就是资本方购买劳动者某段时间的体力、脑力与情绪劳动。情绪劳动主要是针对服务业与服务性工作的，一些工作要求劳动者表现出良好的情绪状态，如航空乘务人员、各种窗口服务人员等。

薪酬管理要解决的根本问题可以用一句话来概括：钱给谁、为什么给、给多少、怎么给？

薪酬管理的目的不是"分蛋糕"，而是通过"分蛋糕"使公司今后的蛋糕做得更大。

在国家法律政策范围允许内，根据外部与外部劳动力市场，基于公司实际情况，通过建立一套完善、系统的薪酬制度，平衡公司盈利、控制人力成本、激励员工、保持以及提升竞争力多个目标的管理活动。

具体地，在某一段时期内，将人力成本支出总额控制在预期范围内的前提下，通过对象、数量、比例、结构等组合设计不同的薪酬方案，对多数员工的激励效果持续良好。持续良好的激励效果主要表现为：① 员工尤其是关键员工流动率保持在同行业同类公司类似岗位的合理水平；② 人力成本的投入产出比达到公司预期目标。需要强调的是，激励效果需要持续良好，而不是“打鸡血”似的短期兴奋后又迅速失去效力。

实现上述目标的薪酬管理为有效薪酬管理。

1.5 薪酬管理困难性

1.5.1 个体贡献往往难量化

薪酬管理的困难性不仅仅在于资本方、劳动方都在追求自身利益最大化，互相博弈，更在于除了少数情况外，个人在合作中的贡献很难客观量化。现代社会分工复杂，个体能力有限，必须通过劳动交换与群体合作，获得社会生存。人作为社会性动物，彼此之间的合作与分工是不可能完全截然分开的，但是绝大多数合作具有固有的模糊性，很难客观准确地量化个体的贡献，但是薪酬分配又必须要求量化分配，于是个体之间会出现各种投机心态与行为，最容易出现的就是高估个人的贡献，由此出现分配矛盾。

心理学中的乌比冈湖效应（Lake Wobegon Effects，Above Average Effects，Better-Than-Average Effect，Illusory Superiority），即多数人容易高估自身能力。乌比冈湖（Lake Wobegon）一词源自美国公共广播电台的一个节目 A Prairie Home Companion，这个节目中有一个很受欢迎的单元叫作“News From Lake Wobegon”。该单元中，美国作家 Garrison Keillor 向听众报道一个美国中部的虚构小镇 Lake Wobegon 一周里发生了哪些有趣的事。在 Lake Wobegon 小镇，女人都很强，男人都长得不错，小孩都在平均水平之上。

康奈尔大学 Dunning 与 Kruger 1999 年 12 月在《人格与社会心理学杂志》上发表了《无能与无知：对自身无能的认知困难如何导致无端自负》，提出杜宁-克鲁格效应。在其中的一个实验里，研究者对一群康奈尔大学在校学生的幽默、语法、逻辑等能力进行测试。之后，再让参试者进行自我评估。结果是实际测试成绩处于倒数的参加者普遍高估自己的排名，而实际测试成绩排前的参加者却容易低估自己的排名[6]。

戴维·西洛塔在其《激活：让员工享受工作》一书中写道：约 80%的员工认为自己的绩效高于组织平均水平，所以极少有人认为自己薪酬过高，而只会觉得自己薪酬偏低。

栾润峰在《精确管理详解》一书中写道他做过的一个实验：随机地在一个大学选取 20 个学生，请他们到饭店吃饭，分成二桌喝啤酒。最后 A 桌喝了 20 瓶，B 桌恰恰也喝了 20 瓶。然后，让 A 桌的 10 人每人在纸上填写他今天晚上喝了多少酒，B 桌的 10 人在纸上填写除了自己以外，其他 9 人今天晚上喝了多少酒，然后把这些数字加起来。结果，第一次得到的数字是 A 桌喝了 38 瓶，而 B 桌只有 8 瓶。让这 20 人在房间看之前他们喝酒的录像，再让他们填写，A 桌的计算数字变成了 32 瓶，B 桌变成了 10 瓶。与实际情况显然还是有很大差异，继续看录像，然后再填，每一次的数值都在接近事实，但是即使到了第十次，仍然不等于实际值。

在人力资源管理研究中，如何确定个体对组织目标的贡献问题，就其理论价值、实践而言，是人力资源管理中的哥德巴赫猜想。马克思试图通过社会必要劳动时间来确认个体的劳动价值，为其阶级剥削理论寻找理论依据。19 世纪乃至之前，体力劳动居多，可以采用劳动时间来量化，而今天脑力劳动成分越来越多，而脑力劳动业绩很难通过工作时间量化，马克思曾经提出“复杂劳动是倍加的简单劳动”，但是如何倍加，马克思并没有回答。

模糊、难以量化的问题本质，再加上利益的驱动，使不同的人对如何确定个体对组织目标贡献问题的观点存在差异甚至完全对立。柏拉图认为一个组织中最高与最低收入之间的差距不宜超出 5 倍，而德鲁克认为不宜超过 20 倍。孰对孰错？薪酬管理实践中采用谁的看法？

由于上述原因，现实世界存在着各种复杂因素，如何完全精确、客观地确定个体对组织目标的贡献这一问题注定是一个非常困难的任务。目前难以在理论层面做出精确回答，往往只能寻找实用主义的做法。

1.5.2 社会竞争激烈及社会保障偏弱

近年来，由于一些媒体与社会舆论对部分商业成功者（富豪、娱乐明星等）进行大量宣传，一些电视剧过分渲染财务自由、豪门生活，再加上不少公司并未严格缴纳社保、住房购买以及医疗教育等压力巨大、社会竞争激烈等多种原因，使民众对短期实现财富成功的渴望较 20 世纪大大增加。

此种社会心态在薪酬管理领域必然体现为员工普遍对收入有较高期望值，因而对多数公司的多数员工而言，薪酬都是员工最关注的焦点问题。但是，任何一个国家或地区，中小公司都占大多数，不可能向多数员工支付较高薪酬，导致员工心态与公司实际支付能力之间出现落差，自然也给公司薪酬管理带来难度。

1.5.3 部分管理者习惯经验管理

在不少公司尤其是民营小公司中，公司所有者说一不二，加上小公司管理普遍不规范，薪酬管理基本上靠公司所有者主观掌握，随意、主观的“拍脑袋”行为较多。下面的场景并不罕见：某公司老板甲得到消息，公司骨干乙刚提出离职，甲非常吃惊，乙的职位在公司属于前几名，年底红包给他的最多，为什么？甲想起 3 个月前的一件事情：年终奖依然是老说辞，甲对乙说自己将最大的红包给了乙，可是乙好像看上去并不是很高兴。甲问有什么问题，乙说丙的红包好像也不少？甲甚为尴尬，因为每次他给几个骨干发红包的时候，都习惯性地说给对方的红包最大，结果话传开了。

薪酬管理需要公平、公正、公开，但始终有一些管理者喜欢利用管理者与员工、员工与员工之间的信息不对称玩弄一些所谓的技巧，一旦散布开，最终效果适得其反。

1.5.4 主要群体利益不一致

公司内部的主要利益主体有公司资本方（老板、出资人、股东尤其是大股东）、管理层（高层与中层基层）、员工（核心员工、一般员工）、人力资源管理部门。不同利益主体利益诉求有一致之处，也有不一致之处，人力资源管理部门很容易受“夹板气”。

在资本方与管理层看来，薪酬是成本，要尽可能控制增长；在员工看来，在工作量不增加的情况下，尽可能加薪、少加班。人力资源部门如果为员工争取合法利益，资本方与管理层可能反对，如果不为员工争取合法利益，则员工觉得人力资源部门是公司派来压榨员工的代表。

因此，为减少夹在资本方、员工之间左右为难，人力部门要尽可能做到用数据说话、用事实说话、预见与防范风险为主的工作思维。

1.6 本教材内容适用的公司类型

商业组织有多种类型，本书主要面向有一定数量员工、处于快速发展、稳定发展阶段的大中型民营企业或者国有企业。不讨论下设分公司与子公司的集团公司，不讨论推行经济民主的合作型社会公司，如西班牙蒙德拉贡联合公司。当然，本书内容与这些公司的薪酬管理有交叉重叠之处，并非完全没有关系。

蒙德拉贡联合公司（Mondragon Corpoilacion Cooperativa，MCC）位于西班牙巴斯克地区（Basque）的蒙德拉贡（Mondragon）小镇，公司采用与主流公司完全不同的商业组织模式。1941 年天主教神父阿里斯门迪（Don Arizmendi）来到蒙德拉贡后，建立了一所初级技术学校。10 多年后学校的五位毕业生在他的影响下，创建了一家小型合作社工厂，此后一家又一家产业合作社诞生了。1991 年合作社联合组建蒙德拉贡联合公司，进入世界 500 强。MCC 与多数公司的不同之处在于，秉持民主管理、劳动者主权、报酬一致性等 10 个基本原则。MCC 最高权力机构是由全体职工组成的社员大会，大会遵循一人一票制，每一个社员无论投入多少股金，都有同样的一票投票权。社员大会每年至少召开一次。薪酬水平与社会同类公司相当，但是高管工资不得高出其所在合作社收入最低员工的 6 倍以上。在 20 世纪 80 年代初期西方经济危机中，当地失业率高达 27%时，MCC 仅裁减不到 1%的职工。

马克思的“工人合作工厂理论”阐明了工人合作工厂的共产主义性质和基本运作模式。马克思将工人合作工厂看作是在旧的生产方式中出现的代表着新生产方式的萌芽，指出合作制经济模式在实现劳动者权益和扩大就业等方面具有积极社会经济价值[7]。MCC 是工人合作工厂的成功范例之一。MCC 坚持平等参与、民主管理、团结合作，其社会意义不仅在于促进就业，其尊重人、尊重劳动、注重公平的理念极大地促进了当地社区的和谐。

当然，全球范围有不同的合作社，但并非都与蒙德拉贡联合公司一样成功。蒙德拉贡联合公司成功的一个重要原因是以工业、金融产业为主，而且体量大，受全球化竞争影响小，相比之下如以色列基布兹合作社，尽管曾经辉煌，但由于属于农业领域、体量小，容易受到农业全球化的巨大冲击，且年轻成员对农业领域的兴趣普遍低于工业、金融产业[8]。

总之，任何一种管理理论、管理方法都不可能放之四海而皆准，而是要适用于不同的情况。故实践中，运用管理方法时，与使用数学定理一样，一定要细分命题与结论的前提条件，忌不看实际条件是否符合理论前提要求，就刻舟求剑，乱用一气。

阅读·讨论·练习

1. 美国 NBA 联盟薪酬制度设计

NBA 的完善薪酬分配规则是 NBA 比赛对抗激烈、精彩的重要原因。

工资帽（Salary Cap）：根据 NBA 前一年的总收入作为基础，划定总收入的一定百分比（大约 50%）为工资总额，然后平均分配到每支队伍，每支队伍在不超过该总额的情况下，与球员谈判引入球员。一般情况下，不允许任何一支球队超出。

奢侈税：NBA 各支球队情况各不相同，经费多的队伍在招募优秀球员方面存在竞争优势，为了防止一些球队招募过多优秀球员，降低 NBA 比赛竞争激烈与精彩度，联盟规定了奢侈税。一支球队假如拥有超过了前一年联盟平均收入的某个标准（如联盟总收入的 57%），需要对超出部分金额缴纳奢侈税。

Larry Bird 条款（Larry Bird Exception）：联盟承认球员年工资涨幅可以达到 10.5%，即使上涨的部分使球队薪金总额超过工资帽，而签其他球队只能提高 8%。另外，合同签订的最长年限也可以从一般的 5 年上调为 6 年，前提是“够资格的老兵自由球员”（Qualifying Veteran Free Agents），球员必须在一支球队效力 3 年以上，期间不可以有毁约或者转会现象。1984 年伯德成为可以与任何球队签约的自由球员。NBA 为了制造凯尔特人队和湖人队分庭抗礼竞争局面，提高球赛精彩度，吸引球迷，出台该条款以让凯尔特人队能够留住伯德，因此被称为“伯德条款”。

中产阶级条款：英文全称为 Mid-Level Exception，每个球队都有一个用来签自由球员、超出部分不记入奢侈税的名额。中产阶级条款源于 1999 年 NBA 停摆后劳资谈判。当时许多球队工资总额都超过工资帽，导致球队没有薪金空间运作球员转会交易，以便妨碍联盟内球员流动。

老兵条款：效力联盟 10 年或者以上的球员可以获得最多 110 万美元的薪水。

新秀条款：NBA 第一轮新秀的第一个合同签约额的计算是以劳资谈判前 N 个赛季同顺位的新秀工资加权平均作为基数，在该基数的 80% ~ 120%波动，以后每年薪酬增加幅度不超过该基数的 10%，直至新秀合同结束。之所以这样做，是因为之前首轮新秀常常拒绝和球队签约，提出过高薪酬要求。另外，一些老球员看到新秀签约金额明显高于他们的薪酬，也会心存芥蒂，不利于球队合作。

罗斯条款：一名球员在执行完新秀合同后，签订第二份合同，可得到一份最多可以占全队工资帽 30%的合同。条件为新秀合同前四年当选过一次 MVP（最有价值球员），或两次在全明星赛中入选首发阵容，或两次入选年度最佳阵容。2011 年出台该条款时全 NBA 符合该条件的只有罗斯一人，因此又称“罗斯条款”。

选秀制度：NBA 选秀分为两轮，第一轮选秀权属于上个赛季没有进入季后赛的球队，抽签决定每支球队的选秀顺序。第二轮选秀权属于进入季后赛的球队。抽签顺序依据战绩定，战绩越差的球队选秀顺位越靠前。目的自然是控制各队实力差异，提高比赛精彩度。

资料来源：陶国栋. NBA 球员薪酬研究[D]. 南京师范大学，2013.

2. 中国人口本科学历仅 4%，为何就业压力大

去掉退休与未成年人口，目前我国具有本科学历的人口数量约占全国劳动年龄人口的 12%，大约 8 个劳动人口中就有一个本科生。本科毕业生就业压力大主要有以下 3 个原因：

一是扩招。1999 年后，全国本科连续多年大幅度扩招，学生素质参差不齐，成人教育、自考、独立学院（以前叫三本）、国外部分低水平大学的留学生，与以前的二本、一本生源平均质量差距明显。20 世纪 90 年代中期之前，大学生包分配工作的前提是大学生招生数量少。1990 年之前，全国每年高考录取本科生不到目前每年本科生录取数的 1/20。

二是中国目前的 GDP 体量虽然巨大，已经位列世界第二，但高科技公司占全国公司比例低于欧美，因而高端产业不多。

三是本科生就业大多数集中于地级市、省会城市。

当然，就业压力大是针对整体情况而言的，对于个体而言，未必如此。对于 1990 年之前就开始举办本科层次教育的省属重点高校、211、985 的大多数专业与大多数学生来说，整体就业压力比其余高校的学生明显小。此外，学生个人性格与能力、家庭背景等因素对就业影响显著，学校只是就业的一个影响因素。

第 2 章　代表性薪酬理论

学习目标

1. 理解代表性薪酬理论。
2. 理解薪酬管理理论与实务之间的关系。

工资作为社会分配的重要方式，是研究经济问题时必须涉及的重要内容之一。17 世纪的古典经济学、19 世纪末期兴起的新古典经济学以及第二次世界大战后发展起来的各种经济学理论，对工资水平决定、个体的工资决策、劳资分配等问题进行研究，出现了各种工资理论。

2.1　工资水平决定相关理论

工资理论的一个基础问题是工人的工资水平是如何被决定的？[9]这里的“工人”最初指体力工人、制造业的工人，今天可以理解为任何非资本方、通过自身体力或者脑力从资本方取得报酬的群体。

2.1.1　生存工资理论

威廉·配第是 17 世纪英国古典政治经济学创始人，他提出商品交换价值由劳动决定的思想，认为工资是维持工人生活所必需的生活资料价值。

英国古典经济学家大卫·李嘉图支持工资决定维持工人及其家属生计所需的生活资料价格的观点。李嘉图认为，劳动像其他商品一样有自然价格和市场价格。劳动的自然价格是使劳动者能够生存、延续其后代所必需的价格。劳动的市场价格则随劳动的供求不断变动，但一般地总是倾向自然价格。劳动的自然价格不是一成不变的，随不同国家、不同时期、不同气候、不同风俗习惯而不同，因而，各国、各地区都会有自己的一般工资水平。

法国古典经济学家、重农学派代表人物杜尔阁的主要论点是：在工业社会中，工人的工资必然处于维持生计的水平上。杜尔阁认为，工人卖出劳动时的价格是供求双方谈判的结果。由于有大量可以挑选的工人，当然劳动力购买者优先选用讨价最低的工人，因此，在彼此竞争的条件下，工人们不得不降低价格。杜尔阁已认识到当时的历史条件下，工人供大于求的情况下，工人与工人之间的竞争使其工资只能低水平保持在维持生活所必需的生活资料水平上。

生存工资理论揭示了资本主义原始积累时期的一个现实情况，工人相对于需求而言太多，在劳动力市场供求比关系上，资本家相对于工人更占据优势，故资本家受利益最大化的驱使，必然有压低工人工资到仅能维护工人生存水平的倾向与实际能力。

2.1.2 补偿性工资理论

18 世纪英国古典经济学家亚当·斯密在《国富论》的《论工资与利润随劳动与资本用途的不同而不同》中提出，造成不同职业和员工之间工资差别的 5 个主要原因[10]：① 掌握职业要求技能的难易程度不同；② 职业安全程度不同；③ 承担的责任不同；④ 劳动者心理感受不同：有的职业让人愉快，有的职业让人厌烦；⑤ 有的职业竞争不激烈，有的职业容易失败。

亚当·斯密的补偿性工资理论可以视为今天工作评价（即岗位评价）理论的先驱，本书第 6 章专门讨论了工作评价问题。

亚当·斯密提出补偿性工资理论后，结果产生了一个并非亚当·斯密本人意愿的后果，劳动安全方面的“危险自负说”理论出现了。由于使劳动者不愉快、学习成本高、不安全、责任重大、失败率高的职业，要付给高工资，于是资本方认为工人既然接受了雇佣条件，说明他们自愿接受了风险。这一理论客观上（并非斯密本人本意）成为自由资本主义时期雇主推卸工伤赔偿责任的理论基础。这一时期，工伤得不到任何补偿。

2.1.3 工资基金理论

19 世纪英国古典经济学家约翰·穆勒（John Miller，又译为“密尔”）提出工资基金理论（Wage Fund Theory）。需要说明的是，穆勒对该理论的阐述有多个版本，其中最流行版本是穆勒 1848 年发表的《政治经济学原理》（*John Stuart Mill's Principles of Political Economy*）中阐述的。

穆勒的基本观点是[11]：在某个时期内，资本的数量是相对稳定的，工资是由资本中用于支付工资的资金数量决定的。在工资基金确定后，工人的工资水平就取决于工人人数的多少。短期内要想增加一部分工人的工资，就必须以减少另一部分工人的工资为代价。穆勒提出该理论旨在解释当时工人绝对贫困化现象。当时的情况是：一是工会力量还不够强大。二是人口增长迅速，特别是城市人口增长迅速。人口的出生率高于资本的积累速度，劳动力市场供求比中，工人普遍处于绝对劣势地位，所以工人工资水平难以整体提高。

工资基金理论的基本前提是资本总量不变、资本增长速度等于或者低于工人人口数量的增长。随着 19 世纪后期资本主义经济的不断发展，两个假设都逐渐不再符合现实。穆勒生活的时代，正处于技术进步快速发展、生产力大幅度提高、生产模式由手工作坊向资本主义现代工业转型的时代，社会经济生活的各个方面都在发生巨大变化。在穆勒的生命后期，英国国内外市场不断扩大，资本投入不断增长，对劳动力的需求数量快速增长，另外工会力量也不断增大，英国国内的劳动力市场供求比已经不再是以前的无限供给，工资持续上升，工人工资开始稳定在远高于生存线的水平之上。

实际上，与穆勒同时代的英国经济学家西尼尔（N. W. Senior，1790—1864）1850年就提出不同于穆勒的观点。西尼尔认为，在生产效率增长较快的情况下，即使工人数量较大，工资仍然可以不断增长。但由于学术地位与影响力的差异，穆勒的理论当时居于主流。1869年威廉·托马斯·桑顿（William Thomas Thornton）发表《论劳动：错误的主张和正当权利、现状与可能的将来》一文。桑顿认为资本中并没有特定比例的所谓工资基金，资本家会根据自己对投资回报的预测而选择不同的投资或者消费比例，如果一个资本家可以这样做，所有的资本家都可以这么做，因此所谓的工资基金是不确定的。

面对经济现实，穆勒于 1869 年放弃工资基金理论，承认工会可以通过对劳动力市场供求比施加一定影响，进而影响工人工资。

2.1.4 工资铁律理论

工资铁律（Iron Law of Wages）理论是由德国工人运动活动家、德国社会民主党创始人之一斐迪南·拉萨尔（Ferdinand Lassalle）在 1863 年出版的《公开答复》的一本小册子中提出的，同年拉萨尔又在法兰克福的一次演讲中对工资铁律做了阐述。

该理论强调工人生育行为影响劳动力市场供求比，进而对工人工资有决定性影响。其主要观点是：在资本主义制度下，工人工资水平的高低，取决于工人人数的多少。人数少工资就高，后代多劳动工资下降，工资下降到最低点，工人结婚生子少，后代就少，这样劳动力又供不应求，工资水平就会上升，使工人工资只能维持在最低水平。工资铁律用人口数量变动解释工资变动，用人口的自然增长来说明工人贫困化的原因。该理论的明显不足是，因为短期内工人生育行为对劳动力市场供求比的影响是可以暂时忽略的。

持相同观点的还有英国经济学家马尔萨斯的著作《人口论》和李嘉图的《政治经济学及赋税原理》。李嘉图以马尔萨斯的人口论为基础，认为工资的高低同工人人口自然增长率呈反比，人口的增加将加大劳动力的供给，而劳动力供大于求的压力又会使工资重新降到仅能维持生存的水平。马尔萨斯 1798 年发表的《人口学原理》中指出：如没有限制，人口是呈几何速率（即 2、4、8、16 等）增长的，而食物供应是呈线性速率（即 1、2、3、4）增/减的。只有自然原因（事故和衰老）、灾难（战争、瘟疫及各类饥荒）、道德限制和罪恶（包括谋杀、杀婴、节育、同性恋）能够限制人口的过度增长。马尔萨斯倾向用道德限制（包括晚婚和禁欲）手段来控制人口增长。然而，由于当时缺乏方便、低成本的避孕技术，因而该观点难以操作。

2.1.5 马克思的工资决定理论

马克思 1847 年在《新莱茵报》发表多篇以《雇佣劳动与资本》为标题的社论中写道："工资是由那些决定其他一切商品价格的规律决定的。"马克思认为决定劳动力价格的因素来自3个方面：一是卖主之间的竞争，降低工资水平；二是买主之间的竞争，提高工资水平；三是买主和卖主之间的竞争，取决于竞争双方的力量对比关系。工资水平很大程度上取决于劳动者的联合谈判力量。马克思还认为，与其他一般商品价格决定不同，劳动力价格同时受纯生理要素和历史社会要素两类因素影响，尤其是历史社会要素使工资变化具有较大的伸缩性。因此，“劳动的价值本身不是一个常数，而是一个变数，它甚至在其他一切商品的价值仍旧不变的条件下也是一个变数”。

马克思的工资理论综合了劳动力市场供求比、工会与劳资谈判以及其他一些历史因素，其阶级立场是站在工人阶级一边，而其他古典经济学家的工资理论没有表现出明显的阶级立场。

2.1.6 边际工资理论

边际工资理论由英国新古典经济学代表人物阿尔弗雷德·马歇尔（Alfred Marshall，1842—1924）在其《经济学原理》一书，美国经济学家约翰·克拉克（John B. Clark）在其著作《财富的分配》中提出。马歇尔是剑桥大学经济学系，也是世界第一个大学经济学系的创始人。克拉克是美国经济学会创始人，美国本土经济学代表的第一人。

该理论的基本观点是：在完全自由竞争的市场上，每一种生产要素在生产中都能得到最佳配置，工资取决于劳动的边际生产力。克拉克的分析只考虑厂商对劳动的需求因素，在机器、原料等其他生产要素投入不变的条件下，当劳动的投入不断增加时，每一单位劳动所分摊的机器设备、原料等逐渐减少，直到一个临界点时，继续增加劳动投入，每增加一个单位的劳动所生产出来的产品必然少于前一单位劳动所生产的产品。如果工人所增加的产出小于付给他的工资，雇主就不会雇佣他。反之，如果工人所增加的产出大于所付给他的工资，雇主就会增雇工人。只有在工人所增加的产出等于付给他的工资时，雇主才既不增雇也不减少所使用的工人。

从厂商对劳动的需求方面看，工资取决于劳动的边际生产力或劳动的边际收益产量。厂商愿意支付的工资水平，是由劳动的边际生产力决定的。从工人劳动的供给方面看，工资取决于两个因素：劳动力的生产成本，即劳动者养活自己和家庭的费用，以及劳动者所需的教育、训练费用，劳动的负效用或闲暇的效用。工资水平的决定是生产要素供给和需求两种力量作用的结果。

边际工资理论的根本不足在于，现实世界几乎不存在完全自由竞争市场，主要是成本＋预期利润决定价格，而不是边际产出决定价格。因为影响价格的变量很多，价格制定者信息不足，计算成本太高，所以现实世界当中，对于大多数产品与服务而言，很难确定所谓的边际价格应该定在何处，商品实际定价基本上都采取“成本＋利润”的方式，而不是边际定价。此外，在人力资源管理实践中，由于劳动力市场供求、员工重置成本、法律约束等原因，资本方在很多情况下，也不能随心所欲地对员工招之即来、挥之即去，进行边际定价。

2.2 信息影响工资决定相关理论

劳动力市场供求比对工资水平有巨大影响，但是供求比机制的实现需要时间，不可能临时自动实现。供求双方做出工资决策时，需要相关信息，而信息的收集需要时间成本与经济成本。换言之，在现实经济中，市场参加者不可能拥有所处经济环境状态的全部知识，完全信息假设除了极其特殊的少数情况外，普遍不成立。围绕该事实，出现了讨论信息影响工资决定的研究与相应理论。

2.2.1 工作搜寻理论

工作搜寻行为是个体付出努力和时间，获取潜在工作信息目的的行为。经典宏观经济学中的劳动力市场是理想的瓦尔拉斯均衡市场，在该市场上，不存在失业现象，工人接受根据劳动力供求关系决定的均衡工资。如果工人的供给提高，则工资下降，而工资下降厂商利润增加，促使厂商扩大生产吸纳多余的工人，最后使工资和劳动力在新的均衡上稳定下来，劳动力市场出清。

上述分析与现实有较大区别，工作搜寻（也称职业搜寻）理论指出，现实中的实际情况是：很多劳动者为寻找一个其能接受的工资水平，投入不少时间精力以及交通食宿经济成本，付出远大于零的信息搜寻成本。除了少数情况外，瓦尔拉斯市场假设的零成本或者近似零成本、无时滞，瞬间完成劳动力市场供求比双方匹配的状态严重偏离常态。因此，劳动力市场上经常出现空岗与失业工人同时存在现象[12]。当然，空岗与失业同时存在多种原因，信息搜寻只是其中一个原因。

2.2.2 工资黏性理论

工资黏性（工资刚性）理论（Sticky Wage Theory）是指短期名义工资的调整慢于劳动力市场供求关系的变化。具体表现为：工资不能随劳动贡献和经济效益的变化而同步变动，工资待遇能上不能下，能增不能减。

凯恩斯主义认为，市场常态是非均衡、难以自动而实时出清的，其中一个原因是工资黏性。工资下降会降低工人生活品质与经济地位，损害其利益，因此，工人会采用各种方式抵制工资下降，从而使工资在向下方向上有一定程度的弹性下降。

新凯恩斯主义引入经济人利益最大化原则和理性预期假设，从经济当事人的经济行为及其相互关系入手，认为工资黏性形成的具体原因主要有：① 劳动合同滞后。短期时间尺度上，比如 1 ~ 3 年内，由于企业与工人签了合同，且劳动力市场供求比关系也很难在 1 ~ 3 年内有明显不利于工人的变化。因此，短期内从行业、宏观经济的层面看，工资黏性非常容易出现。② 工会与法律管制。③ 资本方为激励劳动者，刻意支付高于劳动力市场均衡价格的工资水平，即下文介绍的效率工资。

2.2.3 效率工资理论

效率工资（Efficiency Wage）理论于 1984 年由美国经济学家夏皮罗（Shapiro）与约

瑟夫·斯蒂格利茨（Joseph E. Stiglize）在《美国经济评论》上的一篇论文提出[13]。所谓“效率工资”，是雇主向员工支付的高于市场出清（均衡）水平的工资，即高于劳动供给等于劳动需求时均衡工资的工资。

这一理论的逻辑是：雇主和员工之间普遍存在信息不对称，由于劳动合同不可能为每一工作细节都进行详细规定，员工存在利用合同不完全而偷懒的情况。虽然雇主可以通过强化监督来减少员工的偷懒行为，但监督需要成本，而且还存在“谁来监督”“监督者”等问题。通过支付比市场平均工资更高的工资，员工会更珍惜工作机会，自动自发地努力工作，从而更好地激励员工，节约监督成本。

效率工资应用的典型案例是早期的福特公司。在美国汽车行业迅速发展的 20 世纪初，汽车工人工作流动性很强。1914 年 1 月，亨利·福特开始向工人支付每天 5 美元的工资，而当时一般工资为每天 2 ~ 3 美元，求职者在福特汽车工厂外排起长队。福特公司工人辞职率下降 87%，缺勤率下降 75%，高工资带来更高的劳动生产率，反而使福特汽车价格比对手便宜，福特公司的汽车销售量从 1909 年的 5.8 万辆直线上升至 1916 年的 73 万辆。

另一个效率工资的案例是坦桑尼亚种植园。坦桑尼亚 1961 年独立，当时大多数工人都在大种植园工作，工资很低，工人生产率也很低。独立后，坦桑尼亚政府颁布法令让种植园工人工资上升了 2 倍。种植园主认为会使自己破产。但是，政府坚持实行，结果出人意料。西沙尔剑麻种植就是一个例证。西沙尔麻是一种坚韧的白色纤维物质原料，可用来制造绳索或纤维。在效率工资激励下，坦桑尼亚西沙尔麻的产量增加了 3 倍，且并非由于实物资本投入的增加，而是因为工人积极性高，生产效率大幅度增加。

当然，与任何理论与观点都存在一定的前提假设一样，效率工资要成立的前提假设是：在某一段时间内竞争者尚未普遍跟风、企业可以承受高出市场平均水平的工资成本，因此，效率工资只能是少数企业的行为。

与任何理论一样，效率工资理论不乏批评者，如效率工资对微观组织与个体固然有益，但就宏观经济而言可能导致失业。

2.3 个体工资决策相关理论

2.3.1 工资比较理论

社会福音（Social Gospel）运动（又称私人福利资本主义，与政府主导的国家福利资本主义对应）起源于 19 世纪末西方宗教界，站在社会达尔文主义思潮对立面，反对在人类社会中实行动物界弱肉强食的丛林法则，呼吁社会强势群体践行社会慈善，关心弱势群体，战胜工业化过程中产生的种种丑恶社会现象，实现社会分配正义。社会福音运动是美国 19 世纪 90 年代到 20 世纪 20 年代进步运动时期（Progressive Era）的重要思潮。社会福音运动在对工人的重视、运用直接参与方法进行调查研究等方面和实验心理学类似，成为早期行为科学源头之一。

20 世纪 20 年代，社会福音运动代表人物之一怀廷·威廉斯（Whiting Williams）提出相对工资理论，在1920年的《工人头脑中想的什么》、1925年的《人的主要动力》两本书中进行明确表述。威廉斯的主要观点是：对于工人来说，重要的并不在于他所得到的工资数量，而在于他所得到的相对工资，工人主要是在企业内部进行比较，尤其是与自己各方面条件与工作量类似的工人比较。

英国工业心理学家埃利奥特·贾克斯（Jaques Elliott）在其1961年出版的*Equitable Payment*一书中，亚当斯在《工人关于工资不公平的内心冲突同其生产率的关系》（1962）、《工资不公平对工作质量的影响》（1964）、《社会交换中的不公平》（1965）等一系列著作中提出员工不仅关心报酬绝对量，而且关心相对量。员工进行种种比较来确定自身报酬是否合理，比较结果将直接影响今后工作的积极性。比较主要包括横向与纵向两个方面，横向比较，将获得的“报酬”（包括金钱、工作安排以及获得的赏识等）与“投入”（包括教育程度、所做努力、用于工作的时间、精力和其他无形损耗等）的比值与组织内其他人做社会比较。纵向比较指将自己过去投入的努力与过去所获报偿的比值进行比较。

动物、人为什么会追求公平？公平的本质是什么？公平并不是一个脱离日常行为与观念的超验概念，公平作为一种社会规范，本身也是利益博弈、个人利益最大化的产物。换句话说，公平本身也是为了个人利益，而不是超越于个人利益的高尚概念。荷兰学者弗兰斯·德瓦尔（Frans De Waal）在其著作《灵长类动物与哲学家》中指出，有一系列证据证明，道德很大程度上与眼睛、心脏等器官一样，通过自然选择进化而来。达尔文认为，生存竞争与生殖繁衍迫使动物形成行为规则，这些规则体现在动物基因中。2009年美国埃默里大学Sarah Brosnan等人关于“猴子与公平”的一项研究很有意思，论文名为*Fairness in Animals：Where to from Here*[14]。研究者在实验开始给每一对猴子同样奖赏——黄瓜，后来他们给每对猴子中的其中一只更美味的甜葡萄，本来很高兴接受黄瓜的另一只猴子看到同伴得到葡萄时，便不再接受黄瓜，并用黄瓜袭击研究者。因此，公平、公正的意识不是人类所特有的利益分配意识，其他具有一定智力水平的动物一样具有。

以今天的眼光来看，上述观点强调了薪酬级差设计、薪酬调查在薪酬决策中的地位，注意分配的内部公平性。其不足在于，没有明确个体选择哪些变量进行比较？如何计算？工作评价对此提出了一个解决方法。此外，上述观点还忽视外部劳动力市场对工人工资公平性评价的巨大影响。不过当时外部劳动力市场的影响远低于今天；忽视了个体差异性（当然，在多数情况下，这一点并不是最大的缺陷），不同的个体差异，如不同的金钱观、自尊、核心自我评价对公平的认知有何不同？当然，后来有很多相关研究。

2.3.2 享乐工资

享乐工资（The Hedonic Wage）由Rosen和Sherwin于1974年提出。该理论的基本观点是，随着工资的上升，起初人们会增加工作时间；但工资上升到一定水平后，人们反而会减少工作时间，因此，劳动的供给曲线是一条先向右上方延展，到某个拐点后又向后弯曲的曲线。

享乐工资对薪酬管理的启示是金钱激励并非线性，而是存在一个临界点。此外，同一笔激励对不同的人有不同的效果。在某一工资率水平下，提高工资率会诱使劳动者减少休闲而把更多的时间精力投入工作中，使企业绩效得到改善。但是，当工资率超出某一水平时，劳动者将更渴望休闲而减少工作时间精力，如再进一步提高工资率，货币带来的激励作用边际递减。因此，对于劳动者的激励存在着“适度”的问题。

1993 年 5 月《经济学季刊》发表的一篇文章表明遗产超过 15 万美元不再工作的人数是遗产少于 2.5 万美元不再工作的人的 4 倍[15]。《参考消息》2002 年 12 月 12 日刊发的《哈萨克斯坦人：快乐与金钱无关》一文中写道：阿拉木图很多人不愿意当朝九晚五的白领，而愿意去做时间自由度比较大的出租车司机，其中有些人是名牌大学毕业生，一些修理铺工人甚至有博士学位，他们不是因为找不到更好的工作，只是更喜欢安逸、低压力的工作，收入达到其底线要求即可。另外，不愿意加班。每逢周末，阿拉木图城里最繁华的街道上一个人都没有，但是出城道路上，车流如织，居民都开车出城享受大自然。哈萨克斯坦人很少存钱，发了工资就消费掉。当然，这是近 20 年前的情况，今天或许有变化。

19 世纪著名德国社会学家马克斯·韦伯写过一件事：在波兰人与德国人杂居的奥得河流域农业区，有些农场主在农忙时为提高工效，将农业工人的计时工资提高一倍，在德波两国农工中引起的反应却截然不同。德国农工周工时延长了近一倍，以追求 4 倍于原薪的高收入；波兰农工却反而把工时缩短了近一半，其理由是既然原收入不变，工时减少，就应该去享受更多闲暇，结果许多大量雇用波兰农工的农场主以高工资反而换来了农时的延误。

人类行为的最终目的都可归结为生存和追求舒适、成就感、幸福感。今天大部分中国员工生存没有问题，且教育程度较改革开放之初提高了很多，因此员工需求的多样性、动态化趋势明显。很多员工在收入达到一定程度后，更看重工作与生活的平衡，不愿意加班、不愿意经常外地出差等，宁愿少赚一点钱，以有更多休闲时间陪伴家人或者做自己感兴趣的事情。享乐工资理论讨论的问题就是工作生活平衡问题，绝大多数人并非将工作本身视为一种乐趣，大多数人工作就是为了赚钱，改善生活质量，当收入达到多数人的一个心理临界点时，多数人会倾向选择休息休闲，而不是继续工作赚钱。

2.3.3　工资行为决策理论

美国学者 Kahneman 和 Tversky 于 1979 年提出前景理论（Prospect Theory），将认知心理学的研究成果引入经济学中，获得 2002 年诺贝尔经济学奖。前景理论从行为经济学角度探讨了人们对经济结果的认知规律，研究发现多数人在计算货币效用时按照所谓价值函数进行决策。

前景理论认为员工衡量经济性收入时并非总是按照传统经济学假设进行理性评价，员工在心理上对经济性收入进行衡量时通常是有限理性的，其特点反映在价值函数上（见图 2-1）。在价值函数上，横坐标上原点左边的区域属于纯损失区域，右边的区域属于纯收益区域。价值函数的特点可以总结如下：

（1）同样的货币报酬，对参考点不同的员工激励作用是不同的，参考点可以是员工目前的薪酬水平，可以是员工希望达到的薪酬水平，也可以是员工心理上的所谓保留工资（Reserve Wage）。

（2）根据微观经济学理论，在纯收益区间价值曲线是下凹形的，员工表现为风险规避，在纯损失区间价值曲线是上凸形的，员工表现为风险偏好。这就可以解释面对 80%的概率赢 10 000 和 100%的概率赢 8 000 时，多数人选择后者的现象，虽然用传统的概率论看，两种情况所得期望值都是 8 000 元。

（3）损失曲线的斜率大于收益曲线的斜率，员工对损失的敏感性大于收益的敏感性。得到 100 元带来的快乐，难以抵消损失 100 元带来的痛苦。

（4）对纯损失和纯收益的敏感性呈现边际递减规律。离参考点越远对损失或者收益的变化越不敏感。这就解释了为什么同样是增加 200 元的工资，经理和普通员工的心理体验完全不一样。

上述观点对薪酬管理有诸多启发，如由于对损失的敏感程度远大于收益的敏感程度，一定数额罚款比同样数额奖金产生的心理体验要深刻得多，因此要慎重使用罚款手段进行管理。类似地，考核时多做加法，多做正向激励，少做减法，少做负向激励[16]。

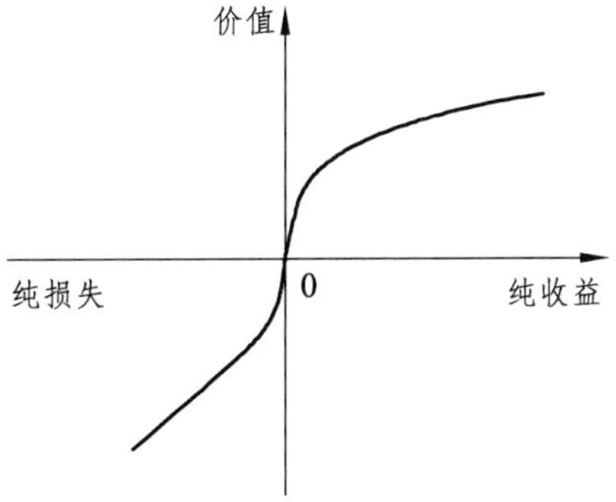

图 2-1　价值函数的基本形态

2.4　劳资分配：分享经济理论

此处提及的分享经济与目前互联网领域创业的分享经济一词内涵完全不同。此处提及的分享经济是劳资双方分配的一种模式，而目前互联网领域创业使用的分享经济（Sharing Economy）一词是指以互联网为平台，集聚社会闲置碎片化资源，满足供求双方需要的一种商业模式，典型公司如滴滴、人人快递、闲鱼、蚂蚁短租、春雨医生、威客网站、猪八戒网等。

此处的分享经济指资本家与员工动态地分享公司利润。分享工资有两种情况：一是员工工资完全取决于企业利润；二是员工工资由基本的固定工资和公司利润分享两部分构成。实际操作中以后者为多。分享经济与分享工资两者是统一的，只是前者在宏观经济层面，后者在微观公司内部层面，全社会较多的公司采用分享工资则形成分享经济。

查尔斯·巴贝奇（Babbage Charles，1792—1871 年）是英国 19 世纪数学家、发明家、现代企业管理先驱人物。巴贝奇在《论机器和制造业的节约》一书中提出，固定工资和利润分享的制度包括两个方面：① 工人的部分工资要视工厂的利润而定，这样工人在进行作业组合时，会自动进行优化组合，淘汰效率较低的工人。② 工人如果能提出任何改进建议，那么就应获得建议奖金，也就是现代的合理建议奖励计划。

威廉·杰文斯（Jevons William，1835—1882 年）是英国经济学家和逻辑学家，是将经济学研究数学化的先驱人物之一，他认为利润分享和职工拥有股票是解决劳资对立和消除罢工的好方法。在管理方面，杰文斯是工业工程的先驱，是第一个研究劳动强度和疲劳关系问题的人，比美国学者泰勒在米德维尔钢铁公司的类似实验早 10 年。另外，杰文斯还进行了初步的工时研究和动作研究，以确定一个合理劳动定额，使一个工人每日的工作量达到较高水平，但第二天又能快速恢复。

1794 年美国人 Albert Gallati 在自己的工厂里实施利润分享制。1865 年英国 Henry Briggs 公司实行利润分享制。1865—1919 年，英国大约实行了 635 个利润分享计划。

20 世纪 70 年代，西方出现以滞胀为特征的经济危机，经济低速增长，与此同时高失业率与通货膨胀并存。通常的经济危机中，生产下降，产品过剩，物价随之下降。但是这一时期的危机是，生产下降的同时，物价继续上涨。原因是多方面的，如第二次世界大战后长期推行凯恩斯财政赤字刺激需求政策以及美国在越南战争的巨额支出，政府大量印发货币、发行国债弥补财政赤字，刺激物价上涨。同时，中东石油价格快速提高，企业生产成本增加，日本公司在 20 世纪 70 年代对美国公司构成巨大的竞争压力，美国公司利润下降而裁员，出现高失业率。

1984 年麻省理工学院经济学教授马丁·威茨曼（Matin Weitzman）《分享经济：克服滞涨》（*The Share Ecomomy：Conquering Stagflation*）一书，提出分享经济理论，试图找到消除西方经济滞胀和缓解资本主义经济制度生产存在的固有矛盾。

魏茨曼分享经济理论的主要观点：通过微观层面把公司传统的工资制度改革为分享工资，进而在宏观经济层面把工资经济改为分享经济。分享经济是“工人的工资与某种能够恰当反映厂商经营的指数（如厂商收入或利润）相联系”，工人和雇主在劳动市场上达成的合同不再规定小时工资，而是工人与雇主在企业收入中各占多少分享比例的协议。

分享经济具有多方面的优势：

宏观经济方面，有利于减少通货膨胀与失业。减少通货膨胀方面，在传统工资制度下，厂商对工人的报酬是固定的，为保证利润，厂商倾向提高价格，从而增加了物价提高的通胀风险。而在分享经济制度下，厂商给工人的报酬不固定，获得同样的利润，也可能通过适当降低工人报酬，从而降低产品价格、增加销量来实现，物价反而下降。减少失业方面，在工资经济中，由于工资固定，劳动成本固定，一旦市场需求收缩，则厂商为保证利润，自然倾向裁员，造成失业。在分享经济中，当市场需求下降时，员工所得也同步下降，公司不必裁员。因此魏茨曼认为，在企业内部实施分享经济，无论对企业本身还是国家宏观经济都会产生一种内在的稳定力量。其实，早在 1938 年美国国会财经委员会的一份研究报告就对利润分享制做出了如下评价：“委员会认为，已建立起来的各种形式利润分享计划已经在创造和谐、平等、有效和令人满意的劳资关系方面获得显著成功。我们相信它对于长久维持资本主义制度是不可缺少的”[17]。

微观公司方面有以下积极作用：部分解决委托—代理矛盾，将员工的部分收益与利润联系起来，有利于激励员工和资本方一样关心企业利润率等财务指标。加强团队协作，产生 1＋1>2 的效果，同时还可以减少企业监督成本。减少职工流失率，节约学习和培训成本。缓解劳资矛盾，抵制工会是早期资本家推出利润分享制的一个重要原因。有些公司还规定参加工会者、罢工者无资格享受利润分享。Saul Estrin 等学者通过对英国 93 个制造业公司 1988—1991 年的调查发现，利润分享对生产率的提高作用为 6%左右[18]；法国学者 Fathi Fakhfakh 和 Virginie Perotin[19]以及美国学者 Kruse[20]通过对各国公司的大量调研，均发现两者有正向关系。

由于分享经济具有宏观、微观的多种积极作用，西方国家采取措施予以推动。法国 1967 年规定 100 人以上企业必须实行利润分享制，公司用于分享的利润被规定为扣除 5%资本收益后应税利润的一半。法国 1975 年参加公司利润分享制的员工数量占全国员工的 22.5%，到 1990 年占到员工总数的 60%。英国政府 1978 年制定利润分享法规，企业将员工原固定工资的 2/3 支付给员工，余下的 1/3 则同企业利润直接挂钩。1988 年英国利润分享计划达到 756 个，到 20 世纪 90 年代中期大约 16%的职工参加利润分享计划。美国到 20 世纪 80 年代末期有 15%的公司实行利润分享制，90 年代中期提高到 20%，上市公司中实施利润分享计划的比例达到 40%。1998 年美国利润分享理事会（The Plan Sponsor Council of America）调查发现，约 5.5 万家公司人数在 100 人以上的公司实行 401K 计划，占此类公司的 71.5%。1987—1999 年，《财富》杂志评选出的全球 1 000 家大公司中，采用利润分享的公司从 26%上升到 50%以上。

进入 20 世纪 90 年代后，分享经济理论的关注度尤其是在宏观经济层面的关注度显著下降，主要原因是欧美滞胀问题已消失，全球化也给西方资本提供了更大的市场，全球化大大减少了西方国家工会与资本方的博弈力量，资本方与劳动方合作的主动意愿下降。

需要指出的是，我国学者李炳炎在《社会主义成本范畴初探》（1981）和《劳动报酬不构成产品成本的内容》（1982）中，比威茨曼更早两年、独立地提出分享经济理论的核心观点。李炳炎的主要观点是：工资不进成本、用净收入分成制取代工资制。1984 年南京汽车工业公司 7 个企业试行了净收入分成。1987 年李炳炎出版专著《新成本论——一种新的社会主义经济理论及其实践形式》一书，提出企业净收入分成制度，实际上就是威茨曼所谓的单纯共享，也就是工人没有工资，工人收入完全与公司利润捆绑挂钩。遗憾的是，由于李炳炎并非学术界人士，没有在欧美主流学术期刊上发表英文论文、没有围绕自身的理论创造持续发表论文与扩大学术界影响、国内对共享经济的关注度也不高等各种原因，李炳炎的理论独创在国内外到目前为止都没有得到足够关注与承认[21]。

分享工资与一般的绩效工资不同之处在于：前者是劳动者集体，而后者是针对劳动者个人。前者强制、显性约束降低了资本方对公司利润的分配权，而后者资本方的分配权没有显性约束，工人所得与公司利润的相关程度不同。

2.5 正确看待工资理论

学习工资理论时，要注意 Know Why 与 Know How 的区别联系。工资理论更多的是 Know Why，即回答为什么的问题。为了回答为什么，学术界会提出各种各样的理论，而在理论构建过程中，往往需要做出一些假设，有些假设可能不太符合实际情况，或者只是实际情况中的某些情况而不是全部情况。一个例子就是新古典经济学的边际工资定价理论的前提假设过于简单，绝大部分情况下都与现实不相符。新古典经济理论认为工资是厂商对工人边际产出的回报，在充分竞争的市场条件下，均衡工资水平等于工人的边际产出。此时劳动市场处于出清状态，作为理性经济人的厂商资本方和工人都分别实现了利润最大化和效用最大化。但是，在现实生活中，由于搜集相关信息的成本太高，市场供需不断变化，工人的边际产出很难计算，绝大多数厂商定价策略都是成本加利润水平。

很多理论往往只考虑了少数几个变量，且重在解释，而非直接用于实践。上述工资相关理论从不同角度对工资现象进行了解释，虽然不是直接的实务操作指南，但是有助于增加管理者对工资、薪酬诸多现象、行为的理解。所以，多数工资理论从不同角度分析薪酬问题，加深对薪酬的理解，而不是直接指导实务操作，现实中很多薪酬管理人员虽然不了解薪酬理论，同样也可以完成相关工作。

阅读・讨论・练习

讨论：既然利润分享、分享经济对于提高生产效率、减少管理成本有积极作用，但为什么没有成为商业界主流？可联系第一章蒙德拉贡公司的相关材料进行思考。

第 3 章 薪酬方案设计

学习目标

1. 了解企业薪酬方案设计的主要影响因素。
2. 理解薪酬方案的主要内容。
3. 运用本章知识设计薪酬方案。
4. 运用本章知识分析评价具体的薪酬方案。

组织管理的两大问题是战略问题与人的问题，而关于人的问题最核心的内容是分工、考核、分配。一个设计良好的薪酬方案引导员工的努力和行为集中到帮助企业在市场竞争和生存的方向与任务上。通过设计合理的薪酬方案，企业可有效地控制人力成本，保持成本竞争优势，以吸引、保留和激励核心员工、有效激励员工，改变员工的态度和行为，促进员工的行为与组织目标保持一致，从而推动企业战略的有效实施。

3.1 薪酬方案设计者

我国计划经济时期政府劳动人事政策直接决定企业的薪酬方案设计，但最常见的薪酬方案设计方式是：公司人力部门自行设计、公司委托第三方咨询机构设计。一些大公司或者人力资源部门专业度不够、时间压力较大的公司会采用委托第三方咨询机构的方式。当然，邀请第三方还有一个常见原因是借外力来实现公司决策层的一些想法，同时减少公司内部对新方案的实施落地阻力。这里集中介绍一下集体谈判与个人谈判两种方式。

3.1.1 集体谈判

工资集体谈判或协商（Collective Bargaining）指员工代表与企业依法就企业内部工资分配制度、形式、收入水平签订工资协议。员工组织权、谈判权、罢工权是“劳工三权”。集体谈判确定工资是西方尤其是欧洲、南美一些国家处理劳资关系的主要方式。由于工会的作用，工资不再简单地由劳动力市场上供求关系来确定，而是根据工会与资本家双方博弈力量大小来确定。

西方工业化发展初期，工资谈判是在企业主和劳动者个人间进行的，劳动者内部无法遏制相互之间的竞争，因而无法抵抗工资下降趋势，于是劳动者自发组成工会。企业也会联合抗衡，成立雇主协会。包括亚当·斯密在内的一些古典经济学家，就已经注意到当时集体谈判在工资决定上的作用。1800 年英国政府出台《结社法》，限制工人组成团体，实际上就限制了工人组织起来和资本家、政府抗争，直到 1824 年该法才被取消。

19 世纪，欧洲有两大不同的劳资矛盾解决思路：一是马克思的暴力革命，实行公有制，政治上无产阶级专政，彻底消除私有制与民营经济；二是社会改良，鼓励工会进行劳资谈判。

西方工会理论研究先驱、德国著名社会学家韦伯 1897 年在《工业民主》一书中最早提出集体谈判概念，主张用集体谈判方式来解决劳资冲突。美国学者康芒斯（John R.Commons）认为，国家应建立一系列法律法规将劳资冲突保持在合理水平。邓洛普（J. T. Dunlop）1944 年在《工会条件下的工资决定》一书中认为，应建立与资方平等的产业关系制度，集体谈判是重要实现手段。美国经济学家 H. G. 刘易斯 1963 年出版《美国的工会主义和相对工资》一书，分析了工会接受谈判工资的过程。

19 世纪末 20 世纪初，随着工人运动高涨，在欧洲三大工人运动斗争的推动下，集体谈判有了发展。1904—1919 年，奥地利、荷兰、德国、法国等国家先后颁布集体谈判法律。第二次世界大战后西方集体谈判大规模发展，工会会员人数达到产业工人总数的 1/4 左右，集体谈判逐步成为工人参与企业民主和社会决策过程的主要形式，西方各国普遍实行集体谈判制度，立法比较完善。

集体谈判可分为 4 个层次：一是中央级、全国级，由全国性总工会同全国雇主协会谈判；二是产业（行业）级，由全国性产业工会同相应的产业雇主组织进行谈判；三是企业级，由企业工会同企业雇主谈判，企业级可以包括企业或集团层次的谈判、工厂层次的谈判； 四是工作场所谈判（部门内部）。北欧国家以全国层面谈判为主；德国、法国等国以行业层次谈判制度（中央级别或产业级别）为主；英国、美国、日本等国家则以企业层面谈判为主。

凡事往往有利则有弊，集体谈判固然可以提高工人一方的话语权，适当改善社会收入分配，但是某些情况下可能出现工人过度罢工，损害社会整体利益的情况。2002 年美国西海岸罢工就是一例[22]。

随堂阅读 3-1　2002 年美国西海岸港口罢工

2002 年 9—10 月，美国西部港口的封港事件是码头业主和货运公司组织——太平洋海事协会（Pacific Maritime Associaiton，PMA）与码头工会组织——国际码头和仓库装卸工人联盟（International Longshore and Warehouse Union，ILWU）续签劳资合同时分歧激化的结果。PMA 成立于 1949 年，控制美国西海岸 99%以上的货物。ILWU 成立于 1937 年，代表 1 万多名美国西部港口工人的国际码头与仓库装卸工人。双方每三年进行一次集体谈判。

码头工会提出的要求集中在 3 个方面：提高工资、提高退休金、今后由工会分配新的工作机会（因为采用新技术必然会导致码头裁员）。PMA 认为，西岸处理货物码头工人年均年薪 11.2 万美元，办公室文员平均年薪 13.6 万美元，工头平均年薪 17.7 万美元。美国西海岸港口工人平均工资是美国其他行业工人的 2 倍，比美国大学教授平均工资还高，不可能再增加工资。

谈判破裂后，码头工人开始怠工，原来单机每小时可装卸集装箱 25 ~ 30 个，后仅为 10 ~ 11 个。9 月底劳资双方两次在旧金山谈判失败。10 月布什政府援引 1947 年《塔夫脱—哈特莱法》，要求联邦法院下令港口复工，如果劳资双方在 80 天内依然无法达成协议，那么美国国会或者联邦法院将会把一项合同强加给美西港口劳资双方。在美国历史上，3/4 的劳资纠纷在 80 天冷却期内得不到解决的原因非常简单，双方均不愿意示弱，避免下一次谈判中处于被动地位。11 月劳资双方定出一份为期 6 年的临时合约。双方都做出让步，劳方利益体现在新协议规定中：码头工人每小时 27 美元底薪在 6 年内提高到每小时 30 美元，码头工人退休金提高 50%；工会同意裁减 600 ~ 700 名工人，资方承诺被裁减工会会员享有退休保障。

随堂阅读 3-2　法国的罢工

每年 9 月份暑假结束，国民议会开始讨论下一年财政预算的时候，法国就进入罢工高峰季节，诸如银行、邮局、电力公司、航空、铁路、地铁、公共交通的职员罢工最常见，甚至教师、医护人员、记者和国家公务员同样罢工。法国人罢工名目繁多，法国法律有明确定义。有所谓警告性罢工，短时间停止工作对雇主施压；有“瓶颈”式罢工，专门选择要害时间停止工作；有轮流式罢工，企业内不同部门轮流停止工作；还有所谓声援性罢工，自身并没有直接利益，而是为支持其他行业或企业的罢工者而停止工作。在法国，罢工参加者月底工资照发，分文不少。自 1950 年以来，法国劳工部每年颁布最低工资标准，每年 6 月份政府召集全国五大工会组织和三大雇主组织代表会谈。随后，政府兼顾劳资两大集团的意见，确定当年全国统一的最低工资标准。法定最低工资于 7 月 1 日颁布，之后是行业层次的工资谈判和企业内部的工资谈判。1982 年法令规定，私营企业每年至少要与工会谈判一次。雇主代表起草一份协议，提交工会代表，15 天内签约。如果工会代表拒签，即为谈判失败。劳工部长任命政府视察员为谈判委员会主席，让双方将谈判进行下去。在法国，有的行业（如制鞋业、广告业）劳资双方工资谈判 10 多年都未形成一致意见，劳资双方未达成协议之前，行业最低工资标准以法定最低工资为准。长期来看，过度罢工对削弱法国竞争力的负面影响会越来越大。

1995 年我国正式实施《劳动法》，第一次将集体合同写入立法中。2000 年原劳动和社会保障部颁布《工资集体协商试行办法》。工资协议签订后，应于 7 日内报送劳动保障部门审查。经劳动部门同意后，协商双方应将已生效的工资协议向双方全体人员公布。一般情况下一年进行一次。2008 年国务院政府工作报告提出推动企业建立工资集体协商制度。2009 年中华全国总工会下发《关于积极开展行业性工资集体协商工作的指导意见》。中华全国总工会副主席张鸣在2010年全国两会上表示，全国共有1 300万家企业，其中超过1 000万家的中小企业没有建立工资集体协商制度，有些公司的集体合同主要应付上级检查，且合同履约率低。总的来说，目前中国集体谈判制度整体上并没有发挥出实质作用。

3.1.2 个人谈判

个人谈判工资又称协议谈判工资，针对少数关键员工。关键员工主要包括技术水平较高的研发人才、掌握较多销售市场渠道的人才以及表现出较大潜力的新员工。

1997年北人集团第四印刷机械厂施行的“谈判工资制”是比较典型的案例。当时，国有企业薪酬被严格管制，导致国有企业人才流失严重。北人集团第四印刷机械厂1995年好不容易招聘到4个大学生，当年却走了8个。因而薪酬改革势在必行，否则工厂破产，所有人都会失去饭碗。于是该厂对核心员工采用个人谈判工资制，业绩突出、能力出众者将获得与外部劳动力市场接近的薪酬，基本胜任工作、无重大过失者可保持原有工资。

广西柳州工程机械集团（国际行业50强、国家统计局全国大型工业企业1 000家之一）每年将集团工资总额的10%设立特别人才谈判工资基金，对公司员工中1%～3%的核心员工实施谈判工资制，主要是生产、管理、技术、销售方面的精英和公司急需的专业人才；工资水平由双方根据人才市场供求关系、最新劳动力市场价格情况、同行业工资水平、个人工作业绩等因素协商确定；实施动态管理，按年度考核，有进有出。

3.2 薪酬方案典型内容

薪酬方案的核心内容即定编、定岗、定薪。定编、定岗指确定领薪人员的数量与结构，进行人力总成本控制。定薪指将所有领薪人员根据业绩、岗位任职资格等因素对应到不同的薪酬水平等级之上。

一个代表性的薪酬方案一般应该包括以下内容：

（1）目标、目的与原则。

（2）适用对象范围。

（3）确定某个周期（通常以年为单位）的人力成本总支出。由公司决策层、财务、人力资源管理部门等考虑公司利润、员工收入增长、竞争对手与行业情况等因素做出决定。人力部门需要和财务部门合作，为决策者提供支撑数据与相关材料。（第5章讨论）

（4）确定付酬要素以及对应的薪酬单元结构（如通常为基本工资＋岗位工资＋绩效工资＋福利＋奖金等）。

（5）确定基本工资。

（6）岗位工资的计算方式。（第7章讨论）

（7）加班的认定与加班工资的计算方式。

（8）绩效工资的计算方式（主要指绩效考核等级如何与薪酬挂钩，如何进行绩效考核属于绩效管理的范畴）。

（9）各岗位福利与补助标准以及相关规定。

（10）调薪规则。（第 8 章讨论）

（11）各类有薪假期标准以及休假规定。

（12）工资的发放时间与程序。

（13）异议与处理程序。

附录 1 列了一份公司薪酬方案全文，此外读者也可以在百度搜索典型的公司薪酬方案，以阅读比较。

3.3 付酬要素

付酬要素即公司为何种目的、何种需要向员工支付何种报酬。最常见的付酬要素包括生活成本（衣食住行、子女教育、必要休闲娱乐等）、工作业绩、知识技能、工作资历（社会工龄或者在该公司的工作时间即司龄）、工作责任、工作条件与工作环境、是否经常出差以及公司收入利润增减幅度较大时员工薪酬需要对应增减等。

通常来说，基础工资（固定工资、基本工资）是用来维持员工基本生活的薪酬部分。工龄工资则根据员工在企业工作时间来计量，一般一年进行一次调整，目的是加强员工稳定性，不过现在越来越多的公司不再单独设置工龄工资，而是对于多年服务的员工，颁发一次性服务奖。知识技能薪酬由员工的教育程度、工作技能确定。岗位薪酬则根据员工的工作岗位评价得分以及外部劳动力市场同类岗位的价格来确定。绩效薪酬根据员工劳动数量和质量来确定。效益薪酬根据企业年度收入与利润来确定。

3.3.1 基本生活保障

该部分的付酬要素价格比较容易确定，根据当地的衣食住行、子女教育、劳动力市场随行就市就基本可以确定，必须不低于当地最低工资。

需注意：最低工资有不同适用范围，一个城市可能出现管辖的某个城区最低工资与该城市管辖的非城区最低工资不同的情况。

3.3.2 工作业绩

绩效薪酬是根据员工近期工作绩效确定薪酬水平，并随工作绩效而动态变化的。绩效薪酬常见的形式有计件工资、计时工资、销售提成以及根据多个绩效考核指标综合确定的绩效得分、绩效等级支付报酬，具体见第 11 章相关内容。

计件薪酬是指根据公司产品销售与市场收入、利润成本情况，确定计件单价，根据员工生产的合格产品的数量或完成一定工作量来计算工资的数额。计件薪酬模式的优势在于计算方式简单，激励性强，公平性强；缺点在于容易出现过度追求数量，忽略质量以及忽视材料消耗额、增加成本现象，助长员工短期行为。计件薪酬适用于工作成果数量和质量完全取决于劳动者个人技能、努力程度、合作性弱，同时可以比较合理地制定劳动定额、产品质量容易检查的岗位。计件工资不适合需要多人密切合作的工作。

销售提成主要针对销售人员，根据销售人员的销售额、销售利润或市场份额以及其他一些考核指标（如回款率、新产品销售情况等）所确定的一定比例提成。其主要模式有：纯基薪制度、纯佣金制度、基本薪酬 + 佣金制度，具体参见第 11 章。

根据多个绩效考核指标综合确定绩效考核得分或者绩效考核等级支付报酬，要考虑绩效指标设计的多个方面，如完成时间、数量与质量、单指标与多指标等，由“绩效管理”课程专门讨论。

3.3.3 知识技能

知识、技能薪酬指根据员工所掌握的技能水平和技能数量来确定工资水平。

将知识、技能作为付酬要素的主要理由是：① 岗位相同，但同一个岗位不同员工的技能和知识不同，而知识技能差异会影响岗位任务完成情况，有必要对员工的知识技能支付差异化付酬。② 岗位是有限的，而对于知识技能来说，员工可以不断增强知识技能，鼓励员工不断学习，对员工未来职业发展有利。

3.3.4 年 功

年功薪酬以员工工作年限，按照连续工龄或本企业工龄支付薪酬，随工龄增加而增加。日本许多大公司在 20 世纪很长一段时间里都实行年功序列工资制度。其特点是薪酬按工龄和学历等因素决定，工作业绩每年通过考核即可，定期增薪。

1. 工龄作为付酬单元的理由

支持者认为，由于学习曲线（Learning Curve）、经验曲线（Experience Curve）的存在，工作时间长意味着成员技能更强、效率更高，对组织贡献大，因此工龄应该作为付酬要素。1936 年美国康奈尔大学 Theodore Wright 博士在 *Factors Affecting the Cost of Airplanes* 一文中提出学习曲线（Learning Curve）的概念，文章基于美国怀特-彼得森空军基地飞机维护相关数据发现，每当飞机维护数量累积增加到第一个一倍时，单机维护工时就下降约 20%。当然，该下降幅度只是对于第一个增加一倍，而不能无限继续外推下去。1960 年波士顿咨询公司（Boston Consulting Group, BCG）的布鲁斯·亨德森（Bruce D. Henderson）在与一家半导体生产厂合作期间，发现生产产品数量每翻一番，生产成本就会下降 25%，于是亨德森提出经验曲线效应（Experience Curve Effect）。随后，BCG 公司统计比较不同行业经验曲线效应，发现经验曲线效应值在 10% ~ 25%变化。类似地，兰德公司（Rand Corporation ）发现，核反应堆制造数量增加一倍，所需制造时间和资金成本下降 5%。出现学习曲线、经验曲线的重要原因即经过初期的学习适应阶段后，员工对整个工作过程更加熟悉，更少犯错误，其实也就是人们常说的“熟能生巧”。

反对者认为，不必支付工龄工资，因为员工劳动已经通过其他付酬要素给予回报。技能高、经验丰富未必努力工作。此外，在知识更新速度较快的今天，工龄长短与员工知识技能高低相关性明显下降。除了医生、高级研究等少数工作外，对于市场上的大多数工作而言，如果员工认真学习总结，则 3 年工作时间与 5 年工作时间在经验积累方面并没有太大差异。一些知识技术更新快的行业（如 IT 行业），如老员工不积极学习更新知识，反而可能不如新员工。将工龄作为付酬要素，会助长论资排辈风气，导致公司薪酬体系对外部劳动力市场的抗变力差。

2. 日本年功序列工资变迁

工龄是否作为一个独立付酬要素，归根到底看企业的外部经营环境与公司盈利情况的稳定程度，这一点在日本第二次世界大战前后年功序列工资由盛而衰的历史中表现得非常清楚。

20 世纪 80 年代日本经济的全球竞争力达到顶峰时，欧美学术界总结出所谓日本式管理模式以及日本式管理的三大神器——终身雇佣、年功序列、企业内工会。终身雇佣即公司不轻易解雇员工，员工几乎一生都在同一家公司工作。年功序列制指年龄、工龄和学历等因素决定员工薪酬，其原型是 1910 年的企业内员工养成制。1946 年日本电业工会提出年功序列工资方案，其他企业纷纷仿效，故又被称为“电产型工资体系”。年功序列工资制的主要特点是：以员工的年龄、本企业工龄和学历等作为决定工资的主要付酬要素。另外，固定工资所占比例较高，普遍在 60%以上。需要指出的是，与终身雇佣制一样，年功序列制主要适用于日本大中型公司中大学本科毕业后直接被公司雇佣的男性正式员工，而不是所有公司、所有员工。企业内工会指在大多数日本企业，一个公司的员工都参加该公司的同一个工会，偶有例外如日本航空公司就拥有多个工会。日本企业内工会制度与其实行终身雇佣制有关。

20 世纪 50—80 年代，日本经济高速增长，年功序列制和终身雇用制及企业内工会制起到稳定劳资关系、促进公司发展的作用，为日本经济增长提供了人力资源管理方面的制度保障，具有多方面优点：与欧美企业相比，日本企业进行人力资本投资的积极性更高。员工对企业有强烈的职业安全感与归属感，当企业遭遇经营困难时，倾向团结协作而不是各自寻找出路，有利于企业节省教育培训费，特别是对新录用员工进行的各种教育培训，不会因员工的不断更换而重复进行教育培训。与欧美企业特别是美国公司根据需要随时雇佣员工的做法相比，日本公司的上述做法可以节省大量员工重置成本，有利于企业降低雇佣成本。

当然，没有一种管理模式适用于所有条件。20 世纪 90 年代日本企业管理模式三大神器中的两个部分均开始变化，终身雇佣、年功序列逐步瓦解。

第一，日本企业实施大规模裁员计划，终身雇佣制开始崩溃。钢铁、其他制造业、金融业和服务业的裁员比例前所未有，都超过员工总数的 20%，如表 3-1 所示。

表 3-1 日本部分行业大企业雇佣调整动向（1999 年调查）

行业	就业人数/人	雇佣调整规模/人	调整比例/%	调整实施时间/年
钢铁（4 家）	58 900	12 600	21.4	1996—2000
电器机器（4 家）	502 100	41 500	8.3	1998—2003
运输机器（6 家）	265 000	33 800	12.8	998—2003
其他制造业（7 家）	48 600	11 600	23.9	1997—2002
建筑业（2 家）	22 900	2 000	8.7	1998—2002
电力、煤气（4 家）	90 700	6 000	6.6	1998—2001
运输、通信业（3 家）	27 500	3 500	12.7	1998—2001
金融业（8 家）	109 700	23 500	21.4	1998—2005
服务业（3 家）	26 600	5 700	21.4	1998—2004
合计（41 家）	115 200	140 200	12.2	

第二，从年功序列制转向绩效薪酬。据日本厚生劳动省《每月劳动统计调查》，日本企业支付给员工的工资从 1998 年开始下降，以 1997 年员工总收入为 100 单位计，到 2002 年为 94.5 单位。削减人工成本有两种方式：减少招聘新员工并裁员，或者与员工协商降低工资，并提高绩效工资所占比例。松下公司从 1994 开始以技能和业绩为主要付酬要素来确定公司薪酬方案。1999 年起松下公司对管理人员实行业绩考核年薪制。

在 20 世纪 50—80 年代近半个世纪中表现优秀的日本年功序列薪酬制度为何在 20 世纪 90 年代末、21 世纪初期逐步瓦解，有其经济、技术及社会方面的原因：① 经济不景气。从 1986 年年底开始，日本经历长达 53 个月的平成景气，突出表现为房地产业急剧膨胀，1991 年泡沫经济崩溃[23]。在年功序列制下，员工工资每年提高，企业不能随便解雇员工，西方企业人工成本是一种可变成本，而在日本的年功序列制下，人工成本是固定成本。进入 20 世纪 90 年代，日本经济经历了迷失的 10 年，公司经营压力空前加大，其他开支压缩仍然难有起色的情况下，不得不开始削减人工成本。② IT 业迅速发展，信息技术在公司不断普及。20 世纪的最后 10 年是全球 IT 业迅速发展的 10 年，越来越多的企业在企业管理中运用计算机。刚毕业的年轻员工比工龄很长的老员工更能熟练掌握计算机，同时很多操作被 IT 系统简化甚至取代，经验与工龄重要性下降。③ 人口老龄化、少子化。日本是人口老龄化最严重的国家之一，4 个人中有 1 名 65 岁以上老年人。与此同时，日本人口自 2010 年首次进入负增长，目前已经连续 11 年负增长。第二次世界大战后日本经济高速增长期，年轻人占大多数，现在中老年从业人员多于年轻从业人员，公司不堪重负，以致年功序列制不能继续存在下去。

当然，日本终身雇佣制毕竟有近百年历史，短期内不可能完全消失。总的来说，日本终身雇佣制的兴废根本上取决于日本经济景气程度与日本企业的国际竞争力。

随堂阅读 3-3　欧美公司大锅饭——亿康先达公司与梅奥诊所

位于瑞士苏黎世、创立于 1964 年的管理咨询公司亿康先达（Egon Zehnder）主要按照年资支付员工薪酬，没有根据个人业绩、佣金或提成方式来支付员工薪酬。全部利润的 10%～20%保留作为公司未来发展基金，剩下利润中的 40%按照工龄分配、60%按照员工人数平均分配。亿康先达“大锅饭”薪酬制度在人力资源上的后果是：① 吸引喜欢合作而不是高度强调个人业绩的求职者，留下来的人都是喜欢相对稳定与分配差距不宜过大的个体，价值观一致。目前该公司员工流动率 2%，而行业平均 30%。② 吸纳一位新的员意味着大家一起分享利润，因此公司吸纳新员工非常谨慎，要求新员工能力强。亿康先达的薪酬制度设计可以保证公司消除不必要的内部竞争、不受股票市场波动、外界股东压力以及合伙人对于短期利润的渴望等影响，而将满足客户需要作为唯一激励目标。公司创始人曾经举了一位律师朋友的例子，在朋友的律师事务所，很多时间精力都用来计算谁该拿多少钱。但是，由于律师工作是典型的合作型知识劳动，并非搬砖，很多情况下参与者的贡献大小不容易明确。

著名的梅奥诊所（Mayo Clinic）在全美各种医院排行榜中，基本上都在前五名，其薪酬体系与很多医院强调绩效导向、与医生工作量与专业技术资格挂钩的理念完全不同。梅奥诊所医生的薪酬不与门诊量、手术量、医疗质量、科研产出等常见的绩效因素挂钩，也没有绩效奖金与年终分红，不管医生是著名医生还是新手，其薪酬方案都只与工龄有关，从第一年起逐渐增加到第六年时保持基本稳定。

当然，上述两个例子并非否定基于个人业绩的薪酬分配不对，而是说并非任何情况下都适合采用基于个人业绩的薪酬分配，不同的薪酬分配设计有不同优缺点与不同适用场合。

读者可以思考：为什么亿康先达、梅奥诊所采用大锅饭薪酬方案？而其他绝大多数管理咨询公司、医院没有采用此种薪酬方案？

基于上述讨论，对于工龄与年功有无必要作为单独一个付酬要素的基本结论如下：

第一，对于在劳动力市场上缺乏吸引力以及吸引力很大、处于两个极端的小公司和大公司都没有必要将工龄单独考虑为一个付酬要素。前者是不能，后者是不必。IBM 没有工龄工资，IBM 认为员工薪酬由员工的岗位、工作业绩决定，工作时间长短和学历高低与薪金没有必然关系。

第二，如果公司愿意对工龄进行奖励，可以给长期在公司工作的一部分员工以一次性奖励。毕竟公司中能力平平但一直中规中矩工作的员工占大多数，也是公司平稳运行的基础，优秀员工始终是相对少数，且更可能流动，可以考虑给长期服务的合格员工以一次性适当额度的奖励。

目前的趋势是除国企、事业单位外，民营企业普遍倾向不将工龄作为薪酬的一个付酬要素，因为与业绩没有直接联系。

3.4 薪酬单元

薪酬单元即付酬要素的具体体现。薪酬单元比例如何确定，并没有类似于数学定理一样的精确公式，更多的是经验、讨论与各方商量、妥协的结果。

3.4.1 常见薪酬单元与组合方式

表 3-2 列出了常见的薪酬单元。

表 3-2 常见的薪酬单元

名称	发放原因
基本工资	解决员工的基本生活需要，某些公司会结合员工历史贡献与外部劳动力市场供求比来发放
知识技能	教育程度、学历或者专业证书等级、职称或者取得专业技术大奖或者其他
岗位工资	对岗位的技术含量、劳动强度、贡献大小进行量化，发放薪酬
业绩工资、绩效工资、浮动工资、动态工资	根据员工的业绩表现发放
加班加点工资	
福利与社保	
津贴、补贴	
长期激励	跨年度的薪酬部分，如以利润分享、股票与期权为代表的各种延期分配项目
奖金	公司对员工某种一次性行为的货币奖励，如员工见义勇为、义务献血奖或者发明建议等，频率不高

对表 3-2 中一些内容的解释说明如下：

加班是指法定节假日或公休假日工作。加点是指在正常工作时间以外的时间工作，加点不补休。公休假日加班一般要补休，法定节假日加班不予补休。

法定福利按照国家规定执行，公司自定福利部分由公司根据实际情况灵活计划。

补贴指针对生活方面的内容，如电话补贴、住房补贴、书报费补贴、交通补贴、物价补贴等。

津贴是对恶劣工作条件的补偿，常见的包括矿山井下津贴、高温津贴、野外矿工津贴、林区津贴、山区津贴、驻岛津贴、艰苦气象台站津贴、医疗卫生津贴等。2014 年松下（Panasonic）向派往中国的员工发放津贴，以补偿 PM2.5 值超标污染对派出员工的身体危害，成为开此先河的第一家国际公司。

此处重点说明“奖金”的确切含义。有些公司将年终发放的一揽子货币激励称为年终奖金，实际上是业绩工资、福利、严格意义奖金的混合物。严格意义上的奖金是不确定的，非经常、临时性、偶发性事件的激励，不属于稳定的工作内容与范围，不是公司要求的绩效考核目标，而且奖励数额往往也不大。奖金不是业绩工资，在薪酬管理实务中并没有严格区分，经常混为一谈。销售人员业绩所得部分收入不是奖金，而是业绩工资，如对一名销售人员，当年业绩要求 1 000 万，达到 1 000 万则公司支付 15 万报酬，但最终实际达到 1 500 万，则公司对 1 000 万对应的 15 万报酬为绩效，超出的 500 万给予的报酬才是奖金。

常见奖金项目设计如下：

IBM 公司 100%俱乐部规定业绩达到某个标准的员工即可加入，如业绩排前 15%的销售人员。

一些石油公司实行以点数积分的奖励制度，当员工在一年中的奖励点数积累到 360 点以上，能获得某些奖励。

贝尔实验室奖励将别人成果在新领域、新问题上应用取得成绩的员工，每月评一次，获奖者事迹和照片将摆放在实验室引人注目的地方。

通用电气公司 1999 年实施快速感谢（Quick Thanks）奖励计划。员工可以提名任何一位同事接受价值 25 美元的礼品券。此礼品券可在指定餐馆或商场使用。实施当年就颁发了 1 万份礼品券。

波音公司员工在公司工作满 5 年的当天将得到一本纪念册（纪念册中夹有总裁的祝贺信、荣誉证书及 5 年来的成绩评价），并由管理层和他一起共同用餐。满 30 年由副总裁一起进餐。满 40 年者公司开宴会，公司总裁出席，并请本人提供出席嘉宾名单，请本人设计或选购纪念品，本人选择两个国家免费旅游。

亚当斯兄弟建筑公司给每位中层管理人员发了一大沓感谢卡，并随时装在口袋里。管理人员看到某个员工做出了优秀成绩时，就将感谢卡当场交给员工。感谢卡有抽奖机会。公司一般一年召开两次感谢卡抽奖大会。

瑞典宜家公司把 1999 年 10 月 9 日宜家全球营业收入分发给公司员工。仅此一项奖金大约就使每个员工得到 1 500 美元。

日本很多企业除给员工发半年奖、年终奖外，每年还给员工太太发一次奖金，被称为“太太奖金”。日本企业认为，太太奖金能激励员工太太更好地支持丈夫的工作。国内也有一些公司将一部分薪酬直接发给员工家属的做法。

另外一些奖金名目如：招财进宝奖——单项业务毛利率创新高；拓荒奖——创新业务奖；伯乐奖——人才举荐；最佳新人奖——最新入职且业绩领先奖；公司诺贝尔奖——开发新品创利奖；合作创新奖——开发新的合作机构带来的新业务收入奖；白求恩奖——因协助他人而创造的业绩奖；节约增值奖——部门人均成本降低奖；危机大使奖——及时化解危机稳定了业务收入奖；Sign-On Bonus 签约奖金——硅谷高科技公司为争夺人才在员工签约时给予的奖金，往往为数千美元。

设置奖金颁发规则时，要注意防止奖金诉讼风险。据英国《每日邮报》报道，52 岁的赫斯特是 ARGOS 网上商店的送货司机，公司被英国第二大连锁超市公司 Sainsbury 收购后，所有员工均收到董事会主席 Mike Coupe 的电邮，邀请他们为公司提出更有效率的营运方案。赫斯特提出几项节流方案，其中一个是公司送货车一律到母公司旗下加油站加油，一年可为公司节省超过 1 500 万英镑的开支。公司最终采纳了赫斯特的该项建议，但只给了他 10 英镑礼券作为奖励。如此严重不合理的奖励，可能引发奖金诉讼。赫斯特实际上发挥了一个高水平管理咨询顾问的价值,而不仅仅是一个公司员工的一般性建议。

上述付酬单元在常见职位序列人员的薪酬结构中的组合方式如表 3-3 所示。

表 3-3 典型职位序列人员的付酬单元组合

职位类型	付酬单元组合	比例关系
高管人员	基本工资＋年度奖金＋股票期权	年度奖金和股票占主要收入
中层管理人员	基本工资＋年度奖金	销售类中层低底薪、高奖金， 非销售类高工资、低奖金
销售人员	基本工资＋佣金	低底薪、高提成
市场人员	基本工资＋年度奖金	年度奖金占一定比例
研发人员	基本工资＋项目奖金＋年度奖金	高工资、项目奖金占一定比例
生产人员	基本工资＋计件奖金	计件工资占比高
项目管理人员	基本工资＋项目奖金	项目奖金总和与工资总和相差不多
行政人员	基本工资＋年度奖金	年度奖金占比少

表 3-3 中，行政序列人员内部还要做适当区分，行政部门岗位工作主要有两种人员：① 事务性行政人员，如前台等。② 专业性的职能部门人员，如财务人员、审计人员、人力资源部门员工。他们工资的固定部分是按照职务、职称进行划分的，绩效工资实行的是统一标准。实际上，所有行政管理人员因为岗位不同，劳动强度、技术含量也是不同的。简单的依据每月月初部门上报考勤，给以上两类人员按照出勤、职务、职称计算绩效工资显然是不科学的，应该根据外部市场劳动力价格、公司内部的实际工作量来做适当区分。

3.4.2 薪酬单元比例

薪酬单元中固定部分和浮动部分之间的比例关系，可以分为 3 种模式：高稳定模式，固定部分比例远高于浮动部分，员工安全感强，激励作用差，容易使员工滋生懒惰情绪；高弹性模式，固定部分比例远低于浮动部分，员工收入波动大、安全感差，激励性强；中稳定、中弹性模式，固定与浮动各占适当的比例，既保证员工的安全感，又有一定的激励作用。

不同公司的业绩工资比例根据企业发展阶段、工作性质等不同来确定，但是，无论如何，业绩相关比例提高是多数情况。通常情况是，薪酬总量越低，绩效浮动比例越低。对于岗位而言，岗位越重要，薪酬越高，固定比例越低，即所谓“基于绩效的薪酬”(Performance-Based Payment)。

需要指出的是，除小公司普遍不得已而为之外，对于大中型公司来说，业绩薪酬单元过高往往弊大于利。中信银行广州某行长曾经向中国人民大学某教授提出一个问题：银行行业销售越来越重要，但是销售人员流动率越来越高，这是什么原因？该教授认为业绩奖金部分过大，基本工资或者固定部分过小。因为该银行销售人员固定工资占 20%，业绩浮动占 80%，而该银行的销售人员大部分是本科学历，固定工资比例太低，意味着销售员收入分化大，相当一部分人收入偏低，本科学历另外找工作机会也较多，自然出现流动率过大的局面。

当然，业绩薪酬单元比例过低势必养懒人。中国电力设备行业头部企业之一的许继集团董事长王纪年曾经总结了企业发展过程中的四条“死亡线”：企业要保持一定活力、普通员工每年淘汰率不能低于 2%、员工收入分配总额中与企业绩效相挂钩的“活”比例不能低于 15%（注意这里并非每个员工的薪酬结构中绩效工资部分都不低于 15%，是公司总人力支出中与公司效益挂钩的比例）、企业内高素质人才比例低于不能 10%。

可以使用激励系数衡量薪酬单元比例不同组合中浮动薪酬对员工的激励强度[24]。在数值上，激励系数等于可变薪酬除以薪酬总额。在管理实践中，激励系数究竟多大才合适很难进行严格的理论分析，因为影响因素太多，所以一般是经验值。表 3-4 是根据部分国内学者的研究成果而归纳的激励系数推荐值。

表 3-4　激励系数推荐值

作者	员工类型	激励系数推荐值
奚欲芹、金永红（2004）	基层员工	0.3
	职能部门负责人	0.4
	业务部门负责人	0.5
	高层管理人员	0.6
张锦喜（2004）	后勤类支持部门员工	0.2
	行政和财务等部门员工	0.3
	人力资源和客服部门员工	0.4
	营销、项目和业务部门员工	0.6
周晶（2008）	生产一线人员	0.2
	专业技术人员	0.3
	中层管理人员	0.4
	高层管理人员	0.5
	营销人员	0.6
成诗晨（2006）	所有员工	0.4

不同公司的情况不同，即使同一个公司也在发展变化，因而上述值并非恒定不变，推荐值只作为参考。

3.5 薪酬方案设计步骤

一个典型的薪酬方案设计步骤如下：

第一，弄清问题，明确需求，确定方向和目标。发现企业现实的薪酬制度存在的问题，弄清楚问题产生的原因、背景和条件，明确改革需求，确定改革方向，是薪酬制度设计的第一步，是保证做出正确设计的基础。首先，要对企业进行现状调查，发现问题，其中包括企业现行组织结构、工作职位分布、各职位工作内容和作用；各类人员的构成、薪酬水平、薪酬在企业薪酬总额中的比例等。其次，明确需求，确定改革方向和目标。重点要明确企业所处的发展阶段、企业组织结构和各类人员组成分布是否适应企业发展战略等。

第二，健全先导环节。一个合理的薪酬制度需要以下制度支撑：比较合理的组织结构设计、比较完善的职位（岗位）说明书（即工作描述和工作规范）、比较合理的岗位绩效考核评价标准。特别是工作分析与工作评价是薪酬管理的先导环节，必须将部门、岗位分工、流程、权责关系、绩效考核等最关键的常见管理堵点理顺。

第三，进行薪酬调查。薪酬市场调查可以帮助企业了解薪酬水平在产品市场和劳动力市场上的位置，有利于控制劳动力成本。充分利用社会上的信息资源，广泛收集各种相关的技术、经济数据，如劳动力市场上的各类人员的指导价；统计部门公布的各行业各类人员的薪酬水平等。必要时也可委托第三方专业机构调查。

第四，拟定薪酬设计方案，包括：公司内部不同职位序列（如销售部门的中间水平与行政部门的中间水平收入的比例关系等）、不同部门尤其是职能部门跟业务部门的关系；个人与团队之间的关系；个体、部门之间的关系；同一部门不同岗位之间的关系；同一个岗位内部不同业绩表现的所得关系；一个岗位的薪酬由哪些薪酬单元构成；各薪酬单元比例；弹性范围和幅度等。

当读者需要设计一份具体的薪酬方案时，首先是搜索其他公司的成熟方案，快速获得方案设计的直观感觉。同一个行业内部，规模相当的大部分公司的薪酬方案的大部分内容是高度相似的。切忌“重复发明车轮”，自己闭门造车，从零开始，要学会“站在巨人肩膀上”，达到事半功倍的工作效率。再结合本公司实际情况及本书介绍的相关原则、理论，进行完善。

需要强调的是，小公司薪酬方案设计与大中型公司不同，小公司员工数少，因此薪酬方案重在简洁、实用、灵活，而大中型公司薪酬方案更系统、全面、稳定。

3.6 薪酬方案合理度评价

薪酬方案可以有不同的设计，因此需要评价不同薪酬方案设计的合理性，以在不同薪酬方案设计中进行比较，做出选择。一般而言，薪酬方案的合理性可以从以下方面来评价：

3.6.1 支撑企业经营战略

薪酬应该具有战略性，即薪酬需要跟随企业经营战略改变，帮助企业实现经营目标。公司经营目标通常可以分解为以下几种：① 成本控制、利润率、销售额、股票价格上涨等方面的财务指标；② 客户服务水平、产品或服务质量等客户服务指标；③ 执行力、团队建设、企业和员工的创新及学习能力等组织管理指标；④ 员工流失率（特别是员工主动离职率）、满意度等若干人力资源管理指标。

一个设计良好的薪酬方案与企业战略密切挂钩，向员工传达公司鼓励何种行为的信息，激励员工把努力和行为集中到帮助企业生存发展的工作内容上去，如某企业决定当前的战略目标和重点工作是提高某种产品市场份额，则薪酬方案设计应考虑如何从货币与非货币薪酬两方面对销售人员进行激励的问题。

总之，薪酬方案必须紧随公司经营战略调整，在此基础上，充分体现优劳优得、多劳多得、少劳少得，充分体现员工对公司的差异化贡献。

3.6.2 岗位付酬符合岗位属性

薪酬是劳动价格，劳动有不同的类型与特点，合理付酬必须充分考虑劳动的特点。笔者提出的人类社会劳动的主要属性如表 3-5 所示。

表 3-5 人类社会劳动的主要属性

划分角度	内涵与定义	备注
个体劳动成果的独立性与可分性	个体在完成劳动成果的过程中，是不是由一个人自行完成，不需要其他人直接的、密切的配合与支持	如清洁工扫地、作家写小说； 18 世纪中期，美国农场采摘橄榄员工的收入根据采摘数量发放； 码头搬运员工根据搬运数量领薪水； 教师的劳动成果除了教师能力与努力程度外，学生素质、课程难度等也是重要影响因素
劳动过程与劳动成果的可测难度与时间经济成本	对个体的劳动过程与劳动程度是不是可以进行客观尤其是定量记录？如果可以，则记录时间与经济成本是否可接受	
劳动成果产出周期		一些劳动成果即刻实时表现，如搬砖； 管理劳动效果往往需要一段时间才能体现； 市场开发效果表现滞后，销售工作产出周期短； 基础研究的科研劳动成果价值大小往往很难在成果提出后就予以评价，而是需要较长一段时间后才能做出比较客观的评价
劳动成果的数量与质量关系		数量与质量之间需要取得平衡，根据某一段时间的需求侧重点而有差异性地对待数量与质量
劳动需要的脑力与体力的难度与强度		

对于表 3-5 做如下具体讨论：

同一个工作岗位，在不同工作条件下，付酬方式可能不同。如车工，当工件毛坯质量参差不齐、差别较大时，企业往往实行计时工资，不采用计件工资，以避免计件工资可能导致员工为追求产量而造成物耗率上升，反之则采用计件工资。再如如果设备性能先进，企业也常常不采用计件工资。因为在这种条件下，车工高产出主要是设备的高性能带来的，工人个人努力对高产出的贡献比例大大下降。

注塑岗位独立操作机器完成，工资看起来应该采用计件工资，但实际上，塑胶件影响成型周期的主要因素并不是员工，而在于模具结构、胶件原材料、冷却时间、调机水平等，在一个固定时间周期内生产出的产品数量是固定的，因此，除非熟练程度、工作责任心差距很大，那么注塑岗位不太适合用简单的计件方式进行考核。

梅西百货中，价格较贵的家具、男士定制服装、鞋类商品实行提成，因为价格较高，而且销售业绩与员工的个人能力与努力有较大关系。其他非高端商品则实行小时固定工资制，因为这些商品竞争比较充分，销售业绩与员工的努力关系相对不大。

以日、月还是季度、年度作为支付周期？销售周期短的一些工作适合一天一结的日薪制。国内媒体 2003 年报道过郑州首现日薪制：郑州二七燃气具大世界公司 2000 年 4 月开始实行日薪制，当天核发工资。员工绝大部分都支持，最初有一些主管觉得每天核发工资麻烦，不太支持，但实践一段时间后，效果很好。该公司的业务是销售、安装燃气具，员工个人努力对业绩有决定性影响，且劳动周期一天基本上可以完成，故采用日薪制激励效果较好。

对于某些需要团队合作的工作，需要在薪酬方案上体现鼓励团队合作、减少内耗内斗的理念，如某航空公司为提高航班准点率，制定一项一次性奖金计划，如果一年内公司准点率指标能进入全行业前三名，则给所有考核合格员工发放奖金。原因自然是准点率需要所有员工的通力合作，而不是某一个或者几个员工可以做到的。

3.6.3 外部、内部及个人公平性

中国古语云："不患寡，患不均。"种种的"不公平"现象归结起来，都是薪酬与岗位责任大小、绩效高低不匹配、与外部劳动力市场偏离过大的结果。为此，薪酬公平必须关注以下 3 个方面的公平：

外部公平即薪酬的外部竞争性，支付给员工的薪酬应与所在城市、所在区域从事同等工作的档次相当企业支付的薪酬基本一致。公司需掌握市场同类企业薪资水平的新变化，及时根据企业的薪酬政策，调整收入水平，提高薪资的外部竞争力。

内部公平即公司内部不同岗位之间的薪酬差距要合理。公司通过岗位评价确定不同岗位的价值，支付相应薪酬，从而实现内部公平。典型的内部公平关系如各个部门之间、关键岗位与一般岗位、优秀业绩与一般业绩等之间的所得关系比例要理顺。不要出现同样绩效考核等级情况下，职能序列平均薪酬高出业务序列平均薪酬、客服人员坐在办公室平均薪酬比销售人员平均收入还要高之类的不合理情况等。

个人公平即员工自身与自身比较，其工作努力、表现优秀时所得应高于其考核一般或者差时的所得。

3.6.4 关注非货币激励

新古典经济学关于人行为的基本假设是经济人假设。一般认为，经济人假设是 1776 年英国经济学家亚当·斯密在《国富论》中提出的。斯密在其另外一本名著《道德情操论》中，同样强调了人的非经济动机，但被新古典经济学长期忽视。从经济人假设角度讨论员工激励问题，金钱就成为唯一激励手段。现代社会中，经济因素对人的行为有重要影响，但金钱对人的激励作用存在边际递减效应。员工在收入达到一定水平的情况下，更看重工作与生活平衡，表现为不愿意过多加班、不愿意经常去外地出差，宁愿少赚一点钱，从而有更多个人时间从事个人兴趣爱好和陪伴家人等活动。

人的需求是多层次的，物质需求是需要首先满足的第一需要，但并非唯一需要，这就要求薪酬方案要同时注意货币激励与非货币激励。目标与使命、荣誉与认可、沟通互动、个人兴趣和自主空间是人的普遍需要，基于上述 8 个需要，可以开发出激励员工的非经济手段。现将常见的一些非货币激励措施罗列如下，当然有些措施不适合小公司，但大部分对于公司规模没有要求。

（1）公平、公开、和谐的工作氛围。如青岛双星用员工名字命名技术改进建议。

（2）领导重视（如一对一谈话、表扬肯定）。

（3）独立主持一个项目或者任务小组的机会。

（4）独立、不被打扰的工作空间。办公室由每个人自己布置，只要没有安全隐患或者法律方面的问题，公司就不干涉。

（5）给予业绩、资历等达到一定标准的员工时间和一定经费，支持员工学习研究一门知识或者技能，得到承认以及物质回报，从中获得乐趣。

（6）零食惊喜日，公司突然地给员工发零食，特别是在工作一段时间后，需要补充能量的时段，如上午 10:00 左右。

（7）休闲服装日，指一些大公司或者服务岗位，平时均有工作着装要求，很多员工觉得乏味单调。于是某些公司安排某些工作日，员工不用穿工作服上班。

（8）发展激励。为员工沟通、设计职业发展上升路线。当然由于管理职务有限，可以多设计专业技能发展路线，这对于员工尤其是 35 岁以下员工很有价值。

（9）分组竞争。将相同业务或者工作任务划分为若干小组，采用周期性考核与公开结构，奖励先进，激励后进，让懒惰者无处藏身。

（10）基于员工个人爱好的兴趣小组，公司可以给予小额活动经费，如果经费有限，可以设置一定条件选择性给予。

（11）头衔美化。以前将房地产销售人员称为“售楼小姐”“售楼先生”，现在称“置业顾问”，虽然工作内容一样，但显得更高端、更专业。对公司来说，更改头衔又不用真金白银付出成本。

（12）完成任务提前下班，允许员工以自选方式完成工作，特别是灵活的工作时间。员工符合某些条件时（如业绩达到某个标准等），给予一定的灵活工作时间。

（13）积极沟通，对员工呼声快速回应。当然很多时候不可能完全满足员工的呼声，但是应该快速回复，不能办到的，应详细解释原因。其他方式如基层员工与高层管理人员恳谈会、经理接待日、员工意见调查、总裁电子邮箱、申诉制度等，让员工及时了解企业发展动向、动态，让任何意见和不满得到及时、充分的表达。

（14）取消或者压缩过于明显的特殊化待遇，如取消专门的管理层餐厅、停车位、单独使用电梯等。微软公司每个办公室的面积大小都差不多，即使董事长比尔·盖茨的办公室也比别人大不了多少。

（15）上级与公司、同事的认可，包括口头特别是管理者注意到员工某个值得肯定的言行后当场进行的认可，正式的某种形式的认可，如评选月度、年度优秀员工，在部门例会或者公司年会上颁发奖状或者奖杯，在公司内部宣传。有的公司将获奖者的名字刻在公司某个显眼的地方（如荣誉墙）。北京奥运会闭幕式上就有一个给志愿者颁奖的环节。

（16）让员工看到其工作的最终成果，感受到工作有价值。沃顿商学院教授亚当·格兰特（Adam Grant）指出让员工和他们所服务的对象交流，知道自己的工作能给他人带来有积极意义影响的员工，更快乐、工作成效更高。亚当·格兰特研究过一所公立大学电话中心员工的工作情况，员工工作是给可能向大学捐款的人打电话。该工作薪水不高，并且经常遭到拒绝，因此员工离职率非常高。格兰特为电话中心的一组员工安排了一次与获得奖学金的学生之间进行 5 分钟交流的活动。活动中员工可以询问学生们的学习情况。短暂的交流却产生了重大的影响，与获得奖学金的学生进行过互动的员工，吸引到的捐款从之前每周平均 185 美元猛增到 503 美元。当然，对于本身已经尽责的员工而言，与服务对象见面后，由于之前其工作表现已经达到高水准，见面后的工作表现差异不大。此外，本书编者曾经有过一次经历，在多年前的一次本科毕业生聚餐会中，一个学生向编者敬酒，说某次上劳动法课程时，编者特别强调了某个知识点，当时她印象比较深。结果求职时被问到，她回答得很好，最后求职成功。一瞬间编者体会到一种成就感。

（17）允许内部跨部门跳槽以及岗位轮换。某次索尼董事长盛田昭夫按照惯例走进员工餐厅与员工一起就餐聊天，发现一位年轻员工郁郁寡欢。于是盛田昭夫与他攀谈。员工说进入索尼之前对索尼公司非常崇拜，现在发现是为课长干活。自己的一些小发明与改进科长非但不支持，反而大肆挖苦。盛田昭夫回去后立即采取措施，公司每周出版一次内部小报，刊登公司各部门求人广告，员工可以自由而秘密地去应聘，上司无权阻止。该措施给予公司内部个别创意多、精力旺盛的人才施展才能、实现个人价值的机会，同时还能发现一些与下级相处存在严重问题的管理者，以及时采取措施。

3.6.5 岗位与部门间联动

公司很多工作都需要多个岗位、多个部门合作，但现实中部门之间、岗位之间相互推诿扯皮的所谓部门墙现象较常见。跨部门、跨岗位合作一直是公司管理中最常见、最困难的问题之一，也是员工抱怨最多的管理问题之一。

部门墙现象出现的原因很简单：不同部门考核的指标目标不同，各部门的权责、利益也不同，每个部门当然将本部门的考核指标放在第一位。加上很多企业内部推崇的“赛马文化”，更是加剧了部门之间本部门利益第一、“内部保护主义”的行为取向，如微软前高管萨提亚·纳德拉就提及微软在某一段时期过度强调个人成绩和竞争，导致组织内部缺乏合作，以致集体业绩下滑。

部门墙解决思路很简单：将公司层面的每一项任务，分解到相关各部门，每个部门负责的考核权重不同，如果一项任务没完成好，则所有相关部门按照各部门在该项任务中负责的权重大小比例全部处罚。当然，任务完成后则所有部门按比例奖励。只有各部门有一个统一目标，共同的考核与奖惩连带关系，部门之间的合作意愿才会比较强烈，共同的目标加上共同的利益，各部门间才能更好地协同和合作。

华为铁三角是一个成功范例[25]。华为铁三角雏形最早出现在华为公司北非地区部苏丹代表处。2006 年苏丹代表处在投标一个移动通信网络项目时没有中标，分析会总结失利原因如：部门各自为政，沟通不畅信息不共享，与客户接触时，每个人只关心自己负责领域，客户同时与公司多个部门对接，非常困惑。在一次客户召集的会议上，华为各部门分别向客户解释各自负责的问题，客户当场抱怨：“我们要的不是几张网，而是一张网!”为此，苏丹代表处决定协同客户关系、产品方案、交付服务、商务合同、融资回款等部门，组建针对特定项目的团队，实现客户接口归一化。“三人同心，其利断金”，因此苏丹办事处把该类项目团队称为“铁三角”团队。2007 年苏丹办事处采用铁三角团队模式参与投标，顺利获得塞内加尔移动通信网络项目。

华为铁三角包含项目铁三角、系统部铁三角。前者是华为直接面向客户的一线经营单元，后者是项目铁三角的资源平台。华为向项目铁三角授权，实现一线决策，在项目的立项、投标、签约、合同变更、合同关闭等各环节依据项目等级进行相应授权，充分调动一线团队的积极性和创造性，快速响应客户需求。华为铁三角取得成功的根本经验是来自不同部门的成员，共同承担同一组 KPI（Key Performance Indicator，关键绩效指标考核法）考核压力，合作情况决定参加该项目跨部门成员的最后收入，从而促使有效合作。

3.6.6 引入弹性动态规则

公司发展必然始终处于不断变动中，薪酬应随公司经营情况而增减，消除薪酬“能上不能下”现象。

随堂阅读 3-4　面对涨工资压力，小公司如何有效发放工资?

公司有一个部门当初由于利润率比较大，加上公司为了鼓励员工积极开拓市场，所以提成政策定为利润的 30%。过了几年，由于竞争激烈，为取得与原来相同的利润，公司需要投入更多的人力物力，利润率下降，再按 30%的利润比例提成不再可行。当公司向员工说明情况，提出需向下调整提成比例时，遇到很大阻力，很多员工反对。员工一方面觉得每年工资不断增长是应该的，因为物价不断增长；另一方面又觉得公司要求员工的业绩利润每年增长没有道理，因为市场竞争越来越激烈。后来公司强行改变，但很多员工不满意，个别员工辞职，甚至数年后，仍有不少员工不时提起当年的高额提成比例。

上例的管理启示是：

第一，制定薪酬政策时，一定要有前瞻性，不但要考虑眼前，还要考虑以后。薪酬向上调员工当然接受，向下调则必然会反对，当反对声音很多，甚至可能不得不整体换一拨人才能使新政策执行下去，代价就太大了。设计薪酬政策时就提前考虑到往下调的可能性，让员工对下调有心理准备，反对声音自然会少很多。

第二，具体到销售提成问题上，不能简单只按照销售额或者公司开始销售某种产品或者服务时的利润按照固定比例提成，而是应该加入公司向完成某个销售额支付的工人以及业务支出成本因素。举例来说，市场开辟初期，实现 1 000 万元的销售额，公司付出的相关人员与业务支出成本是 300 万元，随着市场成熟，竞争加剧，销售额下降到 700 万元，公司支出成本却增加到 400 万元，如果提成比例不变公司利润肯定下降。所以，不能简单只按销售额或者利润来提成，应该加入公司成本因素。

对于弹性与动态方面，有一种特殊情况是出现极端情况，就是以往很少甚至从来没有出现过的现象，如一个销售员突然拿到一个很大的单，如果公司的绩效、提成规则没有考虑到这种情况，就会支付给此类大单很高的奖励，可能给公司特别是小公司带来短期的现金压力。对于此种情况，薪酬方案可以考虑封顶或者超过某个额度的奖励，分年支付。

3.6.7　合法性

合法性指企业薪酬方案是否符合国家的相关法律法规。与薪酬管理有关的法律主要包括最低工资、个人所得税、社保、同工同酬立法及反歧视法等。薪酬方案制订、发布等环节要符合劳动法方面在程序方面的规定，如制度要经过工会、员工代表的参与，送达员工签字确认等，以避免法律纠纷。此外，上述法律修订后，则格式薪酬制度也必须进行相应的调整，以保持与法律的一致性。

薪酬具体计算有国家税务总局报税软件、社保软件等工具，不必过多关注计算细节，主要是熟悉了解概念的统计口径、定义等，将相关数据录入后，最新软件会自动计算。

薪酬管理从业者必须熟悉相关法律，特别是澄清一些常见错误认识，才能确保个人专业性，增加职业发展可能性，如拖欠工资是否属恶意欠薪罪？正确的认识是：多数欠薪属于劳动纠纷，按照劳动仲裁或者由地方劳动监察部门调解处理，只有同时具备 3 个条件才构成恶意欠薪罪。2013 年最高人民法院发布施行《关于审理拒不支付劳动报酬刑事案件适用法律若干问题的解释》，将恶意欠薪的罪名正式确定为“拒不支付劳动报酬罪”。该罪立案标准如下：① 有能力支付而不支付劳动者的劳动报酬。即企业的银行存款足够支付劳动者的劳动报酬而不作为，如实行月工资制超过劳动合同约定时间或者法定时间 20 天仍不发放工资的，即构成“不支付”。② 以转移财产、逃匿等方法逃避支付劳动者的劳动报酬。③ 数额较大，通常比照职务侵占罪的入刑标准，即逃避或不支付劳动者的劳动报酬在 5 000 元以上，构成“数额较大”。④ 经政府有关部门责令支付仍不支付的。

3.6.8 沟通与修订条款

员工个人的薪酬信息应该对员工本人全面、及时公开。霍尼维尔（Honeywell）公司下属的电子材料子公司（HEM）人力资源总监 Ina Marie Johnson 曾经组织过一次员工座谈会。参加座谈的 HEM 公司员工对收入总体上感到满意，但对不了解很多相关信息颇有微词。于是该公司推出网上查询工具，员工输入密码，就能进入网页，找到员工个人薪酬的全部内容，包括基本工资、奖金、福利等。

沟通指员工对薪酬方案有疑问或者不满时，可以通过何种渠道、方式反映到哪个部门、哪个岗位，多长时间回复之类的规定。要注意从工作群、聊天群、日常交流、正式会议等各种渠道收集员工反馈的问题与不足，如华为心声社区中就有不少员工对公司各方面管理存在不足的留言。小公司可以建一个公司聊天群，在征集员工意见的特定时间段内允许匿名发言。

修订条款指薪酬方案中应该明确有定期或者不定期修订方案的条款，避免出现很长一段时间都不进行方案调整的现象。

阅读 · 讨论 · 练习

1. 山东企业工资支付规定（部分）

山东省人民政府令第 340 号修改（2021 年）

第十二条 企业应当按照国家有关规定建立工资分配制度。工资分配制度应当包括下列内容：

（一）工资确定办法；

（二）各岗位的工资分配办法；

（三）工资正常增长办法；

（四）奖金分配办法；

（五）津贴、补贴分配办法；

（六）患病、休假等特殊情况下的工资分配办法。

第十三条 企业因生产经营困难、经济效益下降，确无正常工资支付能力，需要降低工资标准或者按照当地最低工资标准支付劳动者工资的，应当经工人代表大会或者全体工人讨论，提出方案和意见，与工会或者工人代表平等协商确定。

企业与工会或者工人代表应协商确定恢复原有工资标准的条件。企业按照当地最低工资标准支付劳动者工资的，按照原有标准支付工资的义务自适用最低工资标准的法定条件消失之日起自动恢复，当事人另行约定工资回升标准的除外。

第三章 工资支付

第十四条 企业应当按照国家和省有关规定，制定工资支付制度。工资支付制度应当包括下列内容：

（一）工资支付项目、标准和形式；

（二）工资支付周期和日期；

（三）加班加点工资的计算标准和支付方式；

（四）患病、假期等特殊情况下的工资计算标准和支付方式；

（五）工资扣除事项；

（六）工资支付的其他事项。

第十五条 企业制定工资分配和工资支付制度，应当经工人代表大会或者全体工人讨论，与工会或者工人代表平等协商确定，并向全体劳动者公布。经协商确定的企业工资分配制度和工资支付制度，非经工会或者工人代表同意或其他法律特别规定的程序，不得调整变更。

第十六条 工资支付日期遇到法定节假日或者休息日的，企业应当在节假日或者休息日前最近的工作日支付。

企业应当每月至少支付给劳动者一次工资，但实行年薪制的，可以按照规定的比例和期限定期支付劳动者工资。

对于从事临时性工作的劳动者，工作期间少于 1 个月的，企业应当在临时工作任务完成时立即支付劳动者工资；工作期间超过 1 个月的，企业应当按月支付劳动者工资。

第十七条 企业应当以货币形式支付劳动者工资，不得以实物或者有价证券等代替货币支付。

第十九条 企业应当编制工资支付表，记载工资支付对象姓名、支付时间、支付项目、加班工资、应发金额、扣除项目、实发金额和劳动者签名等事项。

工资支付表应当按照国家会计档案管理的规定至少保存 15 年的时间备查。

企业应当在支付工资时向劳动者提供工资支付单，工资支付单应当载明工资支付表中的事项。劳动者有权查询本人的工资支付记录，企业应当及时为查询人提供相关资料。

第二十三条 实行不定时工作制的企业，不适用本规定有关加班工资的规定。

第二十四条 劳动者在享受法定年休假、探亲假、婚假、丧假等休假和产假、哺乳假等假期期间，其工资支付按照国家和省有关规定执行。

劳动者请事假的，企业可以依据合同约定或者国家工资支付相关规定不支付其事假期间的工资。

第二十六条 劳动者患病或者非因工负伤，在国家规定的医疗期内的，病假工资或者疾病救济费不得低于当地最低工资标准的80%。

《传染病防治法》列为甲类的传染病，以及虽未列为甲类传染病，但按照甲类传染病进行防治的传染病的疑似病人及密切接触者，经隔离观察或者留验排除是病人的，企业应当按照劳动者提供正常劳动时的标准支付其被隔离观察或者留验期间的工资。

第二十七条 劳动者在法定工作时间内参加下列社会活动的，企业应当按照劳动者提供正常劳动支付其工资：

（一）依法行使选举权和被选举权；

（二）出席乡（镇）、县（区）以上政府、党派、工会、共青团、妇联等组织召开的会议；

（三）依法出庭作证；

（四）出席劳动模范、先进工作者大会；

（五）《工会法》规定的非专工人会主席、副主席、委员参加工会活动；

（六）依法参加的其他社会活动。

第二十八条 劳动者被判处管制、拘役适用缓刑、有期徒刑适用缓刑，或者被假释、监外执行、取保候审期间，企业未与其解除劳动合同，劳动者提供了正常劳动的，企业应当按照国家规定或者劳动合同约定的工资标准支付其工资。

第二十九条 企业依法从劳动者工资中代扣、代缴下列税费：

（一）劳动者应当缴纳的个人所得税；

（二）劳动者应当缴纳的社会保险费；

（三）劳动者应当缴纳的住房公积金；

（四）法院判决、裁定中要求企业代扣的抚养费、赡养费等费用；

（五）法律、法规、规章规定的其他税费。

第三十条 因劳动者原因造成企业经济损失需要赔偿的，企业可以从劳动者工资中扣除，但扣除后的剩余部分不得低于当地月最低工资标准。

第三十一条 非因劳动者原因造成企业停工、停产、歇业且企业未与劳动者解除劳动合同，停工、停产、歇业在一个工资支付周期内的，企业应当视同劳动者提供正常劳动并支付该工资支付周期的工资；超过一个工资支付周期的，企业另行安排劳动者从事其他工作的，按照双方新约定的标准支付工资，但不得低于当地最低工资标准；企业没有安排劳动者工作的，应当按照不低于当地最低工资标准的70%支付劳动者基本生活费。国家和省另有规定的，依照其规定执行。

第三十二条 企业因生产经营困难、经济效益下降，无法按时支付工资的，应当向劳动者说明情况，经与企业工会或者工人代表协商一致后，可以延期支付工资，但延期时间最长不得超过30日。

第四章 监督管理

第三十八条 人力资源社会保障行政部门应当建立企业工资支付信用制度，将依法查处的发生严重克扣、拖欠劳动者工资和其他严重违反工资支付制度行为的企业记入企业信用档案，并可以在资讯媒体上公布。

第三十九条 劳动者发现企业有下列情形之一的，有权向人力资源社会保障行政部门举报：

（一）克扣或者拖欠工资的；

（二）不支付或者违反规定支付加班工资的；

（三）低于当地最低工资标准支付工资的；

（四）拖欠工资并且转移、隐匿企业资产的；

（五）其他侵犯劳动者权益的情形。

第四十二条 劳动争议仲裁委员会审理劳动争议案件时，对事实清楚且不及时支付工资会造成劳动者生活困难的，可以部分裁决由企业先予支付劳动者工资。

第四十三条 企业与劳动者因工资支付发生纠纷或者争议的，企业应当负举证责任。

第五章 法律责任

第四十五条 企业弄虚作假或者隐匿、销毁企业工资支付表和其他应当保存的工资支付资料的，由人力资源社会保障行政部门给予警告，责令限期改正；逾期不改正的，处以 2 000 元以上 10 000 元以下的罚款。

2. 薪酬保密制度利弊分析

2006 年 9 月一名网友在博客上公布了自己的工资条，称月收入总计 4 786 元，不够日常开销，不得已要到处打工。一周内引来近 85 万次的疯狂点击和超过 4 000 条评论。

“晒工资”的人分成 3 种类型：“炫耀型”，发帖人大多得意扬扬地摆出令人羡慕的工资条：“抱怨型”，发帖人列出微薄的工资单，表示对现有工作的不满；“探听型”，发帖人想借机了解其他人的收入水平，以便今后跳槽时参考。

主张薪酬公开的理由有：① 激励作用大。对于销售类岗位，薪酬公开的激励作用更大。② 淘汰企业想要淘汰的人。当一个老员工拿的远远比新员工少，企业的薪酬体系又无可挑剔，他要么离职，要么提升自己。③ 让业绩与薪酬关系高度清晰。④ 使不公平的做法更有可能被发现和得到纠正，可以防止部分管理者滥用权力。⑤ 薪酬保密实际上打折扣，员工在私下还是会不断打听别人的收入。尤其是小公司，很难守住薪酬秘密。

反对薪酬公开的理由有：① 许多工作业绩难以衡量，一旦公开容易扯皮。② 能力、资历、学历、职位、招聘时的劳动力市场波动情况、在上一个单位的薪资以及员工个人议价能力等因素都会对员工薪资造成影响，很难保持完全公平。薪酬保密可以消除此类纠纷。③ 许多员工希望薪酬保密。特别是收入低员工会感到难堪，而在一个公司内部，低于公司平均收入的员工显然是多数。④ 可以给管理者在收入管理中更大的自由度。因为保密则不必对工资差异做出解释。因此众多 IT 企业都选择保密薪酬制度。

调和折中观点认为，薪酬是否公开不是非此即彼的单选题，而是有多种组合与选择，可以考虑薪酬方案公开、业绩与个人薪酬分等级公开、分岗位性质分开等多种做法。美国薪酬协会（World at Work）2002 年主持的一项研究，调查了美国和加拿大 26 个机构 6 000 多位经理和员工。调查研究报告表明：公司不宜透露员工个人薪水，但向员工详细解释公司薪酬方案是非常必要的。企业可以根据自身情况，采取不同部分、不同程度的公开，进而行之有效地管理薪酬。

3. 企业薪酬选择的经济学分析

（该文选自张凤林. 为什么计件工资并不具有普遍适用性？——关于企业薪酬形式选择的经济学分析. 南开经济研究，2008 年第 6 期）

标准的新古典经济学集中关注市场供求关系的运作及其均衡条件，不考虑企业内部制度安排，基本上没有薪酬合同的概念。对于新古典经济学来说，企业是一个黑箱。然而，如果把企业视为雇佣双方所达成的一种合约或制度安排，那么这种制度安排中的重要内容之一就是企业产出或收益如何在雇佣双方之间分配的问题。企业雇佣员工是为了实现企业利润最大化，员工受雇于企业是为了实现个人效用（即货币收入与闲暇组合）的最大化，薪酬制度安排将直接影响员工的福利与绩效以及企业的生存与发展状况。

现实中，企业的薪酬形式主要有 4 种：① 计件工资；② 计时工资；③ 分成工资；④ 年功工资。

计件工资指雇员的工资收入与其产出等比例增长的一种薪酬形式。由于此种形式的薪酬与员工的产出或绩效联系最紧密，又常被称为“与绩效相挂钩的薪酬”。

计时工资指雇员工资收入与劳动时间相挂钩，由于劳动时间一般是给定的，因为工资是给定的，所以又叫“固定支付”。当然，计时工资并不意味着完全与产出无关，计时工资制下规定的劳动时间一般能够保证实现某种最低限度的产出水平。

分成工资指雇员的工资收入与雇主（或企业非劳动要素）的收入各自按照某个小于 1 的分成比例随着产出的增长而连续增长。

年功工资指工资随着工龄或资历的增加而逐步增加的一种长期薪酬安排，它体现了雇佣双方的一体化。

那么，不同企业为什么以及在什么情况下选择上述 4 种薪酬方式呢？

计件工资将员工收入与其绩效最紧密地联系起来，似乎应该具有最有效的激励作用和得到普遍应用。然而，现实中真正实行基于个人绩效的计件工资的单位并不多。20 世纪 50 年代，美国制造业中约 30%的员工采用计件工资，农业则是 23%，批发与零售商业计件工资的实行范围为 5% ~ 10%。20 世纪 70 年代的工业调查资料表明，当时美国工业企业中大约有 1/4 的员工采用计件工资，不过行业差别很大。根据 Lazear 的一项抽样调查研究，美国农业中实行计件工资的比率最高，占 16.7%，非农业劳动实行计件工资的比率为 13.8%。20 世纪 90 年代瑞典制造业只有 22%的员工按照计件方式支付薪酬，英国的情况类似。

在国内部分企业进行的生产性员工薪酬制度调查结果与发达国家的情况大致相似。被调查企业分布于机械制造、铁路运输、发电与供电、飞机与船舶制造、石油化工、建筑与建材、仓储与物流等20多个行业，涉及大、中、小不同规模以及国有、私营、合资等不同产权制度的各类企业共31家。调查方法采取问卷调查、电话调查、个别访谈以及对相关企业薪酬管理文件进行分析等方式。得出的主要结果是：第一，在所调查的31家企业中，包含计件工资的企业数与包含计时工资的企业数两者的比例为18∶31，表明在企业层面上计件工资的实行范围要比计时工资低许多。从岗位层次来看差别更大，在被调查的企业中实行计件工资的岗位大约有近千个，而不实行计件工资的岗位有近万个。

为什么计件工资在现实中不被普遍采用？

首先，由于生产过程的技术经济特点，诸如团队性、非标准化等，员工个人对产出的贡献在很多场合难以客观地分离出来和准确地量化。比如发电厂一个机组的机组长、巡视员、检修工，供电厂的送电、变电、配电检修工等岗位，化工厂的蒸吸、滤过、碳化、司炉工岗位，油田的采油、热注、集输、测试工作岗位等，基本上都是团队生产，各个员工人力资本具有明显的互补性，生产操作具有不可分性。人们不可能把一吨原油的价值精确地分解成：采油工创造了多少，集输工创造了多少，测试工与管工创造了多少。

其次，即使产出数量可以分离和计量，但是产出质量则往往难以严格考核。

最后，有时候需要员工不断进行职业培训和人力资本投资，学习和掌握新技能以适应技术的变化、创新。然而，严格基于当前绩效考评的计件工资便可能弱化员工的人力资本投资激励，影响长期业绩。

另外，计件工资还可能会激发员工的两种竞争行为：一是努力工作；二是相互拆台。后者在关联性生产场合尤其如此，从而降低计件工资激励效果。

具体来说，生产过程越是标准化，工作任务越是单一化，经营越趋向短期化，员工之间的差异性越大，以及企业内部竞争文化氛围越浓厚，个人产出和绩效（不论在数量、质量乃至设备完好率等方面）越容易衡量，业绩计量成本或者“拆台”成本越低，越适宜采取计件工资。反之，生产过程越是缺乏标准化和划一性，工作任务越是具有多重性和柔性，经营越是具有长期导向，员工之间的差异性越小，企业团队生产中形成的合作惯例和同伴压力氛围越有效，就越适宜采取与个人绩效无紧密联系的计时工资或其他薪酬形式。因为这会使单个人产出的计量成本相当高，而考核劳动投入时间则相对较容易，从而使实行计时工资所需付出的监督成本变得相对较低。

虽然工作任务可以分离，个人产出可以计量，但是由于生产过程的不规则和非标准化，也很难将雇员的个人产出完全与员工个人努力画等号。如果再考虑任务的多维性，那么还将面临对员工所完成的多种产出进行综合绩效评估的难题。故而，选择实行分成制，即雇佣双方按照某个比例来分享总产出，而不论总产出水平增长多少。现实中的某些利润分享计划，本质上就属于此种模式。它在一些需要专业化知识或智能型服务的企业单位，如各种咨询公司以及会计师事务所一类的单位，通常较为流行。

生产规模较大、技术工艺要求较复杂、生产技术过程较复杂、知识密集度较高的工业企业，其核心员工队伍以及管理层薪酬安排往往采取长期动态工资体系。

企业旨在节约交易成本，但是企业组织内部的制度安排和运作同样也要产生成本。薪酬制度作为企业制度安排中的重要组成部分之一，其实施自然也是要花费成本的。不同薪酬形式的制度成本是不同的。实际的薪酬制度形式将取决于它们各自的实施成本与激励效果之间的对比关系。不同薪酬制度的激励效果与激励强度是相对的，没有一种绝对“优”或者绝对“劣”的薪酬制度，一切将依据企业内外部环境和条件而变化。

讨论：

1. 从哪些方面评价一份薪酬方案的合理性？

2. 从百度文库下载一些公司的薪酬体系设计方案，讨论方案体现了本章的哪些知识点？存在哪些可改进之处？

第 4 章　外部劳动力市场价格：薪酬调查

学习目标

1. 了解薪酬调查的必要性、概念和类型。
2. 理解薪酬调查的主要步骤。
3. 运用本章知识设计薪酬调查报告。
4. 运用薪酬调查质量评价方法评价薪酬调查方案与报告的合理性。

薪酬调查指企业收集同行业公司支付的薪酬状况，了解市场上同行业公司特别是竞争对手向员工支付的薪酬水平和薪酬结构等信息，确定公司当前的薪酬水平相对于竞争对手在劳动力市场上的相对位置，依据公司自身经营策略调整、优化公司薪酬水平、薪酬单元结构或者其他薪酬管理政策。

薪酬调查可以解决以下实际管理问题：① 帮助制定新参加工作人员的起点工资标准；② 帮助查找企业内部工资不合理的岗位；③ 帮助了解同行业企业调薪时间、水平、范围等；④ 了解当地工资水平并与本企业比较；⑤ 在公司可承受范围内适当提高员工对薪酬的满意度。

1930 年毛泽东同志在《反对本本主义》一文中指出“在日益尖锐的短兵相接的形势下，无产阶级要取得胜利，就完全靠它的政党——共产党斗争策略的正确和坚决。共产党正确而不动摇的斗争策略，决不是少数人坐在房子里能够产生的，要在实际经验中才能产生。因此，我们需要时时了解社会情况，时时进行实际调查”“没有调查，就没有发言权”。诺贝尔奖得主西蒙（Simons）强调，信息是决策的基础。类似地，薪酬信息是薪酬管理的基础，设计薪酬方案需要掌握劳动力市场薪酬信息。

对于公司而言，国内很多地方都出台“企业工资集体协商条例”，规定企业利润增长时，员工可以提出加工资，企业如果拒绝协商可能会受到政府劳动监察部门的处理。企业与员工集体谈判时，薪酬调查取得的劳动力市场薪酬信息显然至关重要。

对于人力资源部门而言，没有数据，则很难说服资本方与劳动方接受一些薪酬管理制度与措施。资本方天然倾向控制人力支出成本，以提高利润，劳动者则天然希望提高工资。在特定阶段，利润有限，劳资双方出现利益博弈。曾经有一段时间，××公司深圳公司的保安人员月薪近 3 000 元，而当时深圳同类保安月薪 1 800 元，但××公司保安人员仍然不满意，因为相比××公司其他员工，他们的收入当然非常低。为了解决该问题，××决定解聘所有保安，再按劳动力市场价格月薪 1 800 元重新公开招聘，结果绝大多数公司前保安仍然又来竞聘。多数公司当然不可能采用该公司的做法，但是薪酬调查结果可以在一定程度上起到类似作用。

4.1 薪酬调查常见数据来源

进行薪酬调查的组织者主要有政府、行业和专业协会、咨询公司、企业联合会以及企业自身等，上述组织者对应典型的薪酬调查数据来源。

4.1.1 政府部门

美国联邦政府劳工部下属劳动统计局（Bureau of Labor Statistics）每年发布各种工作的薪酬数据，如每年发布的《职业就业和薪酬估算数据》（*Occupational Employment and Wage Estimates Data*），该报告包括数百种职业的时薪和年薪、从业人数以及收入最高的州和城市地区。另外，劳工统计局定期发布的就业报告（*Occupational Outlook Quarterly*）、职业就业统计（*Occupational Employment Statistics*）提供大量分行业、分地区的劳动力市场信息。此外，美国劳工部还与其他一些政府部门（the Office of Management and Budget，General Services Administration，Department of Commerce）合作发布数据。

20 世纪 90 年代国有企业改革后，我国开始建立劳动力市场价格调查制度。劳动和社会保障部《关于建立劳动力市场工资指导价位制度的通知》（〔1999〕34 号）提出，建立以中心城市为依托，广泛覆盖各类职业（工种），国家、省（自治区）、市多层次汇总发布的劳动力市场工资指导价位制度。为了保证统计调查的规范和统一，按照《劳动力市场工资指导价位调查和制订方法》以及国家统计局制定的《企业在岗职工工资调查表》、国家职业分类大典和劳动力市场职业分类与代码。另外，一些部门在本系统内进行薪酬调查，如国务院国有资产监督管理委员会办公厅要求央企填写中央企业职位薪酬调查问卷系统。国家“十二五”规划纲要中提出，建立企业薪酬调查制度，建立分行业、分工种的工资调查数据库，以便全面反映全社会企业薪酬情况。在多次企业薪酬调查试点的基础上，2018 年人力资源和社会保障部、财政部联合发布《关于建立企业薪酬调查和信息发布制度的通知》（人社部发〔2018〕29 号），正式建立覆盖全国各行各业的薪酬调查制度。

根据 2008 年正式施行的《中华人民共和国政府信息公开条例》，可以按照程序向当地人社部门申请取得相关数据。此外，某些地方人社部门会在其官网公开调查报告，如 2021 年年初广西人力资源和社会保障厅官网发布《2021 年全区人力资源市场部分职位（工种）工资指导价位》，通过对用人单位 2020 年在广西数字人社管理信息系统登记的招聘信息进行归类整理，形成 2021 年广西人力资源市场部分职位（工种）工资指导价位。此次指导价位将工资水平分为低位数、下四分位数、中位数、上四分位数、高位数 5 个档次。

4.1.2 管理咨询公司

管理咨询公司提供薪酬调查服务与数据。《福布斯》杂志发布的 2019 年度 America's Best Management Consulting Firms 名单中包括 216 家咨询公司。较熟悉的有 Clark Consulting 公司、Fred Cook 公司、Hays Group 公司、Hewitt Associates 公司、Mclagan 公司、Mercer 公司、Watson Wyatt 公司、Towers Perrin 公司等。这些公司普遍提供薪酬调查服务，如 Hays Group 的全球薪酬数据库（PayNet International）、ERI Economic Research Institute 从 1987 年开始发布薪酬信息软件，Automatic Data Processing（ADP）每月比政府提前数天出炉同名薪酬报告。

4.1.3 相关协会

美国民间协会比较发达，各行各业都有一个甚至多个全国性的行业协会，如美国大学的学术劳动力市场薪酬数据的权威来源之一是大学雇主协会 American Association of University Professors 进行的 AAUP 年度调查。美国管理学会（American Management Association，AMA）的一项业务是调查并提供各行业行政人员、管理人员以及其他人员的薪酬状况。类似地，美国行政管理协会（AMS）每年对美国、加拿大和西印度群岛约 130 个城市的管理与行政类工作进行薪酬调查。

相比之下，我国民间主办的协会相对不足，而官方协会活动不够活跃。

4.1.4 专业网站

美国代表性薪酬调查网站如 PayScale、Glassdoor 等。

2007 年北京大学副教授 × × 在博客上公开工资条，众多网友纷纷效仿，引发全国晒工资热潮。晒工资甚至推动一些公司的劳资博弈。有媒体曾经报道广西某矿业有限公司不断接到员工增加工资的要求，增加工资的依据是网上下载的各式各样工资条。

网上晒工资数据信息的优点是灵活，没有限制，来源广，最大的不足是细分不够，很多具体工作内容与条件没说清楚，不宜简单地直接进行比较。网上工资条虽有虚假的成分，但多数是可信的，因为没有直接利益在其中，多数人仅仅出于分享信息的动机，可以作为一种信息来源参考。

国内目前具有代表性的招聘网站都提供薪酬数据服务，如前程无忧的薪酬调查样本等。此外还有很多新兴网站，如大街网、赶集网、看准网等。

评薪网、分智网等薪酬网站与传统的薪酬调查网站不同，属于各地各行各业的员工自己提交数据，大部分数据的真实性可以保障，毕竟大多数人并没有从中获取大的利益，而是本着分享心态提交数据，但数据全面性不足，相对而言，中低收入者更可能提交数据，而高收入者很少会提交数据，当然可以由中低收入间接推测高收入者的数据。

4.1.5 参加调查联盟

很多公司彼此形成薪酬信息交换联盟，如智通人才网站与中华薪酬网联合，组织了

1 200 家珠三角企业进行珠三角企业薪酬调查。薪酬调查行业包括电子制造业（微电子）、电器/电气制造业、塑胶/五金/模具业、IT 制造业（硬件/周边设备/网络设备）、纺织服装业、家具制造业六大行业，企业员工人数在 300 人以上。

调查采用网络在线填写调查问卷的方式，调查问卷中不涉及企业名称、个人姓名等隐私信息，对企业提交的所有信息数据保密。参与调查的企业，将免费获赠公司所属行业薪酬调查报告一份。

4.2 薪酬调查的主要内容

薪酬调查的主要内容包括：公司基本情况、公司薪酬战略、公司人力总成本支出数额、占公司营业收入或者利润的比例、公司收入分配差距、不分职位序列与分职位序列的平均收入和典型分位数收入、薪酬级数、每一薪级的最高最低值、岗位分类、岗位高中低平均薪酬与市场薪酬的对比关系、付酬要素、薪酬单元结构（如基本工资、奖金、津贴等在总收入中的比例关系）、福利、社保、非货币报酬（如工作环境和弹性工时计划）、薪酬保密制度、股份股票长期激励以及公司薪酬管理中较有特色的做法。

实际上，薪酬调查内容基本上就是本书各章的内容要点。

4.3 薪酬调查的主要步骤

可以将薪酬调查的实施过程分成 3 个阶段，即准备阶段、实施调查阶段和结果分析阶段。

4.3.1 准备阶段

第一，确定调查数据来源。

审查已有的薪酬调查数据，如政府有关部门发布的劳动力市场价位资料、已出版的权威机构编制的统计资料、已经收集或通过其他渠道已经获取的薪酬调查数据等，进行评价，看是否能加以合理利用，以满足企业的需要。

如果上述数据不能满足需要，则确定由企业进行薪酬调查，还是聘请专业公司或者购买专业机构提供的调查报告。但需了解各种调查方式所需要的费用。

实际操作当中，大多利用第三方机构完成薪酬调查工作。薪酬调查工作费时费力，企业往往没有足够的人手和时间。所以，借助专业化的外部薪酬调查机构来从事薪酬调查已经成为人力资源管理工作一种常见的外包形式。

第二，确定需要调查的职位。为确保职位匹配精度较高，在确定被调查职位后，要对所调查职位进行明确而清楚的描述。同样的职位名称，在不同企业工作内容可能相差很大。例如，同样是行政部门的经理，在有的企业主要从事后勤、安保工作，在有的企业则可能还要从事一部分人力资源管理工作。

第三，界定人力资源市场范围，明确作为调查对象的目标企业及其数量。

从人力资源市场的覆盖范围看，可以分为本地（市县级）、区域性（省级）、全国性和国际性劳动市场。企业首先要确定在薪酬调查时所面对的人力资源市场的范围，这个市场范围是针对所需调查的职位相对而言的。一般来说，对于知识技能含量不高的职位，如普通文员，薪酬调查在企业所在地进行即可；对于高新技术、高级管理等类人才，知识技能含量高，其工作搜索范围大，应进行区域性甚至全国性的薪酬调查。

4.3.2 实施调查

调查问卷是收集数据最常用的方法。即使薪酬调查外包给第三方公司，发包方仍然需要对调查问卷设计予以把关，以切合本公司的实际需要。

调查问卷的内容一般包含企业本身的相关信息，如企业名称、地址、所在行业以及企业规模以及职位类别、职位名称、任职者教育程度、相关工作年限要求等。此外，调查问卷的内容还包括员工薪酬方面的一些信息，如基本薪酬、奖金、津贴、员工福利、其他收入等，有关调薪幅度和措施的规定等。

调查问卷的设计应当尽量方便被调查者使用，以确保问卷易懂、易读、易回答，特别是不能出现有歧义、模糊不清的概念与提问。另外，问卷填写务必清晰、简单，尽量避免要求被调查人进行较多思考。

为了减少疏漏，最好在正式调查之前进行小范围的问卷测试。

调查时间应尽量选择被调查者不太忙的时段。能支付报酬当然最好，但对于数千人以上的大规模调查付酬，经费可能不允许，可以采用填写后免费反馈最终调查结果的方式向接受调查者表示感谢。

4.3.3 结果分析

第一，调查数据核查。在调查问卷被回收之后，调查者需要分析调查问卷，以判断数据的可靠性，如代表性岗位的薪酬平均水平、最高最低薪酬是否符合基本常识。如果某一职位的基本薪酬数据明显超出其应属于的薪酬范围，要注意核查该职位与基准职位之间的匹配性。如果调查问卷较多，可以按岗位类别随机抽取若干问卷进行分析。

第二，调查数据统计分析。在数据核查完成之后，就需要分析数据。薪酬数据的分析方法一般包括：频度分析、趋中趋势分析、离散分析以及趋势分析。上述分析使用 Excel 软件即可完成。

第三，撰写调查报告。将公司感兴趣的内容归纳总结，制作图表插入，形成系统报告。

4.4 薪酬调查报告质量评价

近年来，国内薪酬调查报告市场颇为红火，除了需求增多外，一个不可忽视的原因是薪酬调查市场虽然体量不大，但利润很高。前程无忧网站的薪酬信息报价，一个职位一般几十元，一份报告几千元。对于招聘网站来说，很容易收集数据，因此成本低而利润高。

正是如此，各种各样的薪酬调查报告良莠不齐，购买和使用薪酬调查报告时，从哪些方面来评价一份薪酬调查报告的质量成为关键问题。

4.4.1 行业与地域范围

范围主要取决于公司经营范围大小以及招聘人才的劳动力市场供求比、替代难度大小。

如果公司经营规模不大，对于容易被取代的低级职位如文员、初中级技术人员，所调查的区域选择公司所在地即可。对于高级管理与技术职位而言，调查区域可以适当拓展到公司经营规模的上一级行政区划范围。

如果公司经营规模在全国乃至全球，对于容易被取代的低级职位如文员、初中级技术人员，所调查的区域选择公司所在地即可。对于高级管理与技术职位而言，则需要了解全国一线城市乃至全球一线、二线城市同档次公司的薪酬情况。

注意参考的标杆行业与标杆公司的规模、属性与本公司有较高相似性，否则数据参考误差势必过大。

4.4.2 说明用工性质

在阅读薪酬调查报告时，要注意岗位用工性质。目前国内企业尤其是国有企业与事业单位的用工形式分为几种：实名编制、非实名编制（新形势下近似于实名编制）、签订劳动聘用合同的正式工、签订劳务合同人员、人事代理、劳务派遣、临时工。差异集中体现为待遇高低、工作稳定性依次递减。有编制意味着纳入了财务部门发放工资的名单，而临时工等是单位自己筹资发工资，性质完全不同，因此工作稳定性也不同。

2015 年年底，全国事业单位分类改革基本结束，事业单位被分为公益一类、公益二类、公益三类。公益一类是直接承担科教文卫服务基础工作的单位（如公立中小学），公益二类是高等教育、非营利性组织机构，公益三类属于自收自支单位。事业单位编制分类包括全额事业编、差额事业编、自收自支事业编等。2020 年全面取消公立高校、公立医院的编制计划，从事经营性的事业单位或将全部转为企业，如传统经营性事业单位核工业地质局、煤田地质局、有色地质勘查局、地质矿产勘查开发局等已转为国有企业。公立高校和公立医院将不再保留编制，以减少财政压力，但已有编制人员继续保留编制。

4.4.3 职位描述清晰度

阅读薪酬调查报告时，要注意职位的具体工作内容与权责有没有进行明确清楚的描述。

以编辑为例，除了传统平面媒体、电视媒体的各类编辑外，还有内容编辑、图片编辑、短信编辑，甚至一度还有手机铃声编辑。如果笼统称之为“编辑”，给出一个平均薪酬，则毫无意义。

不同公司同一岗位工作职责与权力大小往往有区别，同样是“行政部经理”，在有些单位可能主要从事后勤、保安等工作，而在有些单位可能还要从事人事工作。只有当两者的重叠度达到 70%以上时，才能根据所调查职位的结果来确定公司相应职位的薪酬水平。

很多公司定岗定级存在长官意志影响，有些岗位，管理者认为很重要，职级定得很高，但事实并非如此；有的岗位职级定得较低，但以该职级薪酬在市场上无法录用到合适人选。

头衔膨胀普遍。中层是真正向高层报告的职位，负责企业某个或某些部门的运作，直接管理一定数量员工与资金使用。因此，在薪酬调查中不能只看岗位名称，更要看工作职责、权责说明。合格的薪酬调查报告必然会解释数据来源、抽样程序与抽样标准。

4.4.4 数据搜集与处理方法详细度

合格的薪酬调查报告必须报告各变量的定义、数据搜集方法。薪酬调查常用的方法有问卷调查法、访谈法等。问卷调查法实施容易，成本低，但是由于不同的人对不同的问题可能会有不同的理解，因而调查结果会受到影响。访谈法实施难度大，成本高，相对来说数据更可靠，但是数据的可靠性受到访谈员的影响。调查报告应该附上调查问卷或者访谈提纲。

同样的数据采用不同的统计处理方法，结果可能不同。在购买薪酬调查报告时，要注意数据的统计处理方法，如异常值如何定义与处理？被调查者没有填写而造成的缺省值如何处理？数据如何分组？

4.4.5 提供分位数数据

薪酬水平最常见的数据即平均值。但是，对于非正态分布的情况，平均数反而易产生误导。一份合格的薪酬调查报告必须提供 25P、50P、75P 等分位数数据。

10P 分位：表示有 10%的数据小于此数值，或者说 90%的数据大于该数值，反映市场最低薪酬水平。

25P 分位：表示有 25%的数据小于此数值，反映市场较低薪酬水平。

50P 分位：表示有 50%的数据小于此数值，反映市场中等薪酬水平，即中位数水平。

75P 分位：表示有 75%的数据小于此数值，反映市场较高薪酬水平。

90P 分位：表示有 90%的数据小于此数值，反映市场很高薪酬水平。

1. 2020 **中国程序员薪资和生活现状调查报告**

（原文链接：https：//blog.csdn.net/BinSTD/article/details/114579775）

（注：该调查内容较丰富，不足之处是没有从学历、编程语言、行业、城市等角度分析薪酬分布情况）

根据中国互联网络信息中心（CNNIC）第 47 次《中国互联网络发展状况统计报告》。截至 2020 年 12 月，我国网民规模 9.89 亿，互联网普及率 70.4%。我国互联网飞速发展，离不开一批中国程序员的辛苦工作。国内知名 IT 网站程序员客栈（https：//www.proginn.com/）对北京、上海、广东和浙江等全国 29 个省、直辖市及特别行政区的近 55 万程序员进行了一次调查。报告如下：

（1）程序员性别比例：

程序员群体中男女比例为 90.6%：9.4%，接近 9：1，希望能够有越来越多的女性加入程序员队伍中来，男女均衡。

（2）程序员年龄分布：

22 ~ 24 岁的程序员占比高达 11.2%，25 ~ 29 岁的程序员占比 42.5%，30 ~ 34 岁的程序员占比高达 31.8%，这 3 个年龄段成为程序员群体的中坚力量。35 岁及以上的程序员占比仅为 9.4%，不到 1/10，说明程序员队伍中主要是 35 岁以下的人。

随着年龄的增加，以及结婚生子，高强度敲代码的工作不再适合。但是 10 年左右的编程经验、管理经验和其他各方面的提升成了自身的优势，为 35 岁以后转变工作方向打好了基础，逐渐转为架构、管理或者其他岗位。

（3）程序员婚恋状况：

在接受调查的程序员中，单身比例为 45%，较 2020 年的数据下降了近 9%。一方面，与程序员群体年轻化有关系，本次调查中 30 岁以下的程序员占总体的 58.9%；另一方面，也说明程序员单身人数有所减少。

（4）程序员学历情况：

大部分程序员为本科学历，占总体的 67.8%。硕士研究生学历的程序员占 7.3%，博士研究生学历的占 0.4%。另外，专科等其他学历的程序员占比 22.3%。

从毕业院校层次看，19.3%的毕业于 985 或 211 院校，另有 0.4%毕业于国外高水平院校。

（5）从事程序员工作的年限：

刚参加工作的程序员占总体的 12%，工作 2 ~ 4 年的程序员占总体的 33.1%，工作年限为 5 ~ 10 年的程序员占 43.4%，工作 10 年以上的程序员占总体的 11.6%。

（6）程序员的地域分布：

北京的程序员最多，占比 17.6%；其次是广东，占比 16.7%，上海占 12.9%，江苏占 9.9%，浙江占 8.2%，四川占 3.9%，重庆占 2.6%。广东的程序员集中在广州和深圳，浙江的程序员集中在杭州，四川的程序员集中在成都，江苏的程序员集中在南京和苏州，福建的程序员集中在厦门。此外，陕西拥有 3.0%的程序员，集中在西安。

北京的程序员占比从 2020 年的 24.1%下降到 2021 年的 17.6%，与之对应的上海、广东、浙江 3 个省市的程序员占比上升，说明部分程序员从北京分流到上述 3 个省市。

（7）程序员的购房情况：

有 14.1%的程序员由家里买房；有 21.0%的程序员自己买房；有 8.2%的程序员夫妻两人买房；有 22.7%的程序员目前租房住，准备买房；另有 22.9%不打算买房，暂时租房住。

（8）程序员的居住条件和花销：

租房住的程序员中，合租占 66.3%。在合租中，67.6%租公卫普通卧室，32.4%租独卫大主卧。

房租主要为 1 000 ~ 3 000 元/月。8.6%的人房租为 3 001 ~ 4 000 元/月，10.3%的人房租为 4 000 + 元/月，8.2%的人房租为 500 ~ 1 000 元/月，4.7%的人房租低于 500 元/月，还有 0.4%的人是公司包住。

（9）程序员的公司属性：

73.0%的程序员在民营企业工作，8.6%的程序员为自由职业者，9.4%的程序员在国有企业，1.3%的程序员在中外合资或外商独资企业。

（10）程序员跳槽状况：

没有跳槽经历的程序员占 16.3%，跳槽 1 ~ 3 次的占 60.1%，跳槽 4 次的占 7.7%，跳槽 5 次的占 8.2%，跳槽 6 次以上的占 7.7%。

工作 3 年以下的程序员半数以上都没有过跳槽经历。工作 4 年及以上的程序员，没有跳槽经历的人很少。随着工作年限增加，跳槽次数随之增加，符合市场规律。

3 年是一个跳槽分水岭，主要有两个原因：一是大部分公司签订劳动合同一般都是 3 年；另一个原因是工作 3 年，已经有一定工作经验，希望换一个新的环境。

（11）程序员擅长语言：

JavaScript、Java 最多；Python 其次，为 17.6%。除此之外，PHP（14.6%）、C#（12.4%）、C + +（7.7%）、Go 语言（7.7%）、C（6.0%）及其他（6.0%）。

（12）程序员学习及工作时间：

66.9%的程序员朝九晚五、一周工作五天，只有 33.1%的程序员有不同程度加班。只有不到 10%（8.6%）的程序员每周工作时长达到 996[①]。因此，舆论热议的程序员普遍加班严重的言论并不符合多数程序员的实际情况，属于少数公司的部分程序员的状况。

37.4%的程序员每周学习时间高于 5 小时，40.5%的每周学习时间在 5 小时以内，22.0%的程序员每周几乎没有时间花在学习上。

① 996 工作制指工作日早 9 点上班，晚上 9 点下班，中午和晚上休息 1 小时（或不到），总计 10 小时以上，并且一周工作 6 天的工作制度，是一种违反中华人民共和国劳动法的工作制度。

（13）程序员年薪状况：

年薪在 5 万～10 万的程序员占比为 15.5%，年薪在 10 万～15 万的程序员占比为 18.9%，年薪在 15 万～20 万的程序员占比为 21.9%，年薪在 20 万～25 万的程序员占比为 12.0%，年薪在 25 万～30 万的程序员占比为 7.7%，年薪在 30 万及以上的程序员占比为 19.3%，年薪在 5 万以下的占比仅为 4.7%。

（14）满意程度：

45.5%的人对现在的薪酬不满意或者很不满意；41.2%的人认为一般；11.6%的程序员对现有薪资比较满意，对现有薪资很满意的为 1.7%。

24.0%的程序员对工作环境不满意或者很不满意（其中 6.4%很不满意），49.4%的程序员认为工作环境一般，26.6%的程序员比较满意或者很满意。

（15）程序员的兼职意愿：

45.1%的程序员没做过兼职，但是非常期待；17.6%的程序员已经在做兼职，并且有 4.7%的程序员成为自由职业者。

2. 多少快递员收入过万

（中国青年网，2014-11-12）

“双十一”到了，各快递公司纷纷涨薪急聘快递员，以至于有传闻“快递员月薪过万”。昨日，记者走访多家快递公司了解到，个别快递员在“双十一”期间确实月薪过万，但不是普遍现象。

为了保证货物及时送达，11 月高薪招聘已经是业内惯例。快递员收入高低主要取决于所负责区域送件量和揽件数。如果一个快递员负责的区域快递量大，每天送件量能在 100 件以上，以 1 元每件计算，那么一个月提成有 3 000 元；如果有另外的固定客源如淘宝网店，每件快递费 15 元，每天发 10 件，每件提 10%，一个月下来能有 450 元的提成，月薪 3 500 元左右。“但是，大部分快递员每天的送件量在 60 件左右，偶尔会超过 100 件，比如‘双十一’。揽件量方面，很多快递员并没有固定客源，在北上广深快递量大的城市，月薪过万的快递员能占到 30%以上，但是在昆明，月薪过万的快递员不到 5%。”

讨论：

1. 到本章介绍的招聘网站或者互联网搜索一些薪酬调查报告，结合本章知识点指出存在哪些不足？如何改进？

2. 使用本章介绍或者自行检索到的薪酬数据来源，查找自己感兴趣的工作或者行业、城市、公司薪酬水平资料，并对比分析，撰写一份薪酬调查报告。每份调查报告的撰写人员不超过 3 个人。

第 5 章 人力成本预算与控制

学习目标

1. 理解人力成本预算方法。
2. 运用人力成本控制具体措施。
3. 了解裁员操作要点。

国际上使用较多的公司人力成本概念是 1966 年日内瓦第十一届国际劳动经济会议人工成本会议决议案通过的定义，即人工成本指雇主在雇佣劳动力时产生的全部费用，主要包括：已完成工作的工资；未工作而有报酬时间的工资；奖金与小费；食品饮料及此类支出；雇主负担的工作的住房费用；雇主支付雇员的社会保险支出；雇主对职业培训、福利服务和杂项费用的支出，如工人的交通费、工作服、健康恢复及视为人工成本的税收等。

2014 年国家人力资源和社会保障部发布的《2014 年公司薪酬试调查培训手册》对公司人工成本的定义是：公司在生产、经营和提供劳务活动中因使用劳动力而发生的所有直接和间接费用的总和。其范围包括：从业人员劳动报酬、福利费用、教育经费、保险费用、劳动保护费用、住房费用和其他人工成本。

很多公司的人力成本占到所有成本的一半多，人力成本开支的高低直接影响公司利润。控制人力成本是人力资源管理部门的重要职责，财务部门主要起配合作用，因为财务部门对劳动力市场价格不了解。人力资源管理要体现出超越事务性工作的高层次价值，在组织中才有价值贡献，人力资源管理工作者才会有职业发展前途，而人力成本控制是人力资源管理为组织创造价值的重要内容之一，毕竟省钱比赚钱容易。

需要强调的是，控制人力成本的含义是合理控制而不是压榨与克扣。现实中，一些公司“又想马儿跑得快，又想马儿不吃草”，显然不可持续。公司与员工往往存在一种“先有鸡还是先有蛋”的悖论，公司主张员工先付出、再拿高薪，而员工认为公司应先满足员工的薪资期望，再要求员工付出。公司与员工都是站在各自利益立场上思考问题。第三方的合理看法是：在公司战略正确、考核合理、工作强度相当的情况下，那么在很大一个范围，薪酬水平与员工业绩是高度正相关的。公司应该向员工支付公司所在地同档次公司平均水平的薪酬后，才有要求员工付出的理由。反过来，如果公司支付某个水平薪酬后，员工就应该达到同档次公司的同类同水平薪酬员工的业绩水平。

5.1　企业薪酬水平的定位策略

企业薪酬水平的定位策略大概分为 4 类，即领先型策略、跟跑型策略、追赶型策略、混合型策略。

第一类是领先型策略：企业支付的薪酬水平高于市场水平。

1914 年福特公司将工人日工资从 2 美元提高到 5 美元，报名工人排几公里长。当时的美国媒体感叹，引起了一场全国人口大迁移。在提高日工资之前，福特汽车公司工人离职率非常高，5 美元新政之后，离职率降低了 90%，旷工率从 10%降到 0.3%。福特公司的工人以在福特工作为荣，休息日还要将公司徽章别在领带上，类似于 20 世纪 80 年代大学生坐公交车将校徽别在衣服上一样。

温州瑞安华峰集团氨纶公司将千余名一线员工月薪提高 25%左右，每年多支出 1 000 多万元。加薪消息传开后，计划招 30 名普工，却涌来 230 多人报名。

第二类是跟跑型策略：薪酬水平等同于市场平均工资水平。跟跑型薪酬策略是企业最常用的策略。

第三类是追赶型策略：支付薪酬略低于市场平均工资水平。采用追赶型薪酬策略的企业，大多处于竞争激烈市场中，利润率较低，人力成本承受能力弱。

第四类是混合型策略。混合型策略指：① 企业在确定薪酬水平时，根据岗位、员工分别制定不同的薪酬水平，部分岗位领先、部分跟随等。对核心员工采取领先型薪酬策略，而在其他职位特别是在劳动力市场上随时可以找到替代者的普通员工，采用跟跑型或者追赶型策略。② 在不同的薪酬单元实行不同薪酬水平策略，如总薪酬采用领跑型策略，基本薪酬单元采用追赶型策略。

企业处于初创期、发展期、成熟期和衰退期等不同发展阶段时，通常也会采取不同的薪酬水平定位。

5.2　人力成本确定方法

本节介绍两种人力成本确定方法。

5.2.1　经营目标倒推

根据人均产值、预期利润以及其他财务目标，确定一个人力成本区间范围。

邯郸钢铁集团有限公司（简称“邯钢”）模拟市场核算、实行成本否决。其主要内容是：按原料和产品的市场价格，倒推核算产品的目标成本和利润，层层分解，落实到分厂、车间、班组和个人，完不成目标成本的部门与个人，当年没有年终奖金与各类晋级机会。

邯钢的上述思路可以概括为“市场—倒推—否决—全员”。市场即根据产品和原料的价格来计算目标成本、利润。倒推即将过去从前向后核定成本的做法倒过来，过去是先算成本，再算产品价格，现在是先分析产品在市场上被接受的价格，然后逐个工序地倒过来确定各环节的成本控制，从后向前核定，成本随价格的变化而变化，实行全员、全过程的成本管理，形成市场重担人人挑、人人肩上有指标的全方位责任体系。邯钢 1991 年实行成本否决机制后，经济效益大幅度提高。

5.2.2 行业经验值

邯钢的上述做法更多地适用于制造业中大型公司，某些小公司或者处于快速发展的公司，不宜采用，而是应采用简便可行的行业经验值方法。

目前，我国公司特别是国有企业进行人力成本分析时常用的指标主要有以下两个：

人工费用率＝人工成本/销售额

劳动分配率＝人工成本/公司增加值

针对上述两个指标目前的经验值，大公司劳动分配率在 48%左右，中小公司劳动分配率在 60%左右。当然，可以根据行业做更精细的统计。

劳动分配率中的公司增加值（Added Value，又称公司经济增加值）是净利润扣除股息、债务之后的盈利，是公司最终实际盈利，可以比毛利润、净利润等指标更真实地反映公司的投入、产出和经济效益情况。公司增加值有两种计算方法：一是生产法；二是收入法。生产法基于产品生产情况，而收入法基于产品销售情况。多年来，我国公司增加值一直采用过去的生产法计算，只核算公司主业创造的利润，非主业创造的利润没有纳入核算。但实际上，今天的很多公司主营业务之外的收入比例并不低，生产法与实际情况的矛盾日益突出。较多学者的研究建议改用收入法[26]。计算公式为：

公司增加值＝劳动者报酬＋固定资产折旧＋生产税净额＋营业盈余

劳动者报酬包括货币工资及收入、实物工资、由公司为劳动者支付的社会保险等费用。固定资产折旧为补偿生产中所耗用的固定资产而提取的折旧价值。生产税净额指公司向政府缴纳的生产税，包括增值税、产品销售税金及附加、管理费用中的税金。营业盈余指公司本年营业利润加补贴，包括公司营业利润、补贴收入等。

收入法的优点有两个：一是指标数据可从财务报表直接取得；二是没有产品分摊成本时选择不同的分摊方法，导致公司经济增加值计算结果不同等问题。

劳动分配率指标的缺点是：折旧方法由公司自选，可比性受到一定影响，所以往往作为辅助分析指标使用。相比之下，人工费用率指标可比性更强。

当然，公司可以自行确定人力成本计算指标，如将人工成本与公司利润相比等，搜集同行业同档次公司的相关数据以及自家公司的历史数据，确定行业经验值。但需要注意的是，财会管理中的利润有多种不同的定义口径。

5.3 人力成本控制措施

5.3.1 核算部门用人投入产出

人员没有与公司经济效益合理同步增长是常见的人力成本失控原因。部门不直接承担人力成本，各级主管都想扩大本部门，而冗员成本却由公司承担，如此必然刺激各级部门“招人多多益善”的心理。对策很简单，对部门的用人成本与部门产出进行核算。

人手增加非常容易。很多时候，因为新增加一项临时、突发工作而招聘员工。人招来后，可工作繁忙仅仅是阶段性的，但增加了的人手很难马上辞退。于是往往演变成只进不出，导致成本快速增加。

当发现公司人力成本过高（指高于行业同类公司人力成本水平，或者明显影响公司利润），应该分析公司业务中不赚钱、无发展、费人力的部分，压缩投入或者直接叫停。先控制业务，再用投入产出比来控制人力成本。

以一个典型的制造业公司来说，公司主车间实行计件工资制，辅助车间实行承包工资制。两者的区别在于，直接计件工资制下，车间员工编制由公司确定；而在承包工资制下，车间员工编制由车间主任或车间承包人确定。在产出既定、计件工资总额不变的情况下，主任或承包人就有强大动力通过提高员工劳动效率来减少定员，留下来的员工都有较好技能与工作态度，整体工作质量、效率均有改观。当然，从产品质量控制和设备经济利用的角度考虑，对于承包出去的车间与生产环节，必须强化质量检验与控制手段[27]。

5.3.2 非一线人员按一线人员数比例确定

人往高处走，大部分员工都有升职愿望。如果不做严格控制，很多公司都会出现一线紧、二线松、三线肿的现象，工作产生工作，表面上人人都忙，但公司利润却没有同步增长。

沃尔玛公司创始人山姆·沃尔顿深知公司机构庞杂、人浮于事现象，会使公司官僚之风盛行，公司效率低下。沃尔顿痛恨公司的一些管理人员为了显示本部门重要，不顾实际工作是否需要，一味要求增加员工数量的做派。与很多公司不同，沃尔玛遇到问题时，不是采取增加机构和人员的办法，而是追本溯源，解聘失职人员和精简相关机构，以避免机构重叠、臃肿。从开办第一家零售店开始，沃尔顿就非常注意控制公司的管理费用。沃尔玛不少竞争对手公司的管理费用占到公司销售额的 5%，而沃尔玛的标准是公司管理费用不超过销售额的 2%。

由于影响因素很多，很难有一个精确的数学公式确定各类人员比例，因此实用办法就是对标管理，选择本行业先进水平公司对标，作为确定相关人员比例的参考基准，即使达不到，也可以改进本公司的管理。20 世纪 80 年代初，福特汽车公司决定裁员，最初目标是公司总部财务部门裁减 20%，从 500 人减少到 400 人。最后发现日本马自达公司总部财务人员才 15 人，福特汽车最终使财务部门人员减少到 75 人，使财务人员数量与公司销售规模比例与马自达公司相当。由于标杆水平已由马自达公司实践过，如此大规模裁员并未引起过多的争议。

5.3.3 通过组织与流程优化提高效率、节约人力

组织设计需要根据客户需要、公司战略、公司资源等因素进行动态调整，但万变不离其宗，组织设计的根本目标是快速、高质量响应客户需求，也是评价组织设计合理性大小的第一准则。

实现上述根本目标的具体实现主要有 3 个思路：① 通过赋能和激励一线人员快速响应客户需求。② 通过考核与分配引入合作因素以及实施业务流程再造（Business Process Reengineering，BPR）或优化，打破部门墙，在部门、岗位之间形成合力。③ 减少管理层级，提高决策效率。

通过上述 3 个主要思路，打破传统的职能型组织，建立流程型组织，实现企业经营在成本、质量、服务和速度等方面的改善，更好地满足客户需求。以交通银行四川省分行 2016 年组织设计与流程优化为例进行说明，交通银行四川省分行采取了以下措施实现客户导向的流程型组织：① 将公司客户进行分类，成立大客户一部和大客户二部，加强对新兴重点区域、重点客户的拓展以及对发展前景好、潜力较大的央企、省市平台、机构行业等存量客户的二次营销，打造分行新的利润增长点。② 围绕部分高端客户、新兴市场和特色业务，在公司部、个人金融业务部、风险（保全）部内部组建集团客户、私人银行、资产保全专营团队。③ 在个人金融业务部增设个贷直营中心，赋予其直接营销的职能，使零散业务集中化，提高业务办理效率和风险防范能力。④ 严格控制人员总量。收集同行业先进公司的人员配置数据，对各部门工作量进行对比分析，制定机关人员配置标准。以支行规模、客户数量、柜面业务量、人均经济利润等数据为基础，核算各部门人员编制计划，有效控制人员需求，将人力向前台部门和经营一线倾斜。下发《关于营业网点人员结构优化调整的通知》，对全辖营业网点客户经理提升及综合柜员压降提出具体措施和指标，并定期通报各行完成情况，督促分支行按进度推进。

组织与流程优化设计可以是组织层面的较大规模变革，也可以是某些小流程的细微调整优化。以医院为例：① 传统的出院结算是患者或者家属自行到医院财务窗口办理，涉及不同科室、人员的签字环节，往往需要在多个部门、窗口奔波，而床旁结算是患者所在科室护士及结算员处理后，结算处与患者所在科室对接，患者或家属可以在病床边核实签字后，直接到出院结算处缴费出院，患者不必在多个部门的窗口奔波。② 以前在医院拿药，先在药房划价，到收费处交费，再到药房取药，患者要排 3 次队。采用 IT 技术，实行流程再造与优化，医生在医院信息管理系统中提交药方后，系统自动核算费用，药方、费用等信息实时传送到药房、收费处的电脑终端，患者微信扫码付费后，患者直接去药房排队取药即可。

5.3.4 劳动力精细化管理

根据员工的外部劳动力市场供求比与替换难度，将公司员工分 3 个部分：人才管理（核心员工）、职员管理（一般白领）和劳动力管理（蓝领居多）。一般人力资源软件的主要管理对象是人才管理、职员管理。对于劳动密集型公司而言，数量上劳动力管理在人

力成本中占大部分，需要专门的劳动力管理软件。所谓劳动力管理指对员工的工作时间和出勤进行跟踪，通过合理的人员排班使公司人力配置效率最大化。

对于大中型公司而言，利用劳动力管理软件如果能将员工利用率提高数个百分点，每年就可以节省不少费用。美国波士顿咨询集团的一项研究显示[28]：在员工数量、工作技能和工作质量不变的前提下，仅仅把员工的有效利用率提高 2.2%，就可以使公司整体劳动生产率提升 3.2%。

流行于 20 世纪 70—90 年代的 ERP、SCM、CRM 等公司管理软件系统侧重于财、物的计划，但对“人”的因素却相对关注不多。一方面，ERP 关注的是生产资源，通过订单可以得出所需的物料和工时，但该工时是生产产品需要的工时，前提是假设生产产品需要的劳动力会按时保质保量到位。实际上，因为各种原因劳动力缺岗是很常见的情况。因此，以前的 ERP 软件没有充分整合劳动力的实时信息，难以直接形成生产排班计划。另一方面，市场上流行的 HR 软件解决人力资源和工资福利的管理问题，服务于人力资源部完成工资核算等日常工作，对生产部门劳动力管理所需要的工时、排班、缺勤等信息没有与生产部门的 ERP 软件直接打通。

劳动力管理软件弥补了上述不足，其最重要的 3 个功能是记录、调度和分析优化。首先是记录，劳动力管理软件对一个员工在工作场所的工作时间、工作状态等信息全部进行记录。其次是调度，提供劳动力需求预测、劳动力互动端到端排班、劳动力的实时考勤、劳动力去向分析等功能，帮助公司降低成本。最后是分析优化，根据公司的需要来判断劳动力的部署计划，并进行优化，帮助公司在合法的前提下降低劳动力成本。

劳动力管理软件的典型应用场景以商场为例。商场平均每天 10 多个小时的营业时间内，随时都有顾客光临，有高峰期，也有顾客少的时间段。当高峰出现时需要抽调人力，劳动力管理软件让管理人员随时查看相关数据，包括人员配备需求、实际工作时间、员工知识技能信息、空闲时间及个人工作时间与地点偏好等，从而做出较好的人员调配安排。当公司需要加班时，可以通过劳动力管理系统，由系统向具备所需技能的员工发出加班征询短信，询问谁愿意加班。一旦有员工愿意，系统中的排班表就自动更新。上述管理活动可以通过员工常用的移动设备来完成，与强行安排相比，效率更高。

员工可以享受自助服务，劳动力管理软件终端安装在一线现场，可以用作考勤机。除此之外，员工还可以在终端上直接查询个人加班情况、办理请假手续，了解个人的工时和排班情况。请假信息实时地通过软件终端发送给直接上级和相关部门，经理批复后直接在考勤机上记录。事后不需要人力资源部核对，系统自动计算与工时相关的工资。员工使用非常方便，输入员工账号密码后，就可以查询员工想了解的信息。

表 5-1 中的离散与流程制造行业略做如下解释：离散式制造（Discrete Manufacturing）是将不同的现成元部件及子系统装配成较大系统，产品由许多零部件构成，且各零件的加工过程各自独立，零件通过部件装配和总装配最后成为成品，如电脑、汽车及工业用品制造等。流程式制造（Process Manufacturing）是物料按照固定的工艺流程，连续不断地通过一系列设备和装置加工处理为成品，中间过程不能中断，典型的如石化炼油、冶金、制药等行业。

表 5-1　ERP、HR 软件与劳动力管理软件对比

软件	ERP 软件	HR 软件	劳动力管理软件
管理对象	公司物料与资金	一般员工	工人
软件主要功能	MRⅡ采购计划、生产计划等	人事管理	时间与考勤
		薪酬管理	日程与调度
		培训管理	薪酬计算与支付
		绩效考核	绩效评估
适用行业	离散与流程制造行业	所有行业	劳动密集行业

目前国内市场上已经出现不少劳动力管理软件，来自欧美比较知名的有 Kronos、Infor、Aspect 等。劳动力管理软件有行业性，如呼叫中心行业比较有代表性的劳动力管理软件有 NICE Systems。NICE IEX 人力管理解决方案连续 4 年被 DMG 咨询公司授予呼叫中心人力管理市场全球领袖称号。

随堂阅读 5-1　Kronos 劳动力管理软件简介

Kronos 劳动力管理软件进入中国后的第一个客户是金堡餐饮（上海）有限公司。金堡餐饮总经理蔡焯荣表示:“我们需要整体的劳动力管理解决方案来加强对分店和分店员工的集中化管理，使总部能够方便地获取实时的员工信息，根据客户对服务需求的变化及时做出员工安排调整。”

瑞控机械（南京）有限公司按订单生产，产品多、工艺复杂，手工统计工时烦琐易错，影响订单成本计算的准确性。瑞控公司决定借鉴旧金山总部及全球其他分公司的成功经验，采用 Kronos 劳动力管理系统后，再上线 ERP 系统。Kronos 软件终端分布在瑞控机械（南京）公司生产现场的多个地点，实时采集员工工作时间，将原来烦琐的工时统计完全自动化，准确而且实时获得工单、工序、产品、项目等分类的各种工时数据，不断调整校对额定工时。在终端机采集数据基础上，瑞控机械（南京）公司实现了完全自动化的考勤信息采集、车间排班以及实时的工时报表，大大减少了手工统计的资源浪费和不准确性。瑞控机械（南京）采用 Kronos 劳动力管理软件系统后，考勤和工时统计准确率提高了 95%、计划工时与实际工时之间的差异降低了 90%以上、与工时相关的管理成本降低了 50%以上。

近年来，国内本土劳动力管理软件公司也开始出现，如 GaiaWorks 盖雅工场、劳勤等。读者使用“劳动力管理软件”作为关键词在网上搜索，可以申请试用。

劳动力管理的本质是对“人”的精益管理，是以往对“物”的精益管理的延伸。公司因日益上涨的劳动力成本以及对劳动力效率的精益管理所产生的数据采集与管理需求无法从传统的 HR 软件中得到解决，而劳动力管理软件正是为该管理需求而服务的。

此外，劳动力管理软件还有助于提高人力资源管理其他职能模块的效率：（1）减少人力部门事务性工作，为人力资源管理转型提供时间支持。指纹打卡等考勤设备只是记

录劳动者的到岗时间、离岗时间等数据。某公司有 200 多人，其人力资源部员工抱怨月末都需要把打卡机里的记录和外出或请假的情况进行核对，进而计算工资、饭补和出差补助，花费数天时间，且工作烦琐乏味，容易出错。有了劳动力管理软件，则此类工作大部分被软件化。

（2）降低公司用人中的劳动法务风险。新一代劳动者的维权意识比以前强很多。靠违法压榨劳动力来增加利润的方法，越来越多地遭到劳动者的抵制，而智能手机、互联网等也使员工收集保存业绩非常方便。劳动力管理软件可以帮助公司在合法的范围内提高劳动力的使用效率，提供非常详尽的员工上下班、考勤等记录，证据非常全面，帮助公司规避潜在的劳动争议和法律成本。

5.3.5 技术代人力减人增效

互联网 IT 技术、机器人是 21 世纪前半叶的两种革命性技术。2012 年麻省理工学院经济学家 Erik Brynjolfsson 和 Andrew McAfee 在其著作《人工对机器》中写道："最近的（机器人）对人类技能的替代速度和替代范围有深远的经济影响，对人类社会的影响和互联网一样深远。"两种技术在减人增效方面都有巨大的成功。

互联网 IT 技术减人增效方面实例很多，如 2017 年诺基亚宣布通过财务工作自动化实现减员增效。诺基亚公司财务总监 Kristian Pullola 称，该公司正在寻求一部分财报工作的自动化，以裁减财务部门员工人数。再如一家制造业公司最初有生产部、采购部、计划部 3 个部门，管理层会占用不少时间用于协调 3 个部门的工作。采用信息化管理引入专业软件后，直接合并为一个部门即生产运营部，既减少了 3 个部门沟通难问题，又提升了管理效率。

机器人减员增效最集中、成效最显著的领域是制造业。20 世纪 80 年代，工人用一双双灵活的手将十几个细小的零件快速安装到一寸见方的线路板上，加班加点。自 2004 年之后，民工荒从珠三角、长三角蔓延，用人成本日渐上涨。从小物质条件相对优越、教育程度提高的新一代农民工不再对加班任劳任怨，更不愿意在生产车间、流水线上埋头工作到中年，而更愿意从事服务业工作。制造业公司使用机器减少对人力的依赖成为必然。2005 年东莞市大朗镇毛织服装行业中采用的电脑横织机仅有 2 000 台左右，2009 年猛增到 6 000 台。传统手摇机一个工人看管一台机器，而电脑横织机一个工人可以同时看管 6 ~ 8 台机器。每添加一台电脑横织机，人工成本缩减为原来的 1/6 ~ 1/8。一台电脑横织机 8 万 ~ 15 万，很快就能收回成本。

5.3.6 灵活组合用工方式

对现有岗位进行梳理，将人力资源配置划分为核心岗位、特殊岗位、通用性岗位和辅助性岗位等不同类型。除核心岗位外，其他类别岗位和季节性销售人员采取弹性用工制，如可以采取劳务派遣、兼职、人才租赁、退休返聘等方式，精简人员，降低成本，提高效率。充分共享社会资源，尽量将所聘人员数降到最低。如打字、文印等工作，应尽可能利用打字文印社，清洁工作可充分利用清洁公司等。目前，越来越多的公司开始精简人事部、行政部、财务部等管理层人员，取而代之的是业务外包，由专门的第三方人事咨询公司、财务咨询公司提供专业服务。

对公司的一些非核心业务进行外包，公司专注于核心业务，同时可以降低运营费用。一部分公司甚至把生产中的部分环节外包，如机械加工、热处理、喷漆外包，既突出了公司现阶段的核心优势，同时又控制了人员管理总量。某日资在华的大型汽车装配厂，厂区内自身的员工数目不足 40%，绝大多数员工是第三方员工。以零售为核心竞争力的沃尔玛，将门店卫生等外包给庄臣公司。从发动机技术起家的本田，从做摩托车转到生产轿车，都围绕其发动机技术，其他零件全球采购，然后组装起来配上发动机，变成本田品牌汽车。

5.4 薪酬合同设计优化

5.4.1 薪酬与公司经营状况挂钩

2010 年前后中国出现了一波工资立法的讨论，其实质是政府通过立法介入公司内部分配关系，缓解整个社会分配差距过大局面，拉动内需。工资立法主要包括工资集体协商制度、最低工资标准制度、公司工资指导线。《工资条例》督促公司在内部建立正常的工资增长制度，提高职工的工资水平。但总的来说，条例在国有企业执行较佳，在民营企业特别是中小民营企业基本上没有得到有效执行。

山东省人民政府《关于加强公司工资宏观调控健全职工工资正常增长机制的意见》（鲁政发〔2007〕52 号）规定：从 2008 年起，政府在发布公司工资指导线实施意见时，按照公司效益每增长 1%，职工工资最低增长 0.2%～0.5%，同时发布本地区公司工资随经济效益增长的最低增长比例或系数。对当年经济效益增长但职工工资未达到最低增长比例的公司，劳动保障行政部门要向其发出警示信息，对其工资支付进行重点监控。对连续两年被警示的公司，劳动保障行政部门可责令其向指定账户缴纳工资预留金，保证职工工资按时足额发放。对工资水平明显偏低、公司职工反映强烈的，取消公司及其经营者一切评先评优资格，工商行政管理等部门和金融机构对其信用进行监控，必要时通过媒体向社会曝光。

设置人力成本与公司利润比例动态挂钩机制，在员工劳动合同当中明确行业景气周期的客观数据来源与确认方法，如参照某个行业协会，或者国家统计局的某种数据，公司利润按照税务局数据等，避免无谓的暗箱操作、内耗甚至诉讼。

当公司经营出现困难时，在人力成本控制方面，往往第一步压缩奖金，第二步压缩业绩，第三步降低固定薪酬，第四步轮流上班、停薪留职、无薪假期，第五步，自愿辞职，最后一步裁员。所有上述规则的含义与适用条件在劳动合同或者员工手册当中予以明确。所有人员薪酬与公司利润联动，假设某办公室主任月收入 5 000 元，乘以公司绩效，公司绩效月月公布，某月该公司 100 万利润目标只完成 80 万，则该主任当月工资是 4 000 元。

世界 500 强、拥有百年历史的美国第一大汽车企业——通用汽车公司 2009 年向美国联邦破产法院申请破产保护，是美国历史上第四大破产案、美国制造业最大破产案。现代管理之父德鲁克曾经预测通用汽车公司将于 20 世纪 90 年代破产，破产虽然晚 10 年，但的确预测到了。通用汽车公司破产是多种原因作用的结果：

第一，从产品开发策略失误方面看：一是坚持开发自身并不擅长的柴油车。1973 年阿拉伯国家对西方实行石油禁运后，日本汽车因为省油而在美国市场迅速崛起。为节油，通用公司将发动机换成柴油发动机。由于技术不成熟，噪声大，喷黑烟，经常抛锚，丢失了大量客户，之后通用在美国再也没有生产过柴油轿车。20 世纪 90 年代美国 SUV 销售进入黄金时期，通用决策层认为未来石油的价格将长期保持在较低价格，于是收购油老虎悍马，但由于市场多数客户更倾向选择省油汽车，悍马并没有给通用带来预期利润，最后只能转手卖掉。二是为降低成本毁了品牌。1981 年通用陷入严重财政危机。为降低成本，通用领导层决定让主要产品使用一样的生产平台和零件，导致豪华车凯迪拉克 Cimmaron 座套和价格低廉的雪佛兰 Cavalier 基本一样。虽然有利于生产，却模糊了品牌特点，丢失了豪华车客户。

第二，多次重大收购失败。20 世纪 80 年代，通用 CEO 罗格·史密斯希望将通用变成一个高科技巨人，1984 年收购休斯飞机公司，当时日本的丰田和本田正在进入美国市场，通用却因为并购飞机公司而分散了资源与注意力。1989 年通用收购瑞典汽车制造商萨博，投入 30 亿美元，但回报很不理想。

第三，人力成本没有与利润挂钩，给予工人过高薪酬与福利。通用汽车历史上，工会多次举行大规模罢工，让公司损失惨重。由于当时公司利润可观，加上管理层自身拿高薪，故管理层很难拒绝工会的加薪要求，最终管理层与工会签订了对工人非常优厚的待遇合同，合同中却没有考虑写入工人待遇与公司利润挂钩的内容，以至于即使通用陷入巨额亏损时，仍然不得不向工人支付优厚待遇。根据美国汽车研究中心数据，通用汽车每小时平均需要为工人支付 63 美元的工资和福利，而竞争对手仅需支付 50 美元左右。2005 年通用失去美国著名信用评级机构标准普尔公司的“投资级”信用等级，融资能力急剧下降，几年后宣布破产。

5.4.2 运用效率工资

华为公司总裁任正非、巨人公司总裁史玉柱等曾提出：高工资 = 低成本，有时候高工资反而会降低公司运营成本。河南胖东来商贸公司一度是支持该观点的一个案例，在零售行业，河南胖东来百货是一个值得研究的案例[29]。胖东来曾经向员工支付高出同行业水平 3 倍以上的薪酬，同时做到员工人均效益业内名列前茅的经营奇迹。2008 年中国零售业数据显示，胖东来百货的人均绩效和每平方米绩效在中国民营商业公司中排名第一，在中国所有商业卖场中进入前十，与沃尔玛、家乐福、易初莲花等国际零售巨头旗鼓相当。1993 年胖东来创始人于东来从别人手里接下一个 40 平方米的烟酒店，到今天胖东来年销售额超过 50 亿元。于东来一直坚持从公司净利润中拿出 50%对员工进行再分配，多赚多分，少赚少分。从 2000 年开始，又将公司股份分给员工，于东来只保留 10%的股份。胖东来店长年薪可达百万，保洁员工资都基本是当地同行业的 2～3 倍。如此强烈激励下，胖东来员工对公司的忠诚度可以做到趴在地上用毛巾擦地板的程度，且完全出于自愿，并不需要公司考核。

当然，胖东来取得阶段性成功，有多种原因，员工高薪策略只是胖东来在某一个阶段取得巨大成功的一个原因，其他一些原因包括：当时电子商务还没有兴起、交通不够发达、商铺租金便宜、重量级竞争对手没有在胖东来主场落地等。2017 年春节前后，由于胖东来的上述优势不断被削弱，胖东来经营压力加大，利润下降，不得不前后两次降薪。

餐厅招人困难是普遍现象，四川一家餐厅通过加工资、优化岗位设计解决了该问题[30]。

随堂阅读 5-2　通过减员加薪解决餐厅招人难问题

成都 SY 金沙川粤酒楼营业面积 5 200 平方米，厨房面积大约 800 平方米。刚开业时，前后堂处于磨合期，厨房人员配合不到位，厨政总监胡师傅在厨房里共安排 86 位员工。经过一段时间磨合与调整后，执行“减员加薪”措施，精简到 48 人，而且可以保证即使在客人满座的情况下，厨房仍然顺利出菜。

“减员加薪”就是让 2 个人做 3 个人的工作。以前在厨房里将墩子、打荷、炒菜 3 个工种划成一条工作线，需 3 个人完成，现在只设置打荷和炒菜 2 个岗位，切配工作由炒菜师傅自己完成。为什么这样做呢？炒菜师傅工作时间虽然较长，但一天真正忙的时间并不长，中午一般 1 小时左右，晚上 2 小时左右。如今在打荷（将切好的材料调味、帮助厨师做菜式造型等）、墩子（切菜）等岗位难招人的情况下，可以把炒菜师傅的空闲时间利用起来。做得多钱也多。以前一条线上的 3 个人总工资 4 000 元，其中炒菜师傅 2 200 元、打荷 900 元、墩子 900 元，现在炒菜师傅 3 000 元、打荷 1 000 元。有时间多挣钱，师傅当然愿意。

在国外挣的钱是国内的 3 倍，但是工作强度却是在国内工作的 5 倍。一位在加拿大打工的男士，每天的工作包括择菜、洗菜、切菜、炒菜……每天工作时间都在 10 小时以上。

国内餐厅以前不愁招员工，许多厨房人浮于事，员工平均工资低，整体工作效率低。现在国内厨房同样招人困难，为何不试试国外的用工模式呢？

该酒楼的厨房里热菜一共有 13 台炒灶，按以前的人员配置，需要 13 个炒菜师傅、13 个打荷、13 个墩子，加起来共 39 人。按现在的安排，墩子由炒菜师傅兼做，则只需要 26 个人。13 台炒灶分成 A 组和 B 组，每台炒灶平时做的菜品有大致分工，所以每个人对当天准备情况都能做到了然于心。厨房有一排保鲜冰柜，一位炒菜师傅分别管理一台冰柜，每天切配好的原料用保鲜盒装好并贴上时间标签。另外，安排 4 个专职墩子机动，因为有些原料只适合临时切配，不能提前切配。

实行减员加薪以后，工资增加、责任更明确，员工工作效率得到极大提高，互相指责现象大幅度减少。以前炒菜师傅经常指责墩子切得不够标准，现在都是炒菜师傅操作，如果有客人投诉，炒菜师傅也无法推卸责任。

除对厨房人员进行合理安排外，酒楼点菜系统也能帮助厨房提高工作效率。前堂服务员点菜时用 PDA（掌上电脑）。客人点完菜后，厨房打印机马上把菜单打出来，什么菜需要慢上，什么菜需要快上，一目了然。与以前靠人来回传单比，效率高、差错少。

走进厨房，让人眼前一亮：干净的防滑地面看不到水渍，整洁的工作台面看不到一点残渣，各种物品和器具排列有序。据胡师傅介绍，他直接参与了厨房的设计，考虑了很多细节，如摆放工作台、灶台和冰柜的地方，高出地面约 10 厘米，这样垃圾不容易掉进工作台等与地面的缝里，搞卫生冲水也不会将垃圾冲进缝里。再如一般厨房的水沟都是用铁箅盖，而他们用钻小孔的铁板，既可以防止垃圾掉进水沟后发臭，还可以防鼠，厨师踩在上面也更安全。厨房的一角是办公室，透过全透明玻璃胡师傅可以随时观察厨房工作情况，而其他人员也可以看到胡师傅，互相监督。

5.4.3　发奖金先于调加薪

所谓加薪，通常特指增加基本工资。持续加薪能持续激励员工吗？回答是不能。主要有以下原因：

第一，对于多数员工而言，加薪是为了满足“目前没有达到与我付出所匹配的所得”的利益诉求，而不是“如果给我加薪，我会更卖力地干活，因为我已经很卖力地干活”。不加薪肯定会带来效率的降低，加薪未必会带来明显和持续的效率提高。

第二，工作效率低、离职率高有很多原因，未必首先是薪酬原因。美国著名物流公司 UPS 公司最重要的人力资源当然是该公司的数万名运货卡车司机。但是某段时间，该公司司机主动离职率明显超过以往，加薪效果也不明显。人力部门与司机沟通后才发现，司机最不满的地方在于开长途已经很累，但是到客户处后还要做签收员、搬运工。于是，该公司在每辆快递车里另外配备了专职搬运工，司机主动辞职率明显下降。

第三，当员工数量较多时，基本工资不可能加太多，故激励力度不可能大。

第四，一般来说基本工资是刚性的，在劳动合同履行期内，不利于公司人力资源部门对人工成本进行调整。《劳动合同法》将劳动报酬列为劳动合同必备条款，对劳动合同的变更，特别是在劳动者无重大过错且不属于公司正常经营需要还不利于劳动者的变更，基本上劳动仲裁机构不会支持，所以对公司来说基本工资提高容易，下调困难，除非经济性裁员。

假如员工平均年薪是 10 万元，现在公司要提高员工的待遇，面临两个选择：第一种是保持现在的工资水平，每年不定期地发几次奖金，奖金总额为 1 万元；第二种是把员工年薪一下子涨到 11 万元。公司宜选择前者。刚开始加薪时，对员工产生激励，但由于基本工资每个月都发，时间一长就习以为常，激励程度会逐渐恢复到涨工资前的水平，而发奖金是不确定的，每次给员工一种新刺激，特别是不定期地发奖金，刺激更频繁[31]。

因此，对于公司而言，多发奖金，少加基本工资是控制人力成本的一个有效措施。

5.4.4　引入长期激励

对于小公司而言，可以考虑以分散股份的方式减少人力成本支出压力。当然，前提是在公司章程中明确最终决策权和退股、回购股份条件，否则可能出现员工辞职或者从事与公司直接竞争的工作，公司却无法取消其股份的困境。

随堂阅读 5-3　面对涨工资压力 小公司怎么办？（节选）

（黄中强，《牛津管理评论》，2011 年 11 月 22 日）

老板是公司奖励政策的制定者，利用人趋利避害的本性制定政策，将公司员工利益与公司利益尽量统一，促使员工言行向老板希望的方向发展。

制定工资标准估计是很多公司老板头疼的事，工资定低了别说招新人，只怕连现有员工也留不住。工资定高了，开公司不挣钱，相信很多小公司老板都曾和笔者有过同样的困惑。

先介绍一下公司：成立十多年，不到一百人，年销售额几千万元，员工来来往往，标准的小公司。说来惭愧，笔者从未在大公司待过，也未系统地接受过管理培训，开公司以来，只能一边观察各类公司的成败得失，一边在自身的挫折中不断总结经验，努力寻找适合自己公司的管理方法。现在将遇到的发工资问题和处理方法与各位探讨。

近两年物价上涨厉害，垄断行业及国家公务员纷纷涨工资，笔者公司的员工当然也希望涨工资，但估计 90%以上的小公司无法做到。有时笔者这当老板的恨不得将公司大门一关，既清净又省事。

管理书上经常说：要给员工树立理想，创造发展空间，制定个人职业规划，分析公司现状及长远规划，激励团队精神，激发员工士气。通过这些年的实践，笔者发现小公司要做到以上几点真的很难，光有精神力量、缺乏物质奖励，只管得了一时。大部分人对金钱的追求是无止境的，让公司人人都满意根本不可能，但尽量要让占公司总人数 20%的骨干员工满意。普通员工工资根据市场价格适当调整，适当沟通，如果不行自由进出。

笔者采取骨干员工入股的办法。公司股份买一送一，半价销售给骨干员工，5 年内退股只退还本金。5 年后退股，按当时公司净资产计算股价赎回，或者按员工实际出资 3 倍赎回。每年拿出公司纯利润的 60%分红，有钱大家赚。公司与每个股东签订一份入股协议，写清楚员工出资金额、占公司总股份百分比、每年分红方案、双方权利责任、退股方法等，双方签字盖章，各留一份。股东一旦违法违规或者有对公司利益不利行为，对公司造成损失，加倍赔偿公司，就从股金中扣除。

各公司搞股份制方法不一样。笔者公司员工入股，无形资产、市盈率等都未计算在内，只算公司净资产，员工实实在在得到实惠。每年年底会计出张报表，列清楚公司的固定资产、流动资金、应收应付、待摊折旧、当年利润、费用税金等，对于入股员工以上数据全部公开。不过大部分入股员工根本不看报表，只关心公司净资产值、每年分红和增值情况。正规做法是由第三方会计师事务所进行资产评估并出具报告，但绝大多数入股员工认为没必要。

为什么不白送骨干员工股份呢？主要是白给的东西不容易被珍惜，而且入股的钱又可作为押金，以防股东做出对公司不利的事。再者说员工不投入，何谈回报。

前些年笔者每年将公司当年盈利的30%用于分红，对于小股东来说有些不痛不痒。近两年听取专家建议，一方面公司自有资金足够支撑日常运转，另一方面近年物价涨得比较快，于是笔者将年底分红比例提高到当年净利润的60%。消息一公布，公司小股东很乐意，一些原来犹豫观望的员工也纷纷要求入股。

将公司股份分一部分给骨干员工不仅能留住人才，还能激励骨干员工更高效地工作。不仅如此，公司重点岗位都有股东负责，也更容易管理。当老板将公司50%以上股份分给公司员工时，他一定感觉到肩上的担子轻了不只50%。其实公司老板控股并不一定要占公司50%以上股份，如果其他小股东每人所占公司股份比例都不到5%，老板股份只要占到公司总股份的20%~30%就已经是公司的绝对大股东。由于公司一直发展不错，近5年里没有一个股东离职。曾经无意中听到某股东对其他人说：同行业另一家公司要挖他过去，月薪比现在高不少，要不是他在公司有股份就跳槽了。看来，是不是股东到底还是不一样。

5.4.5 内部薪酬弥补外部薪酬

美国西南航空公司创建于1971年，是美国第六大航空公司，从1973年开始每年赢利，创造了全行业个人生产率最高纪录，连续3年获得美国国家运输部的“三皇冠”奖。表彰公司在航行准时、处理行李无误、客户意见最少3个方面在业内取得最佳成绩。2001年9·11事件后，几乎所有美国航空公司都巨额亏损，大肆裁员，西南航空是唯一继续盈利的大型航空公司。2005年美国航空公司行业共亏损100亿美元，达美航空和西北航空申请破产保护，西南航空仍然盈利，创造了连续33年盈利的纪录。

美国西南航空公司人力成本占营业收入的29.8%，而全球最大航空公司美国航空公司的人力成本占营业收入的43.6%。西南航空公司给初级飞行员提供的薪酬和市场价格相当或略高，但高级飞行员薪酬比其他公司低。但是，西南航空公司员工流动率大大低于同行业平均水平。

西南航空公司做到上述管理奇迹的关键之一是用内部薪酬弥补货币薪酬。该公司雇员被问到为什么要在西南航空工作时，回答是在一种平等民主氛围中工作非常愉快。

该公司的一些典型做法如下：

（1）职业安全性方面，西南航空公司从来没有因经济低迷而解雇飞行员。

（2）公开数据（Open Book Management）政策：公司运营的一些关键数据，包括每月载客人数、公司季度财务情况等所有员工都知道。

（3）开放（Open Door）政策：如果要见总裁，只要他在办公室，员工可以直接进去，不用秘书通报或者预约。

（4）高管每季度有一天参加一线实际工作，如担任行李搬运工等。

（5）公司 CEO 赫伯和员工们一起拍照片时，总站在不起眼位置。

（6）每年举行两次新员工午餐会，领导和新员工直接见面，讨论一些问题如：“你认为公司应该为你做的事情都做到了吗？”“我们怎样做才能做得更好些？”“我们怎样才能把西南航空公司办得更好些？”

（7）为在公司里工作 10 年以上的员工举办专门的座谈会，讨论如何改进公司管理以及如何满足支持员工个人的一些合理要求。

（8）员工的每项建议，在 30 天内必能得到答复。

（9）行走一英里计划（Walk A Mile In My Shoe）：安排员工每年有一天去其他营业区工作，加强部门、岗位之间的接触了解。

（10）每 12 周给每位员工寄一份问答卡片，包括一些公司财务提问。答案可在同一周的员工手册上找到。凡完整填写问答卡并寄回的员工抽检，可得到免费旅游奖励。

（11）有各种奖励和比赛，如基蒂霍克奖、精神胜利奖、总统奖和幽默奖（奖状是倒挂着的），比赛如女帽竞赛、万圣节竞赛等。

（12）公司专为后勤人员设立心中英雄奖，获得者可以把名字油漆在指定飞机上一年。

（13）西南航空公司总部大厅，展示着公司历史上值得纪念的事件。办公室两侧走廊镶嵌着员工的很多照片，内容是公司集体活动、垒球队、社区节目以及万圣节、复活节以及早期员工的一些艺术品等。

（14）虽然西南航空公司支付给员工的薪酬在航空业中仅属于一般水平，但是对员工的认可和激励，让员工找到了一种在其他公司无法体验到的满足感，最终取得令其他航空公司望尘莫及的成就。

读者可以思考：西南航空公司的上述措施，重要性如何排序？

总而言之，经济性薪酬是公司招聘与留住员工的第一位要素，但也容易被实力相当的竞争对手所模仿，而非经济性薪酬却不容易被竞争对手模仿，非经济性薪酬对经济薪酬起到催化剂的作用。

5.4.6 薪酬税务筹划

目前个人所得税的征收范围是：工资薪金所得；个体工商户生产、经营所得；劳务报酬所得；稿酬所得；特许权使用费所得；利息、股息、红利所得；财产租赁所得；财产转让所得；偶然所得；经国务院财政部门确定征税其他所得。

目前个人所得税免征额为每月 5 000 元。社会保险等属于专项扣除。专项附加扣除项目包括子女教育、继续教育、大病医疗、住房贷款利息或者住房租金、赡养老人等支出，具体范围、标准和实施步骤由国务院确定。

由于个人所得税计算烦琐耗时，故读者可以直接下载国家税务局的 APP 以及一些个人所得税计算软件计算，没有必要自行计算。

现行月个人所得税税率如表 5-2 所示。

表 5-2　现行月个人所得税税率表

级数	工资范围/元	免征额/元	税率
0	1 ~ 5 000	5 000	0
1	5 001 ~ 8 000	5 000	3%
2	8 001 ~ 17 000	5 000	10%
3	17 001 ~ 30 000	5 000	20%
4	30 001 ~ 40 000	5 000	25%
5	40 001 ~ 60 000	5 000	30%
6	60 001 ~ 85 000	5 000	35%
7	85 001 以上	5 000	45%

公司薪酬管理实践中一个常见问题是年终奖倒挂现象，产生原因是当年年终奖数额超过某个临界点即使仅 1 元时，对应纳税税率将提高一档。如果处理不当，将会出现“多拿一元钱奖金，多交一千多元税”的情况，年终奖不升反降。所以，单位在发放奖金时，有必要合理地筹划奖金发放的数额和方式。对于小公司来说，最简单的方法是提醒当事人，当事人自然会思考如何避税，将方案反馈给财务、人力部门或者办理人员。如果不违反相关规定，办理即可，公司不必介入太多。

薪酬管理税务筹划不仅仅是个人所得税筹划，其他内容也存在税务筹划。某公司拟以现金方式向个人发放车辆补贴。但是，按照有关规定，该补贴要缴纳个人所得税。较好的税收筹划办法是：公司与员工签订一份合同，约定该员工在公司工作到一定年限比如 5 年，期满后将该车按较低价格出售给该员工。于是期满前车辆所有权仍然属于公司，可以作为公司固定资产计提折旧，5 年后公司将车卖给个人，个人不用为车辆补贴缴纳个人所得税。再如单位向员工提供购房购车借款，也是降低纳税的办法，借款属于民事关系，不属于工资构成。还款条件可以设计诸如在考核达标的前提下，每工作一年，就少还多少之类的借款合同。

当然，人力资源部门对于税务筹划的了解程度不及财务部门，也没有必要花过多时间去研究，人力部门主要是提建议，而不是具体去操作税务筹划。但是，人力部门必须对薪酬管理中的税务筹划有一定认识与了解，有时间和兴趣的读者，可以买一些税务筹划的书来阅读。本书附录的自学资源有相关推荐。

5.5　裁员控制人力成本

在竞争激烈的今天，裁员司空见惯。通用电气前 CEO 韦尔奇曾经说过：“如果一个管理者动辄裁员，那没有资格做领导；如果他不敢裁员，也没有资格做领导。”仿照此话，有人说：“没有经历过裁员的 HR，不是一个成熟的 HR。”

裁员动因一般可分为经济性、结构性和优化性裁员。经济性裁员是由于市场因素或者公司经营不善，导致经营出现严重困难，为生存和发展，被迫裁员缓解成本压力。结构性裁员是公司在业务方向发生变化的情况下，为调整内部组织结构（重组、分立、撤销）而进行集中裁员。优化性裁员是根据绩效考核结果解聘业绩不佳员工。结构性裁员和优化性裁员属于主动性裁员，经济性裁员属于被动性裁员。一般认为，依据公司发展和管理的需求主动进行的裁员是战略性裁员，而为走出经营困境或外在条件的变化迫使公司做出的被动性裁员是应急性裁员。

我国现行《劳动法》《劳动合同法》规定，裁员分为经济性裁员和一般性裁员，用人单位进行经济性裁员的情形仅限于 4 种：一是依照公司破产法规定进行重整的。二是生产经营发生严重困难的。何谓经营发生严重困难，需要具体指标界定，可以在劳动合同、员工手册中约定。三是公司转产、重大技术革新或者经营方式调整，经变更劳动合同后，仍需裁减人员的。《劳动合同法》规定，公司需要裁减人员 20 人以上，或者裁减不足 20 人但占公司职工总数 10%以上的，要遵循以下法定程序：必须提前 30 天向工会或者全体职工说明情况、听取职工或者工会的意见、向劳动行政部门报告，上述环节均通过后，才可裁员。

5.5.1 裁员利弊

裁员对公司的有利方面体现在：立竿见影地降低公司人工成本、促使公司生产经营的结构调整、促使员工改进工作态度。

裁员对公司的不利方面体现在：向被裁员工发放经济补偿金，增加短期现金压力，损失招聘与培训成本，少数员工可能提出诉讼，员工对管理层信任度下降，经济好转时招人难度大，留职员工产生幸存者综合征，采取怠工、观望、等待或寻找其他出路等消极措施。

裁员不能只看到节约的会计成本，而忽视损失的无形成本。埃森哲咨询公司一份调查报告显示，1990—1991 年美国经济低迷时期，在全美 850 家大型公司中，通过裁员降低成本确实可以在短期内改进公司财务表现，但未必会增加长期价值。原因在于：公司业绩持续下滑的原因排序通常是战略与方向较大失误、产品服务出现持续严重的顾客不满意、考核与分配不合理等。这些深层次原因往往不是裁员可以解决的。

有极少数公司自成立以来从未裁员，2009 年美国 CNN 网站列出 9 家公司从未裁员的美国公司：保险公司 Aflac、物流公司 Container Store、能源公司 Devon Energy、24 小时便利店 QuikTrip、杂货连锁店 Nugget Market、连锁超市 Publix Super Markets、能源公司 NuStar Energy、网上商务折扣店 Scottrade、杂货连锁店 Stew Leonard's。其中，最长不裁员记录达到 81 年，许多职员在公司连续工作 20 年。

5.5.2 裁员对象选择

公开裁员标准，避免谣言与各种小道消息干扰员工情绪。务必公开解释清楚裁员的原因以及裁员标准，否则走的人不知道为什么走，留下的人也不明白自己为什么留下，而充满不安全感。

确定裁员对象时，标准要合法合情合理，这就要求公司平时的业绩考核记录与资料完备，基础管理完善。裁员标准主要考虑业绩与公司未来需要。

员工业绩表现需要参考多年或绩效评估结果。裁员前与员工直接上级沟通，因为最了解员工的是部门经理。但需要注意的是，部门经理的意见只是一个参考，多年业绩考核结果才是最主要的依据，因为某些部门经理会作弊，将自己人留下，将可能威胁自己或者不太听话的员工借裁员之机打击报复裁掉，甚至出现一些部门经理暗示员工行贿，而员工为了保住工作，向部门经理行贿。按照员工多年业绩排序非常客观，可以基本消除个别部门经理的上述投机腐败行为。

裁员之前明确公司未来的发展目标，确保留住公司需要的人。2001 年年初，全球 IT 市场陷入低迷状态，朗讯实施大规模裁员计划，裁员对象包括：① 不愿意在知识技能、态度方面改变自己，拒绝变革的一部分员工；② 无法胜任或不愿意调整到新岗位的人；③ 部分辅助性、支持性、可以外包的行政职位；④ 部门职能重叠所产生的冗员。

剔除不求有功只求无过、过度追求生活，工作反而次要，追求岁月静好甚至是混日子的一部分员工，保留态度积极、表现良好的老员工以及新员工中崭露头角、表现出潜力的小部分员工。

一个公司中总是有不同类型的员工，可以从不同角度划分。

哈佛大学商学院 Thomas DeLong 等 2014 年在《哈佛商业评论》发表的 *2 Myths About Engaging B-Players* 一文中认为，员工可分为 A、B、C 角：前者是公司的“明星员工”，构成员工队伍最上面的 10%；后者是为了保住饭碗而苦苦奋斗的 C 角，构成最下层的 10%；最多的是位于中间的 B 角，B 角的形成可能是因为“重视工作与生活的平衡”或者“能力一般”等不同原因，但作用不可忽视。公司除了要设法保留 A 角，也需要保留相当比例的 B 角来保持队伍的稳定性和持续性。

阿里巴巴将员工划分成明星、瘦狗、野狗、黄牛、白兔五大类。明星：个人能力强，公司认同度高。野狗：个人能力强，公司认同度低。白兔：个人能力弱，公司认同度高。瘦狗：个人能力弱，公司认同度低。黄牛：个人能力一般、公司认同度一般。公司认同度主要指工作态度、公司管理方式与企业文化认可度。野狗业绩很强，个人能力强，但对公司认可度低，经常抱怨公司，一有机会即辞职甚至做出对公司不利的行为。白兔听话，热情友好，公司认同度高，但是业绩差，也要剔除。公司以业绩和利润为核心，不是朋友聚会、不是福利中心，白兔越多，公司内部越容易形成“你好我好大家好”、做人比做事重要、将以盈利为第一目标的商业组织异化为朋友聚会的氛围，致使公司竞争力下降。

5.5.3 选择最佳时间

美国公司往往在星期五下午下班之前宣布裁员或者辞退员工。该做法的心理技巧是星期五下午下班前宣布公司的裁员决定，被裁的员工可以在周末调节低落情绪，也可以避免被裁员工继续留在公司上班可能给公司带来一些不必要的损失，如影响别的员工、破坏公司设备与资料等。

5.5.4 一次完成裁员

裁员时间越短越好。分批裁员表面上更有人情味，但实际上一旦裁员开始，员工心理稳定状态就被打破，如果公司分批进行，那么员工会随时担心自己被裁掉，反而导致几乎所有员工的士气全面下滑。所以裁员最好是一次性完成，切忌今天裁一个，明天减一个，使更多人惶恐不安。

重视幸存者综合征，对没有被裁员的员工，可以采取聚餐、郊游、座谈沟通等办法缓解其负面情绪。对于个别情况比较差的员工，可以一对一处理员工的情绪。

对被裁员工进行培训或为员工自选的培训提供支持。积极向其他公司介绍、推荐，或与职业人才中介机构建立稳定联系，帮助被裁员工及早实现再就业等；为被裁员工提供劳动力市场信息、心理咨询和资金支持。当然，这往往是大公司的操作，一般中小公司能够按时、足额支付相关离职补偿已经很好了。

5.5.5 遵守法律

当前员工维权意识越来越强，甚至出现极个别专门寻找公司管理漏洞、通过劳动纠纷争议仲裁和起诉来赚钱的员工，对此媒体已经有过一些报道，所以裁员要符合《劳动法》《劳动合同法》《社会保险法》等现有法律法规对裁员程序的规定，如对于公司转产、重大技术革新或者经营方式调整所引发的裁员，公司需要提供与劳动者变更劳动合同的证明，且变更后仍需要裁减人员的证据，同时需要提前 30 日向工会或职工代表通报情况。此外，还需要有向劳动行政部门报告的证据，不是打电话即可，而是需要留存书面证据等。

另外，务必按照法律规定足额支付赔偿金，不要因为百分之几的成本而因小失大，否则少数员工提起诉讼，公司会得不偿失。

阅读·讨论·练习

1. **裁员潜规则**

出于节约裁员时支付的经济补偿金以及避免劳动法务纠纷与诉讼，一些单位不直接裁员，而是利用一些手段逼使员工主动提出离职。这里列举一些常见的潜规则：

降低基本工资，提高绩效工资。

在偏远地区开设分公司，将员工发配外地，或派某人前往某二级城市办事机构工作，担任经理。表面上看是升官，实际上没有人财物资源，光杆司令一个，完全被架空，逼员工自动离职。

调岗在工作中并不罕见，特殊时期从熟悉的工作岗位调离到一个自己不了解、很容易出错或者业绩糟糕的岗位，等待员工出错后再裁掉。

长期出差，住宾馆档次有限制，数月不能回家。

强休年假，工作量不饱和时要求员工把年休假休掉，待以后公司工作量增加时，员工就不能再提出休假。

严查考勤，以往迟到 10 分钟，没人当真。而当公司计划裁员时便开始严格打卡，打卡违纪马上裁掉。

财务报销不规范现象。公司平时出于各种原因，对于一些程度不是很严重的报销睁一只眼闭一只眼，但是关键时刻，一点财务违纪足以把员工赶出公司。

制造紧张气氛，使一些人撑不下去，主动辞职，如经常搞保险公司式的喊口号、表决心之类的晨会制度，一些员工受不了会主动辞职。

情感攻坚，骗签解除协议。领导会和员工聊很多往事，站在员工的角度帮助员工分析。不少人一激动就签下协议，拿着补偿离开公司。

2. Yahoo **裁员面谈话术**

（注：2008 年雅虎裁员 10%，一篇标题为 *Yahoo's Secret Layoff Doublespeak Revealed* 的英文文章披露了雅虎内部制订的裁员面谈话术）

（开场白）部门主管可以这么说："正如你知道的，现在公司正将重心转移到节省成本上，公司不得不考虑裁掉一些岗位。你的岗位是其中之一。"注意，这里强调裁掉某个岗位，而不是裁掉某个人。

以下是谈话中一些"应该做"与"不能做"的事情：

应该做的：在谈话中聚焦，牢记面谈目的，不要节外生枝谈一些与面谈目的无关的话题；会见时间长度不要超过 15 分钟；说明事情时要清楚、简洁和尊重；注意认真倾听，多听对方说，自己少说话。

不能做的：不要贬低被裁岗位的重要性；不要试图向员工解释"为什么是我"之类的问题；不要觉得欠了员工人情，公事公办，因为你以后也可能会被裁掉；不要讨论其他员工，不要将其他员工和面谈对象进行对比；不要试图给他意见和建议，或者说将来还可以回来之类的空头支票；也不要说出一些可能起反作用的话，如"现在你有充分时间度假或者学习了"或者"也许很快我也和你一样"。很多管理者觉得很难对被裁员工开口，往往会说出诸如"辞退你不是我的意愿，而是老板的意思"这样的话，正确的说法是"这是公司高层的集体决定，否则公司无法继续经营下去"。

对于某些经济压力比较大、性格很冲动或者疑似有心理疾病、被裁后又不容易找到新工作、对被裁反应可能比较激烈的少数员工，可以留在最后进行。与其谈话时，保持一定空间距离，必要时考虑安排安保人员在附近，应对万一出现的肢体冲突。

3. ZX **通讯变相裁员**：6 000 **人考核"被** C"

（黄蒂娟，《时代周报》，2010-03-25）

2009 年后 ZX 内部开始严格执行每半年一次的员工末位淘汰制度，每个部门都有 5% 左右的硬性指标。每半年淘汰 5%，一年 10%。目前，在职人员超过 6 万人，按照该比例，2009 年裁掉 6 000 人。如此硬性指标的淘汰，更像是变相裁员。

据来自南京的 ZX 前员工 QQ 群主苏 × 介绍，群成员来自各地公司，如北京、上海、深圳、南京，“我们互相了解到，自己所在的部门都有固定淘汰名额，每半年比例在 5% 左右”。他们向记者表示，并没有亲眼看见过考核指标文本，但是所在部门都如此操作，也是内部员工默认说法。

李 × 向记者谈到，淘汰指标由公司总部层层分解到下面各级部门。如果各部门主管没有及时提交淘汰名单，则要被处分，包括罚款、降薪甚至免职。公司要发展、要面临激烈竞争，优胜劣汰很正常，关键在于淘汰标准是不是合理。公司的做法不合理之处在于“不管部门盈利还是不盈利，各部门淘汰的比例都几乎差不多”。即使整个部门的人都很优秀，也要找出排名末端的人来淘汰。

《时代周报》记者获得的一份关于公司内部员工绩效管理办法的文件中明确写道：“对不胜任工作的员工，应该安排培训以促使其业绩改进，或者调整岗位。如果培训或换岗后仍不能胜任的，应该及时予以淘汰。”上述政策实际执行情况如何？广州分公司的唐 ×（目前已经离职）对记者称：“我从没有被安排调岗，过去一年没接受过任何培训。”有唐 × 遭遇的类似情况的 Q 群成员也不少。可见，该政策只是停留在纸面上。

据丹宁律师事务所劳动人事部执业律师沈 × 介绍，末位淘汰实质是一种变相裁员。末位淘汰制度不符合劳动法。对于末位淘汰的员工，公司属于违法解除劳动合同，被淘汰的员工有权利通过仲裁恢复劳动关系或者要求拿到较高经济赔偿金。

公司既然可以合法裁员，又为何要违法末位淘汰呢？这是因为公司达不到裁员法定条件，但是又想每年固定裁减人员，吸纳更低的人力成本。一方面公司内部实行末位淘汰；另一方面 2010 届全球校园招聘规模却达 4 000 人。

据公司公开资料显示，该公司从 1997 年就开始实行末位淘汰制度，为何十多年后的 2009 年才遭到强烈批评呢？在公司工作了 5 年时间的李 × 表示，2008 年以前虽然有末位淘汰制度，但其实并没有大规模执行，一些主动辞职的人已经填满 C 级名额，部门如果觉得没有员工可以打 C，可以不必上报名单，更不会处分部门负责人。但从 2009 年开始严格执行。

讨论：观看一部讲述裁员工作的电影《在云端》（*Up in the Air*），写一篇 500 ~ 1 000 字的观后感。

第 6 章　内部劳动力市场价格：岗位评价

学习目标

1. 了解岗位评价的概念及岗位评价的必要性。
2. 理解要素计点法的一般框架。
3. 理解岗位评价的操作流程。
4. 理解岗位评价当中的典型问题与解决办法。

多年前，沿海一家国有企业，利润创收在当地名列前茅，很多人挤破头想进厂工作。该企业有一个有趣的现象：愿意当看车员的人非常多。看车员仅仅是看护自行车、汽车而已，绝无升取的可能，工作内容也不能锻炼人的能力，不能让人不断成长，职业发展前景黯淡。虽有凉亭，风吹不着，雨打不着，但工作环境毕竟不如办公室吹空调舒服。

那究竟是什么原因？原来，看车员工作轻松，没有风险和压力，工资居然没有比一线业务人员、研发人员少拿多少。自然有许多能力一般、想混日子的人愿意去干。

人力资源部经理一肚子苦水：很多人都认为自己拿得少别人拿得多，有的业务人员抱怨工作量大、经常在外面跑市场，条件艰苦该加薪；而有的司机以“手握生死盘，脚踏鬼门关”来强调自身工作危险，要求涨工资；有的管 100 人的经理因为和管 10 个人的经理拿差不多的薪酬而牢骚满腹……每个人似乎都有道理，谁闹得凶就给谁加工资，招来更多抱怨，都说“会哭的孩子有奶吃”，搞得人力资源部经理左右为难。

薪酬究竟按什么原则来定？每个职位到底该拿多少钱比较合理？同样是经理，职位工作有明显的差异，但如何区分高低？高低薪酬之间差多少才合理？上述有些人的观点明显是谬论，如何驳斥？有没有一个工具把所有人的工资都公平地比较出来？当然，不可能完全精确，但至少有一个相对的精确总比纯粹主观印象好，至少有一个基本参考。岗位评价就是为了解决公司内部劳动力市场的上述问题而提出的。

所谓内部劳动力市场，顾名思义，指企业内部的劳动力市场。加州大学伯克利分校经济学家 Clark Kerr 在 1954 年发表了一篇专门探讨劳动力市场分割问题的文章，认为现实中工资差别的一个原因是劳动力市场分割。公司内部劳动力市场与直接受供求调节的外部劳动市场相比，具有不同特点：① 内部市场劳动力配置以管理手段实现，而外部市场以价格为调节手段。② 内部劳动力市场的工资变动没有外部劳动力市场快。内部劳动力市场之所以长期存在是因为雇佣关系稳定，增强雇佣双方长期合作预期，有利于降低交易成本，可以减少因信息不对称而造成的各种招聘与培训成本，弱化员工机会行为给公司带来的损失[32]。

岗位评价（工作评价）就是内部劳动力市场定价的一种方法。

我国计划经济时代长期采用岗位评价确定各类企事业单位的薪酬。20 世纪 80 年代末，冶金部修订《冶金企业劳动定员定额标准》，在唐山钢铁公司、鞍钢、四川特殊钢公司等进行岗位评价方法研究和应用，从劳动责任、劳动技能、劳动强度、劳动环境 4 个一级指标、21 个二级指标进行岗位的定量评价，为制定劳动定员标准提供依据。唐山钢铁公司在完成冶金部要求承担的小型棒材定员定额标准后，又在全公司进行较大规模岗位评价工作，两年多完成公司 2 165 个工种、8 978 个岗位测评。实测人数 11 811 人，压缩定员 3 582 人，根据岗位测评结果确定全公司 7 000 多个岗位档次等级划分，为冶金部修订《冶金企业劳动定员定额标准》做出重要贡献，同时为唐山钢铁公司的定员管理和合理分配提供科学依据，20 世纪 90 年代在冶金行业被广泛应用。20 世纪 90 年代中期国有企业改革后，岗位评价基本上被打入冷宫，机构撤销、人员解散、岗位评价使用的仪器设备闲置或丢失[33]。

欧洲一些国家如荷兰、法国等由于工会与资本方谈判需要，也推行岗位评价。在法国，大多数企业都对企业岗位进行打分评级，从而确定工资等级，如法国 AXA 保险公司（安盛公司，全球最大的保险公司）岗位评价委员会由 2 个人事部门的代表、2 个被评估岗位部门的代表和 2 个企业其他部门的代表组成。每次进行评价时，被评价岗位的部门负责人就此岗位的一些基本情况进行说明、提供信息，委员会打分、评定工资等级。法国电力公司使用 Hays Groups 公司提出的海氏岗位评价方法确定公司内部岗位相对价值，将岗位评价测评结果送给工会。法国航空公司新设立的岗位，一年后在岗人员填写工作说明书，并由评估委员会进行评估。

美国有一定规模的公司都会进行岗位评价，主要原因是法律要求同工同酬。为减少相关诉讼，公司对内部岗位的价值进行评价。1963 年《同工同酬法》给予具有同等技能的男性雇员和女性雇员同等的报酬。1964 年《民权法》第 7 条规定：禁止基于种族、肤色、宗教信仰、性别、出生地的歧视。由于美国司法执法力度相对严格，因此企业为了避免诉讼，往往通过岗位评价减少诉讼风险。

岗位评价适合于内外部经营环境较稳定、分工成熟清晰、职责比较稳定的场合，如政府、高校、中大型公司。有一定人员规模的公司，如 100 人以上，进行比较规范的内部薪酬管理时，往往需要进行岗位评价。公司人数少，公司规模小，受外部劳动力市场影响越大，采用岗位评价确定薪酬的必要性小，随行就市即可。此外，处于快速发展阶段的公司，岗位稳定性差，市场环境变化剧烈、业务稳定性差的公司岗位稳定性也较差，进行岗位评价的必要性不大。美世咨询公司 2004 年发布的岗位评价应用状况调查显示，

56%的调查对象使用岗位评价，44%的公司没有实行岗位评价。没有实行岗位评价的原因包括业务变化过快、岗位评价方法过于烦琐、相比于内部劳动力市场更关注外部劳动力市场的薪酬竞争性等[34]。

6.1 岗位的定义

6.1.1 劳动分析层次

从分析人类劳动的时间长度看，可以将人类劳动分析的不同层次做如下分析：

第一个层次是动作（Motion、Element）分析，多以秒为时间单位。工业工程学科称为时间研究（Time Study）、动作分析（Motion Study）、方法研究（Method Study）。

根据使用的技术手段不同分为：① 目视动作分析（Visual Motion Study），即以肉眼进行观测。② 影片分析（Film Analysis）。因其拍摄速度之不同，又可分为 Micro-Motion Study 及 Memo-Motion Study 两种。Micro-Motion Study 分析的时间速度是每秒 15 ~ 20 帧图片。Memo-Motion Study 比较慢，每秒低于 5 帧。美国普渡大学（Purdue University）工业工程系教授曼德尔 Marvin Mundel 在 1945 年采用影片分析，研究家庭主妇烹调工作如何简化劳动强度问题。

1909 年吉尔布雷斯在《砌砖动作》（*Bricklaying System*）一书的“动作研究”一章介绍了采用新方法每人每小时能砌砖 350 块；而老方法每小时砌 120 块。吉尔布雷斯的代表作 *Motion Study：A Method For Increasing The Efficiency Of The Workman* 出版于 1911 年。

我国 20 世纪 80 年代采用动作研究、时间研究方法提出《二三八一砌砖动作规范》。

今天，Micro-Motion Study 广泛用于体育运动训练中。2003 年世界田径锦标赛刘翔取得铜牌，之后国家体育总局刘翔课题研究小组成立。该小组被称为翔之队，采用高速摄像机分析运动员的每个动作，并予以优化，这是现代体育科学的重要组成部分，相关著作很多，如北京体育大学出版社 2017 年出版的《运动技术动作分析方法》一书。

第二个层次是动素分析：试图将不同的动作予以归纳，提出不同的动作所共同有的一般性要素。该方向发展出“基本动作测定标准时间”（Methods-Time Measurement，MTM），1948 年由梅纳德（H. B. Maynard）研究，将人所操作作业分成 37 个基本动作。其时间单位为 TMU，1TMU = 0.036 秒，有诸多版本与发展，如 MTM-1，MTM-2，MTM-UAS，MTM-MEK，一些版本欧美已经废弃不用。

一些代表性的动素分析系统如：① WF（Workfactor System）法测定 139 种基本动作的时间标准，把作业动作分解为“移动、放下、定向、装配、使用、拆卸、精神准备”等动作要素，时间单位为 RU。1RU = 0.006 秒。② 模特排时法（Modular Arrangement of PTS，MOD），有多种改进方法，比如 MODAPTS 法。该方法将作业动作分解为 21 种人体基本动作，它的时间单位为 MOD，每一种动作均有对应标准时间。1 MOD = 0.129 秒。一些行业有本行业的动作测定标准。

第三个层次是任务分析：一个人在一小段时间（通常以分钟为分析时间单位）内完成的多个动作之和，实现一个相对独立、完整的目标。例如，秘书交一封快递、保安检查证件。

第四个层次是职责分析：一项或多项相互关联的任务集合。以小时为时间单位。例如，人事管理人员的职责之一是进行员工工资满意度调查。这一职责一般由下列任务组成：设计调查问卷、下发和收集问卷、分析问卷数据与信息、把调查结果提交给上级、反馈调查对象。

第五个层次是职位（岗位）分析：某一时间内某一主体所担负的一项或数项相互联系的职责集合，通常以天、年为时间单位。例如，办公室主任同时担负单位人事调配、文书管理、日常行政事务处理等 3 项职责。我国计划经济时期，劳动人事管理广泛使用"岗位"一词。

第六个层次是职序、职系（职位序列、职位系列、工作族）、一个组织内部。例如企业，有销售职务序列、生产序列；高校，有教师序列、行政序列、教学辅助序列等。

第七层次是职业：不限于某一组织内部，跨行业、跨部门的相同工作，如会计师，公司、政府、学校都有会计师。

从第一个层次到第七个层次，分析时间单位由短到长，活动覆盖内容由少到多，讨论范围由小到大，抽象层次不断上升。

6.1.2 术语使用建议

美国国家研究委员会（National Research Council）、美国人类绩效增进技术委员会（Committee on Techniques for the Enhancement of Human Performance）、美国行为与社会科学教育委员会（Commission on Behavioral and Social Science and Education）于 1999 年联合发表题为 *The Changing Nature of Work* 的报告认为：① 基于时间动作的分析，建议使用 Work Analysis（任务分析）；② 基于明确职责等目的，建议使用 Job Analysis（职责分析）；③ 基于职业的分析，建议使用 Occupational Analysis（职业分析），比如 DOT（Dictionray of Occupational Titles，职业分类名称词典）。

6.2 岗位评价常见方法

岗位评价广义上指定性或者定量地对岗位相对价值进行评价；狭义上指定量地对岗位价值进行评价，特别是使用因素计点法对岗位价值进行量化评价。

表 6-1 列举的方法表现出明显的简单到复杂、定性到定量的趋势。本章讨论的岗位评价特指量化程度最高的因素计点法。量化的必要性在于分配需要劳动价值的量化信息，笼统地说谁贡献更大，无法确定最终的分配所得。

表 6-1　代表性岗位评价方法

方法	是否量化	评估的对象	比较的方法	优点	缺点
岗位排序法	否	对岗位整体进行评价	在岗位与岗位之间进行比较	简单、操作容易	主观性大、无法准确确定相对价值
岗位分类法	否	对岗位整体进行评价	将岗位与特定的级别标准进行比较	灵活性高、可以用于大型组织	对岗位等级的划分和界定存在一定的难度、无法确定相对价值
因素比较法	是	对岗位要素进行评估	在岗位与岗位之间进行比较	可以较准确地确定相对价值	因素的选择较困难、市场工资随时在变化
要素计点法	是	对岗位要素进行评估	将岗位与特定的级别标准进行比较	可以较准确地确定相对价值，适用于多类型岗位	工作量大、费时费力

需要强调的是，尽管本章集中介绍定量的因素计点法，但是在某些情况下，并非一定要采用定量方法。在人力资源管理领域，学院派与实务派的根本区别在于，学院派不涉及实际操作的成本约束，所以习惯追求方法的新、全、严，而实务派由于受到实际条件的强烈约束，存在一个成本与收益的平衡问题，更强调解决问题，方法越简单越好。岗位评价的根本目的是形成分配公平感，必须牢牢记住这一点。因此，方法只要多数员工尤其是核心员工认为比较合理即可，而不在于方法本身的复杂与否。

6.3　因素计点法

6.3.1　一般框架

因素计点法三大构成要素：评价要素、要素标度、将各要素求和的评价函数。一般做法如下：

（1）选取若干关键性、代表性的薪酬评价要素。

（2）确定每个评价要素的不同水平、等级或标度。注意并非每个评价因素的分级都一定相同，要根据因素本身的内在结构分级，可能有些评价要素分为三级，有些分为五级，视具体情况而定。

（3）给各个水平赋予一定的分值（也称点数）。

（4）将每个岗位按照不同评价要素分解到具体水平之上。

（5）采用一个综合评价函数（通常是线性评价函数）求和。

（6）最后得到岗位的评价得分。

6.3.2 因素计点法举例

1. 美国联邦政府 FES 法

美国联邦政府人事局（the Office of Personnel Management's，OPM）提出的 Factor Evaluation System（FES）方法，又被称为 U.S. Civil Service Nine-factor Job Evaluation System。该方法适用于美国联邦政府雇员的非管理职位。采用 FES 方法对一组岗位进行评分后，再按照美国联邦政府的职务划分体系（Federal Government's General Schedule Job Classification System）划分为若干等级[35]。（见表 6-2 和表 6-3）

表 6-2 FES 岗位评价方法

因素水平分级	岗位要求的知识范围	工作自主程度	工作例行化程度	工作复杂性	工作影响范围	人际交往频率	指导与监督责任	身体素质	工作环境
1	50	25	25	25	25	10	20	5	5
2	200	125	125	75	75	25	50	20	20
3	350	275	275	150	150	60	120	50	50
4	550	450	450	225	225	110	220		
5	750	650	650	325	325				
6	950			450	450				
7	1 250								
8	1 550								
9	1 850								

表 6-3 FES 评分与职级 GS 等级换算

GS 等级	FES 评分范围	GS 等级	FES 评分范围
1	190 ~ 250	9	1 855 ~ 2 100
2	255 ~ 450	10	2 105 ~ 2 350
3	455 ~ 650	11	2 355 ~ 2 750
4	655 ~ 850	12	2 755 ~ 3 150
5	855 ~ 1 100	13	3 155 ~ 3 600
6	1 105 ~ 1 350	14	3 605 ~ 4 050
7	1 355 ~ 1 600	15	4 050 以上
8	1 605 ~ 1 850		

2. 美国工业管理协会提出的非体力岗位评价方法

很多岗位评价方法将岗位分为非体力与体力两大类。（见表 6-4）

表 6-4　美国工业管理协会岗位评价（适用于非体力人员）

评价因素		1	2	3	4	5	6	7
1. 训练	1. 教育	15	30	45	60	75	100	
	2. 经验	20	40	60	80	100	125	150
2. 创造力	3. 职责复杂度	15	30	45	60	75	100	
	4. 职责影响范围	5	10	20	40	60		
3. 责任	5. 出错后果严重性	5	10	20	40	60	80	
	6. 其他部门联系度	5	10	20	40	60	80	
	7. 参与公司重大决策	5	10	15	20	25		
4. 工作条件	8. 智力与视力要求	5	10	15	20	25		
	9. 劳动条件	5	10	15	20	25		
	10. 监督管理性质	5	10	20	40	60	80	
	11. 监督管理范围	5	10	20	40	60	80	100

对于体力岗位，国际劳工组织提出了日内瓦岗位评价法。

3. 国内外管理咨询公司提出的因素计点法

国际著名管理咨询公司，如 Hays group（合益），Hewitt Associates（翰威特）、Mercer（美世）、Watson Wyatt（华信惠悦）等都自行设计了因素计点法。

Hays Group 方法（海氏评估法）出现得最早，该方法由合益公司创始人 Edward Hay 于 1943 年开发，评价因素为智能水平、解决问题能力、责任，一个评价因素一个评价量表，最后将所得分值加以综合，算出岗位评价得分。20 世纪 90 年代，很多资料都称世界 500 强中有 1/3 以上的企业岗位评价时都采用海氏法，但并不意味着 Hays 方法完美。本书认为该方法过于烦琐，之所以一度有很大的影响力，主要是因为最早提出以及营销得力。

1983 年起香港公务及司法人员薪俸及服务条件咨询委员会联合秘书处（https://www.jsscs.gov.hk/）辖下的薪酬研究调查组，每年进行一次薪酬调查，作为香港地区公务员与司法人员调薪的数据依据。1986 年该小组发布的薪酬调查报告中《工作因素比较法及所得经验》一段，对 Hays 方法的不足进行了如下总结：Hays 岗位评价方法广为世界各地许多私营机构及政府机构采用，包括澳洲、加拿大、新西兰、新加坡、英国以及这些国家的州政府、省政府及地方政府。……调查委员会认为 Hays 法只考虑 3 个因素即知识技能、解决问题能力、责任，忽略了其他重要因素如体力劳动、工作条件等。该调查方法没有考虑警队及其他纪律部队的工作特殊性。……易于出错，亦易遭曲解。

Hewitt Associates（翰威特）岗位评价包括 6 个一级因素：知识与技能、影响/责任、解决问题/制定决策、行动自由度、沟通技能、工作环境。

William Mercer（美世人力资源咨询公司）的国际岗位评价系统（International Position Evaluation，IPE）第三版包含 4 个一级因素（Factor）：影响（Impact）、沟通

（Communication）、创新（Innovation）、知识（Knowledge），10个二级因素（Subfactor），总分1 225分。评分最终分成48级。

国内咨询公司如北大纵横咨询公司、北森公司均开发有岗位评价方法，其官网可以检索资料。

6.4　岗位评价操作

岗位评价需要一系列先导环节与管理基础，主要包括：组织设计、业务流程、职责分工合理。若组织设计、流程、岗位职责模糊不清，岗位工作量不饱满或者苦乐不均，进行岗位评价只会增加混乱，而不会带来管理效率的提升。

此外，各岗位工作量饱满，不能出现“忙的忙死，闲的闲死”、苦乐不均现象。岗位内容比较稳定，否则考虑任务层面进行因素计点评价。

虽然因素计点法与劳动分析层次无关，但是由于国内外绝大部分教材都在岗位、工作层面使用因素计点法，故这里也以工作分析为例。读者必须注意下述方法同样适用于其他劳动分析层面，如任务层面的评价，只是把“工作”二字换成“任务”二字即可。

岗位评价的主要步骤如下：

第一步，通过工作分析，收集岗位信息。

工作分析方法有很多种，在解决问题的前提下，越简单易行越好。岗位分析和岗位评价的关系是：工作分析收集与岗位有关的各种信息，信息用于明确职责、业绩考核、职务分级分类、招聘、晋升的任职资格确定等。换言之，工作分析为岗位评价提供信息基础。如果没有事前系统的工作分析，可以采用关键任务法（或称关键事件法），即所在岗位最重要、最难、频率最高、最累的几件任务，进行岗位评价。这一做法对于岗位职责不断变动以及少数新增加岗位适用。

第二步，组建岗位评价委员会。人员要具有代表性，不同职务序列的不同层级员工代表都应该有。评价委员会的具体模式：① 人力资源部门主导，员工辅助的方法。② 外部专家、一线员工、中高层管理者组成。按一定的比例组成，普通员工代表应该选择那些对公司认同度较高、资历较老、具有一定影响力的员工。员工代表一定要由员工选举而不是管理部门指定。③ 员工主导，人力资源部门辅助。员工之间、部门之间进行交叉岗位评价、员工自评，与其他人评估评估结果进行比较，如果差别太大，提醒员工本人，并进行适当处理，防止员工过分夸大自己的工作难度，低估其他岗位的难度。

要尽量避免长官意志。对于有些岗位，公司决策层认为很重要，职级定得很高，事实却并非如此。有的岗位职级定得低，但以该职级的薪酬在市场上根本无法招聘到人。公司决策层应该自律，人力资源部门也可以根据员工反映的实际情况以及劳动力市场价格实际情况，提醒公司领导。

注意不要把岗位的绩效考核表现与定岗级别高低混为一谈。定岗是工作价值本身，而不是某个人在某个岗位上表现优秀，就将其定在一个更高的岗位。

第三步，在现有的代表性因素计点法中进行选择，也可以自己设计岗位评价方法。

选择的评价因素必须对准备评价的所有岗位而言具有共通性。评价因素之间尽可能不要交叉和重叠，交叉和重叠会导致某些评价因素被重复计算，评分不合理。评价因素的数量要适当，评价因素过多，评分时容易出现趋中效应，造成分数太接近，区分度不够。

国内计划经济时期设计的很多因素计点存在该缺点，如某棉纺厂选用 16 项指标评价工人劳动岗位：① 技术知识要求；② 操作复杂程度；③ 看管设备复杂程度；④ 品种质量程度；⑤ 处理停台及预防疵品复杂程度；⑥ 劳动紧张程度；⑦ 劳动负荷；⑧ 工时利用率；⑨ 劳动姿势；⑩ 工作班制；⑪ 噪声；⑫ 温湿度；⑬ 粉尘；⑭ 其他因素；⑮ 质量责任；⑯ 产量责任。

某钢铁公司选用 18 个指标评价其岗位工人的劳动：① 技术知识要求；② 操作复杂程度；③ 看管设备复杂程度；④ 品种质量难易程度；⑤ 经验；⑥ 劳动紧张程度；⑦ 劳动负荷；⑧ 工时利用率；⑨ 劳动姿势；⑩ 工作班制；⑪ 噪声；⑫ 温湿度；⑬ 粉尘；⑭ 工作场地差异；⑮ 危险性；⑯ 监督责任；⑰ 指标责任；⑱ 安全责任。

某水泥厂选用 22 个指标评价其工人岗位的劳动：① 质量责任；② 产量责任；③ 看管责任；④ 安全责任；⑤ 消耗责任；⑥ 管理责任；⑦ 技术知识要求；⑧ 操作复杂程度；⑨ 看管设备复杂程度；⑩ 品种质量难易程度；⑪ 处理预防事故复杂程度；⑫ 体力劳动强度；⑬ 工时利用率；⑭ 劳动姿势；⑮ 劳动紧张程度；⑯ 工作班制；⑰ 粉尘；⑱ 噪声；⑲ 高温；⑳ 辐射热；㉑ 其他有害因素；㉒ 人员流向。

很明显，上述指标之间有太多交叉，如技术知识要求与操作复杂程度指标重叠，劳动紧张程度与劳动负荷、劳动姿势颇多重叠。

因素计点法非常多，但考虑的共同评价因素无非是知识与技能（胜任该岗位所要求的最低学历教育与培训程度）、工作环境与工作条件（高温低温、高压低压、高噪声、高辐射、高粉尘、高空、有毒环境或者经常出差、经常夜班）、责任大小（决策涉及的人力、财力投入，一旦工作出现最大损失的后果严重性）、工作强度（体力与脑力投入）等 4 个方面。美国与加拿大的公平报酬法案中都明确要求进行岗位评价要考虑上述 4 个方面。

当一个岗位职责较多时，以该岗位最重要、最经常发生、最困难的 3 大类任务作为评价依据。

第四步，选择并评价基准、标杆岗位（也就是代表性的岗位）。对基准岗位做出排序，不同的人的排序取平均值，剔除对于偏离多数人排序过大的排序，通过其他岗位与基准岗位的对比便能很容易地确定最终的岗位次序。排序后再进行岗位评价。

当然，人数较多的公司岗位多，可以划分职位序列后，在各职位序列内部选择高中低标杆岗位进行岗位评价。

第五步，可以使用因素计点法评价样本岗位之外的其他剩余岗位。如果剩余岗位很多，可以将剩余岗位与标杆岗位进行对比后排序即可，而不必将全部岗位都采用因素计点法进行量化评价。

第六步，绘制岗位评价分数图。

第七步，将岗位评价分数与市场薪酬对应起来。特别是一些岗位的评价分数与市场薪酬差异显著，需要单独处理，具体见本章第 5 节的内容。

第八步，实施与沟通、反馈等。实施过程中和岗位评价完结之后，也应及时向员工反馈岗位评价的阶段性成果和最终结果。

上述步骤中，需要重点说明的是第七步。

6.5 岗位评价薪酬与市场薪酬差异显著问题

公司内部岗位评价计算的薪酬与市场薪酬间往往不一致，如某岗位市场薪酬为 4 000 元，而根据公司内部岗位评价得到的结果是 5 000 元或者 3 000 元。如果岗位评价理论不能解决岗位评价薪酬与市场薪酬的不一致，岗位评价的管理实务价值势必会大大削弱。

本书编者提出解决该问题的一种思路是：内部评价的点数体系与外部劳动力市场薪酬价格（通常取主要竞争对手的 50 ~ 75P 的薪酬价格，由公司决策）建立映射对应关系。选择若干代表性的样本岗位，将样本岗位的岗位评价得分与样本岗位市场薪酬调查薪酬之间拟合成一条曲线，然后将其余岗位的岗位评价得分对应到该曲线上，即可得到各岗位的薪酬[36]。

6.5.1 岗位评价得分与市场薪酬三次样条插值法

岗位评价得分与市场薪酬之间的曲线关系采用何种函数方程拟合，要看数据表现出的形态。如果是线性则采用线性回归，如果不是则采用非线性函数，如幂函数等。注意多项式方程不能采用三元以及更高方程，因为三元及更高元多项式曲线首尾可能反卷，从而出现不合理结果。

此处采用三次样条插值在岗位评价得分与市场薪酬之间建立映射关系，三次样条插值在工程技术领域中被广泛应用。为方便今后实际应用，将新方法命名为“岗评分数与市场薪酬三次样条插值法”。主要步骤如下：

第一步，选择、确定一种因素计点法，可以是现有方法，也可以是公司自行确定的评价方法。

第二步，组织岗位评价委员会，对全部岗位进行岗位评价，得到各岗位的评价得分，按照得分由低到高排序。

第三步，选择一部分岗位作为插值需要的样本岗位。注意样本岗位的代表性，需要考虑职位序列、不同职级等因素。

第四步，通过其他机构发布的薪酬调查报告或者公司自行进行的薪酬调查，确定样本岗位的市场薪酬。

第五步，使用三次样条插值法。样本岗位的因素计点评价分数为自变量，市场薪酬为因变量，得到因素计点分数与市场薪酬之间的函数曲线关系。

第六步，将其他岗位的因素计点分数代入第五步得到函数曲线，计算得到应发薪酬。

上述步骤中的第一步到第四步是目前使用比较广泛的、标准的因素计点法方法步骤[37]，第五、第六步是要改进及完善之处。

插值方法有多种，如拉格朗日插值法、Hermit 插值法等，三次样条插值有免费、小体积软件可以直接使用，无须使用者编程或者安装大的计算软件，因此本书采用三次样条插值。读者如果方便使用其他插值方法，同理操作即可。

三次样条插值常见软件有：① 方便下载的 SplineMaster 软件；② 数据分析专门语言 R 语言有 Splines 包；③ 工程领域广泛使用的 MATLAB 语言有专门 Spline、Csape 函数。为方便读者使用，本书采用 SplineMaster 软件。

以苏州某计算机硬件行业大型企业 A 公司为例，为篇幅限制，只选择了一部分岗位评价分数和市场薪酬说明方法思路，如表 6-5 所示。岗位评价分数来自相关研究[38]，薪酬数据来自薪情网（https：//www.51salary.com），读者可以根据实际情况采用其他市场的薪酬数据，或者计算多个市场的薪酬数据均值。

表 6-5　A 公司部分岗位评价分数与市场薪酬数据

序号	岗位名称	岗位评价分数	市场薪酬/元
1	客户服务专员	260	2 932
2	总经理秘书	345	3 517
3	行政主管	355	3 612
4	薪资福利主管	435	4 167
5	会计主管	460	4 680
6	行政部经理	480	6 546
7	品质管理经理	525	7 808
8	财务部经理	550	7 979
9	IT 项目经理	565	8 667
10	销售部经理	668	8 935

选择首尾以及中间位置的 4 个岗位——第 1、4、7、10 序号岗位，作为样本岗位，将第 1、4、7、10 序号岗位评价分数和岗位对应的市场薪酬数据录入 SplineMaster 软件，进行三次样条插值，得到因素计点分数与市场薪酬的函数曲线；然后把第 2、3、5、6、8、9 序号岗位的评价分数代入函数曲线，得到各岗位的测算薪酬。

利用 SplineMaster 软件得到的结果如图 6-1 所示。

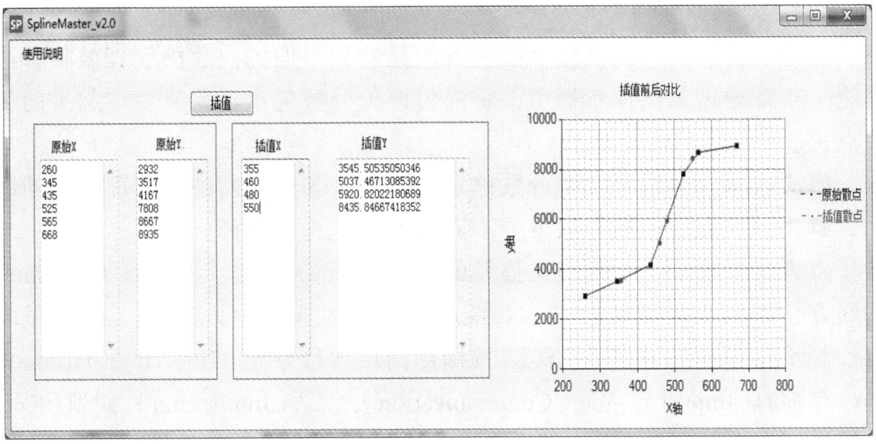

图 6-1　SplineMaster 软件三次样条插值结果

把第 2、3、5、6、8、9 序号岗位评价分数代入 SplineMaster 软件，计算得到的插值薪酬与市场薪酬对比如表 6-6 所示。

表 6-6 插值薪酬与市场薪酬对比

岗位序号	岗位名称	岗位评价分数	插值薪酬（a）	市场薪酬（b）	插值薪酬与市场薪酬偏离度 [（$a-b$）/$b\times100\%$]
2	总经理秘书	345	3 055	3 517	－13.14%
3	行政主管	355	3 055	3 612	－14.52%
5	会计主管	460	5 129	4 680	9.59%
6	行政部经理	480	6 006	6 546	8.25%
8	财务部经理	550	8 409	7 979	5.39%
9	IT 项目经理	565	8 616	8 667	－0.59%

表 6-6 显示，越重要的岗位偏离度越低，如市场薪酬最高的 IT 项目经理岗位，插值薪酬与市场薪酬偏离度不到 1%。虽然薪酬最低的两个岗位偏离度高一些，但也没有超过 15%，完全在可接受范围，结果可用于管理实践。

如希望进一步减少插值薪酬与市场薪酬的偏离度，可以考虑采用具有端点约束的三次插值方法和软件[39]，因为进一步考虑端点约束条件，则首尾岗位的偏离度更低。

可能会有读者尝试使用 Excel 趋势线功能对上述数据进行拟合。读者使用 Excel 趋势线处理数据，如果拟合度和预测误差比较理想，当然可以，且更加方便。但一般地，由于插值时曲线必须通过代表性数据点，而拟合只是接近（当然也可能部分通过）代表性数据点，因此插值曲线更有代表性。对本节的上述实例而言，编者采用 Excel 的趋势线进行拟合，拟合度虽然较好，但预测误差较大。为保证方法通用性，采用三次插值函数处理数据为佳。

6.5.2 三次样本插值法的优点

用不同方法评价同一个岗位结果往往有明显差异，但国内薪酬管理教材普遍未做针对性的讨论。本章通过三次样本插值法将岗位评价分数与市场薪酬对应起来的新方法具有 3 个优点：

第一，解决公司内部岗位评价分数确定薪酬与外部市场薪酬偏离度大的问题。

第二，解决同一岗位不同方法得分不同的因素计点法选择问题。

因素计点方法有很多，本章前文提及的 Hays Group 方法、Hewitt Associates（翰威特）的一级评估指标包括知识/技能、影响/责任、解决问题/制定决策、沟通技能、行动自由度、工作环境。Mercer（美世公司）的国际岗位评价系统（IPE，International Position Evaluation）有影响（Impact）、沟通（Communication）、创新（Innovation）、知识（Knowledge）等 4 个一级指标。Watson Wyatt（华信惠悦）公司开发全球职等系统（GGS）。国际劳工组织提出日内瓦范本岗位评价法。国内的一些咨询公司如北大纵横咨询顾问公司开发了岗位评价方法以及北森岗位评价方法等。

既然因素计点法的方法很多，不同方法的指标、指标权重、指标分级点数都不同，这就必然出现同一组岗位，采用不同因素计点法，得到的评价分数以及分数比值不同的现象。如果根据评价得分确定薪酬，则必然出现同一组岗位、不同方法确定的薪酬不同甚至差异较大的不合理现象。

Madigan 和 Hoover 在 1986 年的一篇论文中使用 3 种岗位评价方法对 206 个岗位进行评价，结果评价分数与分数之间的比值差异显著，某些岗位出现不同方法下，薪酬差异达到 427 美元的难以接受的程度[40]。换言之，岗位评价方法之间的结果差异较大。相关研究[41]对同一组岗位采用不同岗位评价方法，评价结果差异显著问题有系统讨论。

采用三次插值法解决同一组岗位不同岗位评价方法选择问题的基本思路是：假设有 3 个岗位 ABC、2 种岗位评价方法。3 个岗位的市场薪酬分别是 2 000、4 000、8 000，即相对比例为 1∶2∶4，岗位评价方法一确定 3 个岗位的薪酬是 2 000、3 000、5 000，比值为 1∶1.5∶2.5，岗位评价方法二确定 3 个岗位的薪酬是 2 000、5 000、9 000，比值为 1∶2.5∶4.25，则两组比值与市场薪酬比值 1∶2∶4 的符合程度比较，岗位评价方法二确定的比值更接近市场薪酬比值，因此两组岗位评价方法中，应选择岗位评价方法二。

由于三次插值法将样本岗位评价得分与市场薪酬之间对应起来，则按照上述比较思路，显然三次插值方法得到的评价分数比值最接近市场薪酬比值。

第三，增加公司岗位评价工作自主空间与灵活度。公司人力资源管理部门不必采用商业公司或者学术界开发的因素计点法，可以根据公司实际情况，灵活自主确定评价指标、指标权重。

6.6 减少岗位评价误差的措施

处于保护个人利益的本能，当然也可能是因为对岗位评价方法不了解以及判断中不可避免的主观因素存在，一些员工在岗位评价当中，有意无意高估自身岗位或者熟悉岗位的工作难度，低估其他岗位的工作难度。主要解决办法如下：

（1）进行必要的培训。人力资源部门可以对各部门管理者或者少数表现突出的员工进行集中培训，然后回到各部门培训本部门员工，以及在之后的岗位评价中为员工提供咨询与辅导。

（2）对代表性岗位进行评价，确定心理锚点。评分中存在很多心理误差，如趋中效应、晕轮效应、相似效应、记忆效应等。组织学习岗位评价手册后，选择不同职务序列各等级的高、中、低中具有代表性的岗位进行心理锚定。评价人对不同高、中、低代表性岗位达成共识，有助于减少评价主观误差。

（3）提高岗位评价过程的透明度，切忌少数人坐在办公室中闭门造车，拍脑袋确定岗位评价结果的现象。马鞍山钢铁公司 20 世纪 80 年代末至 90 年代初进行第一次岗位评定时，成立了专门机构，抽调员工代表参加，并让不同岗位的人员轮流到各岗位现场观摩（跟着看，不动手操作），最后以民主集中形式评定岗位得分，评价结果接受度较高。

（4）对多人评价分歧较大的岗位进行二次、三次再评价。

6.7 因素计点法在任务评价中的应用

因素计点法作为一种量化内部劳动力市场劳动价值的方法，可以应用在不同的人类劳动分析层次上。最常见的两个层次是岗位层次和任务层次。前面介绍了因素计点法在岗位评价中的应用，本节介绍因素计点法在任务层面的应用。

6.7.1 岗位评价与任务评价的区别与联系

岗位评价和任务评价的区别在于岗位评价是基于该岗位最重要、频率最高、难度最大的任务，该工作给一个评价点数。任务评价是对每一项任务给一个评价分数。任务评价是积分制管理、游戏化管理的重要基础。

岗位评价、任务评价分别适用于不同的管理场合与管理目的。当细化分配的内外部压力不大时，在工作层次量化岗位评价即可，没必要在任务层面量化，以减少量化的工作量。压力较大时，则需要进行任务评价。科层制组织一般多使用岗位评价，但也存在同时使用任务评价的情况，如国内外很多医院采用任务评价设计薪酬分配方案。

当出现以下情况时，可以考虑细化分配：① 岗位的任务构成不稳定，甚至一个人做不同岗位的不同任务；② 为了加大对员工的考核与激励力度，考虑将工作进行更细的测量；③ 员工对工作量与分配关系不满意，有必要将完成的工作进行更准确的测度。④ 为了提高管理精细度，可以接受员工工作行为的收集成本。

以酒店为例，每天下午 4 点到 7 点，很多酒店的管理者会将部分员工临时调到前台工作，因为这段时间前来登记住宿的客人非常多。7 点钟过后，部分人员又会转到餐厅工作，以满足餐厅在这段时间内对人员的需要。通过提高人员的流动性，管理者可以保证客人无论在登记还是就餐时都不用等待很长时间，从而用较少的人力完成了较多的工作。这时候就不能在岗位层面计算工作量，而是需要在任务层面累加。

再如医院管理中，不同科室的护理内容不尽相同，工作系数是按照工作难度和技术含量的双重标准制定的，更加公平合理。比如静脉穿刺一项，考核指标中分成人和儿童两类人群。临床工作中，全员各科室低、中、高年资的护士做静脉穿刺的时间标准是不一样的。各年资的护士平均用多长时间，这个时间就量化成一项标准系数，也就是近年来国内起源于管理咨询界的一种说法，即“积分制管理”，属于不谋而合、不约而同，因为都遇到类似的管理问题，解决思路也类似，只是称呼不同。

任务评价、积分制管理在中国历史悠久。20 世纪 60 年代，人民公社计算不同的农活价值，实行的就是“工分制”，如湖南人民出版社 1961 年出版了莫华斌编著的《农村人民公社工分速算表》。20 世纪 90 年代，湖北某机械厂生产线曾经实行过“微积分制”，将焊工焊接某类焊点折算成一定分数，最后累加得到该焊工某段时间的工作量，实际上就是人民公社的工分制，只是应用到工厂而已。中国电信江苏无锡分公司也实行积分制，打破原有的以学历、年龄或岗位定人才的框框，转为以“贡献论英雄”。中国当前很多高校的教师绩效考核也是如此，发表一篇什么档次等级的论文计算多少绩效分、申请一个什么级别的课题计算多少分、上一节课多少分，年终累加得到全年工作量分。

任务与工作都是对人类劳动的一种分析，只不过任务的分析尺度更细，而工作是一组经常相关的任务的集合。岗位评价本质上就是一个岗位的代表性任务的抽样累加。换言之，岗位评价的方法、程序、原则其实同样适用于任务评价，只不过任务评价更细致一些。因素计点法的各步骤都适用于工作、任务层次的岗位评价量化。

6.7.2 任务分析实例：医生薪酬确定 RBRVS 系数

RBRVS 系数（Resource-Based Relative Value Scale）由美国哈佛大学医学院研发，将每一种手术的价值划分为工作量、医疗支出、医疗责任险 3 个部分。工作量包括医生脑力和体力劳动、病情判断、专业技术水平、劳动强度、紧张程度等。医疗支出指手术消耗成本，医疗责任险即医生出错后的赔付额度。该系数被美国医疗保险机构采用，用于评估医疗赔付风险，AMA 美国医学协会下设的 Relative Value Scale Update Committee（RUC）每年都会对不同手术的 RBRVS 价值系数进行更新。

RBRVS 系数的出台是美国医疗保险制度的需要，医疗保险付费需要计算不同手术的价值与费用。

2013 年以来，深圳市医管中心与深圳市医学会合作，借鉴美国医保管理中心 RBRVS 系数，开发中国版本 RBRVS 系数。深圳市医管中心已完成心内科、肾内科、内分泌科、肝胆胰外科、胸外科、神经外科、妇产科、口腔科、耳鼻咽喉科、眼科、胃肠外科等 11 类临床医生技术等级评价制定，涉及 5 000 多个系数。另外，四川大学华西医院、中山大学肿瘤医院都使用 RBRVS 系数进行绩效分配，越来越多的国内医院了解使用该体系[42]。

附带一提的是，国内对护士护理工作的量化比对医生工作更早进行。对每一项护理工作进行量化，各种护理工作根据技术含量、脏累程度、出错风险等指标制定相应系数，使绩效考核科学、分配公平、导向明确，能充分地调动护理人员的积极性。研究者可以在中国知网数据库中检索到不少相关文献。

阅读 · 讨论 · 练习

1. 围绕因素计点法出现的争议

主要批评理由：

理论界与实务界对岗位评价的批评与怀疑主要集中在以下几个方面：

岗位评价得到的薪酬与外部劳动力市场的价格偏离通常比较大。

薪酬信息透明程度越高，绩效薪酬占的比例越大。

岗位不确定，由于一些企业工种的特点，员工需要经常在不同岗位之间流动。以酒店为例，每天下午 4 点到 7 点，酒店管理者会将部分员工临时调到前台工作。因为这段时间前来登记住宿的客人非常多。7 点钟过后部分人员又调去餐厅。

知识型企业与团队的工作不适合进行岗位评价。岗位评价源于传统的科层制组织，随着组织越来越扁平，职位层级越来越少，团队合作多，很难划清团队成员的具体职责。

指标权重确定不客观、指标标度没有客观依据，普遍采用等差或者等比数列给各因素赋点数值，但是依据没有说明，而不同的点数赋值对最终岗位评价得分有很大影响。

上述不足导致同一组工作，采用不同因素计点法，评价得分相对比例偏差较大，使评价结果的客观性不足[43]。

对怀疑观点的回应：

岗位评价确实存在很多不足，但此种不足未严重到完全否定岗位评价的管理价值的程度。对于上述批评与怀疑理由，具体回答如下：

第一，岗位评价本质上是利益分配，个体对组织的贡献程度始终有差别。无论什么样的团队、工作，始终存在贡献大小差别，要进行分配，归根到底都要进行量化评价。换言之，就是必须要有一个岗位评价方法，有一个总比没有好，不是最优解，而是满意解。

第二，大部分组织不是知识型组织，岗位分工都是稳定的，大部分工作也并非采用团队方式完成，岗位仍然是最主要的工作完成单元。组织规模越大，越需要一套岗位评价规则。大多数公司不可能完全按照外部劳动力市场的波动情况随时调整薪酬。

第三，不同的岗位经常会听到员工抱怨：我来公司比他早、我做的事情比他多。他的岗位轻松、他的责任没有我大，但是他的薪水比我高等。因此，公司需要提供一个共同的参照系，否则大家都会认为自己重要，比如常见的薪酬管理纠纷——将层级与职务价值简单等同。不同部门经理在同一个职级、职务级别上，但是工作内容差异很大，行政部门与研发部门经理的工作含金量差异明显。公司回应员工上述抱怨就需要岗位评价。

第四，各种晒工资、社交网络群的活跃，使薪酬信息确定比以往更透明，但是还没有透明到全部了解的程度。此外，即使知道别处薪酬更高，但跳槽机会成本很大，有社会资本、人际关系、现有职务、家庭等诸多需要考虑的因素，所以并非工资有差异就会跳槽，更何况多数人并没有足够的实力跳槽。一般认为，收入低于 30%涨幅，跳槽就不值得。换言之，公司在 30%空间内还有很多管理余地。

第五，动态部分加大，竞争程度加剧，但不可能完全动态化，无非将岗位评价对应的薪酬中的浮动部分做一些增加而已。对于工作职责变化较大的岗位，可以根据其不同时间段的不同工作任务来进行评价，任何工作都可以分解，进而给予一个价值点数，只是将分析的层次细化到何种程度的问题。

综上，本书对岗位评价的看法是：岗位评价并非完美，但根据适当场合，合理使用，仍然有一定管理价值。具体岗位评价方法存在的不足，可以不断改进完善，不能求全责备。

讨论：

1. 访问美国国家学术出版社官网的下述链接 https：//www.nap.edu/read/55/chapter/3，了解美国岗位评价发展历史。

2. 到学校图书馆的中文期刊网或者其他国内代表性全文数据库下载顾燕青的硕士学位论文《基于因素计点法的岗位评价研究》或者类似主题的学位论文，阅读、总结、分析与体会岗位评价的过程与要点。

第 7 章 岗位工资套级表

学习目标

1. 了解岗位工资套级表的概念。
2. 理解岗位工资套级表的主要设计参数。
3. 理解设计岗位工资套级表的设计步骤。

7.1 岗位工资套级表的基本概念

岗位工资套级表是薪酬方案的核心内容。岗位工资套级表将公司各职位序列内部不同等级岗位、不同职位序列之间岗位、同一岗位薪酬的高低薪档之间的比例关系用图表形式表达出来。岗位工资套级表在国内并没有一个统一称呼，在美国通常称 Pay Matrix Table。

第 6 章岗位评价只是确定单个岗位的所得，而岗位工资套级表能说明全部岗位之间的关系。当然，有些情况是全部岗位基本工资相互关系的图表形式表达。

岗位工资套级表是静态的，对于一名员工随着业绩、资历等变化而调整其在岗位工资套级表中的位置，属于第 8 章调薪规则的内容。

1985 年原劳动人事部拟定《国营大中型企业工人工资标准表》。国营大中型企业工人工资标准，按原国家机关十一类工资区划分，每类工资区按三类产业或工种交叉使用 5 种工资标准。一类产业（工种）包括钢铁冶炼、煤矿井下等，使用第 4、5、6 三种工资标准；二类产业（工种）包括机械、建筑、纺织等使用第 3、4、5 三种工资标准；三类产业（工种）包括农业、商业等，使用第 2、3、4 三种工资标准，一直到 20 世纪 90 年代中期国有企业改革之后才逐渐废弃。

岗位工资套级表的内容并没有统一规定，为了让读者直观感受，列出一个套级表如图 7-1 所示。

套级表中的薪酬数字可能和图 7-1 中的绝对数一样，也可能是绝对数的比值。当采用比值表达时，国内目前称为岗位价值系数。上述数字的来源有 3 个：一是岗位评价确定；二是对岗位分类分级后，各岗位的工作值直接采用外部劳动力市场薪酬，特别是采用权威数据，如政府人社部门发布的薪酬调查、工资指导价数据；三是两种结合使用，部分样本岗位采用市场薪酬确定，其余岗位参考样本岗位确定，具体可见第 6 章相关内容。

BASIC PAY —EFFECTIVE JANUARY 1, 2007[1]															
	Cumulative years of service														
Pay Grade	2 or less	Over 2	Over 3	Over 4	Over 6	Over 8	Over 10	Over 12	Over 14	Over 16	Over 18	Over 20	Over 22	Over 24	Over 26
O-10[2]												13,659.00	13,725.90	14,011.20	14,508.60
O-9												11,946.60	12,118.50	12,367.20	12,801.30
O-8	8,453.10	8,729.70	8,913.60	8,964.90	9,194.10	9,577.20	9,666.30	10,030.20	10,134.30	10,447.80	10,900.80	11,319.00	11,598.30	11,598.30	11,598.30
O-7	7,023.90	7,350.00	7,501.20	7,621.20	7,838.40	8,052.90	8,301.30	8,548.80	8,797.20	9,577.20	10,236.00	10,236.00	10,236.00	10,236.00	10,287.90
O-6	5,206.20	5,179.20	6,094.50	6,094.50	6,117.60	6,380.10	6,414.60	6,414.60	6,779.10	7,423.80	7,802.10	8,180.10	8,395.20	8,613.00	9,035.70
O-5	4,399.80	4,888.80	5,227.50	5,291.10	5,502.00	5,628.60	5,906.40	6,110.10	6,373.20	6,776.40	6,968.10	7,158.00	7,373.10	7,373.10	7,373.10
O-4	3,744.60	4,334.70	4,623.90	4,688.40	4,956.90	5,244.60	5,602.80	5,882.40	6,076.20	6,187.50	6,252.30	6,252.30	6,252.30	6,252.30	6,252.30
O-3	3,292.20	3,732.30	4,028.40	4,392.00	4,602.00	4,833.00	4,982.70	5,228.40	5,355.90	5,355.90	5,355.90	5,355.90	5,355.90	5,355.90	5,355.90
O-2	2,844.30	3,239.70	3,731.40	3,857.40	3,936.60	3,936.60	3,936.60	3,936.60	3,936.60	3,936.60	3,936.60	3,936.60	3,936.60	3,936.60	3,936.60
O-1	2,469.30	2,569.80	3,106.50	3,106.50	3,106.50	3,106.50	3,106.50	3,106.50	3,106.50	3,106.50	3,106.50	3,106.50	3,106.50	3,106.50	3,106.50
O-3[3]				4,392.00	4,602.00	4,833.00	4,982.70	5,228.40	5,435.40	5,554.20	5,715.90				
O-2[3]				3,857.40	3,936.60	4,062.00	4,273.50	4,437.00	4,558.80	4,558.80	4,558.80				
O-1[3]				3,106.50	3,317.70	3,440.10	3,565.50	3,688.80	3,857.40	3,857.40	3,857.40				
W-5												5,845.80	6,046.50	6,247.50	6,450.00
W-4	3,402.00	3,660.00	3,765.00	3,868.50	4,046.40	4,222.20	4,400.70	4,574.10	4,753.80	5,035.50	5,215.80	5,392.20	5,574.90	5,754.90	5,938.80
W-3	3,106.60	3,236.40	3,369.00	3,412.80	3,552.00	3,711.30	3,921.60	4,129.20	4,350.00	4,515.60	4,680.60	4,751.40	4,824.60	4,984.20	5,143.20
W-2	2,732.70	2,888.70	3,025.50	3,124.50	3,209.70	3,443.70	3,622.50	3,755.10	3,885.00	3,973.80	4,048.80	4,191.00	4,332.30	4,475.40	4,475.40
W-1	2,413.20	2,610.60	2,742.90	2,828.40	3,056.10	3,193.50	3,315.30	3,451.20	3,541.20	3,622.80	3,755.40	3,856.20	3,856.20	3,856.20	3,856.20
E-9[4]							4,110.60	4,203.90	4,321.20	4,459.50	4,598.40	4,821.60	5,010.30	5,209.20	5,512.60
E-8						3,364.80	3,513.90	3,606.00	3,716.40	3,835.80	4,051.80	4,161.30	4,347.30	4,450.50	4,704.90
E-7	2,339.10	2,553.00	2,650.80	2,780.70	2,881.50	3,055.20	3,152.70	3,250.20	3,424.20	3,511.20	3,593.70	3,644.10	3,814.80	3,925.20	4,204.20
E-6	2,023.20	2,226.00	2,324.40	2,419.80	2,519.40	2,744.10	2,831.40	2,928.30	3,013.50	3,043.50	3,064.50	3,064.50	3,064.50	3,064.50	3,064.50
E-5	1,854.00	1,977.90	2,073.30	2,171.40	2,323.80	2,454.90	2,551.50	2,582.10	2,582.10	2,582.10	2,582.10	2,582.10	2,582.10	2,582.10	2,582.10
E-4	1,699.50	1,786.50	1,883.10	1,978.50	2,062.80	2,062.80	2,062.80	2,062.80	2,062.80	2,062.80	2,062.80	2,062.80	2,062.80	2,062.80	2,062.80
E-3	1,534.20	1,630.80	1,729.20	1,729.20	1,729.20	1,729.20	1,729.20	1,729.20	1,729.20	1,729.20	1,729.20	1,729.20	1,729.20	1,729.20	1,729.20
E-2	1,458.90	1,458.90	1,458.90	1,458.90	1,458.90	1,458.90	1,458.90	1,458.90	1,458.90	1,458.90	1,458.90	1,458.90	1,458.90	1,458.90	1,458.90
E-1[5]	1,301.40	1,301.40	1,301.40	1,301.40	1,301.40	1,301.40	1,301.40	1,301.40	1,301.40	1,301.40	1,301.40	1,301.40	1,301.40	1,301.40	1,301.40

图 7-1　基本工资套级表（2007 年）

7.2　岗位分类分级

职工、职员、员工，实际上是同一个概念，只是不同地区、不同时期叫法不同。目前国内国有企业、事业单位等仍然习惯称职工，而民营企业惯称员工。

岗位是计划经济时期的用语，当然现在政府、国有企业、事业单位仍然使用。职位是岗位的另一种说法，民营企业、港澳台与外资企业较常用。一个工作可以有多个岗位，如一个公司秘书工作，可能有多名秘书岗位。

职务通常指管理岗位。

职称指专业技术职务，如助理工程师、经济师、高级会计师等。

职系即职位系列、职位序列。

公司职位序列的一个典型划分如表 7-1 所示。

表 7-1　公司职位序列的一个典型划分

职位序列（职序）	说明
管理类	高、中、基层管理
财务类	财务管理、财务核算、财务分析等工作的职位
技术研发类	技术、开发等工作的职位
生产类	生产及相关工作的职位
营销类	市场策划、业务拓展、市场调查、产品推广、产品销售、渠道管理、客户管理、客户服务等职位
行政职能类	人力资源、行政、法律、物流、采购等的职位
事务辅助类	水电维修、保安、司机、文员、清洁工、食堂服务员等

职级即一个职序内部岗位根据工作内容、难易程度、责任大小、知识技能与工作年限等资格而划分的等级。如国内高校教师职位序列的职级分教授、副教授、讲师、助教等。

职责即职位的工作职责及权力范围。

举例说明，假设某人是人力资源总监，那么职务是总监，职位序列属于管理系列，职称是人力资源管理师，职级编号 M2（管理序列的第二级，管理序列第一级是总经理），职等是二等。（见图 7-2）

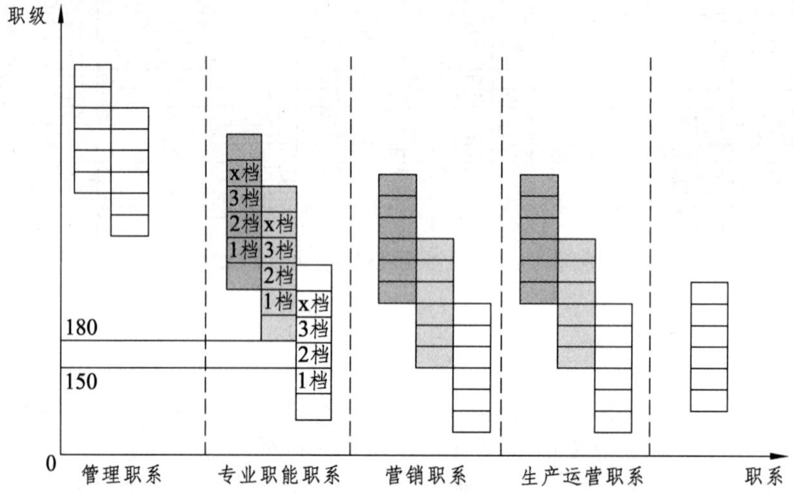

图 7-2　公司典型的职位序列划分与序列间对应关系

7.3　岗位工资套级表设计参数

从图 7-2 中可以看出，为了确定一个岗位工资套级表，需要考虑的主要参数应该有：薪级、同一职序内部相邻岗位间的重叠度、一个岗位内部最高最低薪酬的变动比率、职位序列岗位之间对应关系等。

薪级：全部岗位的薪酬从最高到最低分多少档，因为一个岗位内部的薪酬可能又分多个层次。薪级的规定古已有之。商鞅变法中的制军爵规定："有军功者，各以率受上爵"，士兵为国打仗立功按"获敌首"的数量，授予各级武功爵位。当然这里的敌首指敌军某种级别以上军官之首。武功爵位由低到高分二十级：一级公士，二上造，三簪袅，四不更，五大夫，六官大夫，七公大夫，八公乘，九五大夫，十左庶长，十一右庶长，十二左更，十三中更，十四右更，十五少上造，十六大上造，十七驷车庶长，十八大庶长，十九关内侯，二十彻侯。彻侯以一县为食邑，可自置吏于封地、关内侯衣租食税、大庶长以下皆有岁俸。据史书记载，秦国士兵腰间常别着敌国士兵首级，狂呼而奔，大刀直向敌人的头上砍去，有时甚至发生争敌之首级而自相残杀，如此虎狼之师让六国军队非常忌惮。

实际上，当时战国七雄之一的韩国也有类似规定，但是效果为何不如秦国？原因是秦国土地贫瘠，加上秦国用兵之时将犯人用作先锋，即所谓“陷阵之士”，犯人不战斗往往也是一死，还不如拼命一搏。相比之下，韩国当时经济比秦国好得多，战士拼死精神自然不如秦军，因此战斗力不如秦国。

一岗一薪：每一个岗位对应一个工资等级，凡是在同一岗位的职工，均执行同一岗位工资标准，不考虑职工的经验和能力的差异。简单明确，容易操作，岗位级别与工资等级一一对应，对于劳动场所固定、劳动比较规范、工作对象固定、生产流水线高度自动化的岗位，适宜采用。

一岗多薪：一个岗位对应多个薪级（分档），同一岗工资等级存在多个浮动分档，原因是：① 认可和实现在同一岗位上不同职工的能力和经验的差异。② 升职机会不多的情况下，实现对员工的激励，员工职级没有晋升，但可以在同一岗位的不同薪档上调整薪酬。

岗位薪酬变动比率：当一个岗位薪酬分多个薪档时，最高档与最低档的比例。

相邻岗位重叠度：设计该指标是为了解决下一级岗位业绩再好，薪酬也低于相邻上一级岗位业绩一般所得薪酬的不合理局面。

$$\text{相邻岗位重叠度}=\frac{\text{下一级最高薪档}-\text{上一级最低薪档}}{\text{下一级最高薪档}-\text{下一级最低薪档}}$$

工资级差：薪级中相邻两级工资标准之间高等级工资标准与低等级工资标准的相差数额。该指标与相邻岗位重叠度作用类似，都是为了刻画两个相邻岗位的薪酬对比关系。相邻岗位重叠度是比值角度，而工资级差是绝对值。美国联邦政府人事管理局资料显示，目前美国公务员的薪级为 15 级，根据工作年限调整。第一级内的最低档工资 14 757 美元，第十五级的最高档工资 107 357 美元，最高工资约是最低工资的 7.27 倍。

薪酬比较率：英文为 CR（Comparative Rate），指某个岗位中间水平薪酬与该岗位外部劳动力市场价格平均薪酬水平比。该指标主要是对内部薪酬水平与外部劳动力市场进行比较。

虽然参数较多，但是只要理解一个参数的作用和目的，即可很容易地理解和运用。需要强调的是，国内目前并没有套级表的统一术语规定，读者可能在其他地方看到同一个意思却使用不同术语，原因是套级表一词本身就有不同表述，选择使用最多的术语即可。

7.4　岗位工资套级表设计参数取值

7.4.1　职级划分

职级的设计主要考虑以下因素：① 公司规模，小的公司岗位少，自然岗位的职级少。② 岗位工作是否需要不断的工龄与经验积累，有些工作一看就会、有些工作需要数月经验，有些工作需要数年甚至更多经验，工作越难，职级划分越细。高校一般 4 年评定一次职称，企业 2 年调薪一次。公司多数工作并不困难，如全程参与，认真学习总结，则两年完全可以积累足够经验，而学术研究需要更长时间。当然，有些工作时技术更新速度快，年轻人反而后来居上，特别是 IT 行业，技术更新快，往往工作 3 ~ 5 年的年轻人的知识技能比工作很多年的员工更新。对于管理岗位，在 10 年以内工作经验基本与工作时间正相关，因为技术知识学习可以通过个人多看书多动手加速学习，而管理知识需要项目与实践积累，只看书不行。③ 公司所处阶段，对于一个初创企业，人员少，没有必要建立严格薪级，而是直接按照市场薪酬处理更灵活，等企业发展到一定程度，人数较多时，再予以规范。

以上是定性分析，具体操作上，职级划分通常有两种做法：① 根据岗位评价分数的分布情况，将岗位评价分数比较接近的多个岗位划分为一个职级。② 不进行岗位评价，而是根据岗位的市场价格，将市场价格比较接近的多个岗位划分为一个职级。

这里给出一个适用于大中型公司的职级定量确定思路：根据多数人的职业发展周期、年龄阶段发展情况来大致确定职级。具体计算是：一般人大学毕业 22 岁左右进入公司，50 岁定型，期间有 25 年，第一次岗位升级间隔 2 年、第二次升级 3 年，之后 4 年一个周期升级，如此计算，到 50 岁时大约需要经历 8 个职级。在此基础上，考虑增加两级职级作为机动因素，一共十级足矣。

第一次升级周期 2 年、第二次升级周期为 3 年的原因是：新手在一家公司工作 2 年后，已经有一定经验，如果没有升职或者加薪，其中比较优秀的一部分就会跳槽，也就是所谓的 232 现象（新人加入新公司 2 周、3 个月、2 年是最容易跳槽的时间点）。之后随着年龄增加，稳定性也增强，同时更高职级的职位减少，升级周期自然更长。

7.4.2 薪级划分

在职级确定基础上，如何确定薪酬等级（薪级）？为加大激励，体现同样岗位不同业绩、资历等因素的价值，通常一个岗位会设计 2 ~ 4 个档次薪酬。当然，岗位职级较低时，档数少；岗位职级高时则档数多。

薪级划分有两种情况：第一种是薪级多，薪酬级差小的金字塔结构，适合员工人数多、经营环境与公司业务较稳定的企业。第二种类型是倾向扁平的薪级结构，也就是所谓的宽带薪酬，薪级少，将原来十多个甚至二三十个职级压缩成十个左右职务级别，将每个职级中的薪酬高低差距拉大，同时拉大相邻岗位最高薪酬与最低薪酬之间的差距。该模式比较适合强调创新和快速响应客户、市场，组织扁平化、流程再造、团队导向、能力导向的管理模式。

第一种情况最常见，需要注意的是薪级不能划分过细而失去激励作用。2010 年广州某零部件工厂出现工人停工事件，原因与该公司薪酬制度不合理、薪级过细有直接关系。该公司薪酬分为一至五级，每个大级又被细分为 15 个小级，实际上就是一共 75 个薪级。每年绩效合格后升一小级，月薪增加 20 ~ 30 元，远远赶不上物价上涨速度，毫无激励作用。公司零部件工厂利润同比大增 95.9%。但是工人却没有分享到上述果实，企业除支付加班工资外并没有加薪。更重要的是，该零部件工厂工人薪酬比同行低。工厂内有公司从日本来的外派人员，工资大约是中国本土员工几十倍。一系列原因引发工人极大不满，最终导致工厂停工。

此处重点介绍第二种情况即宽带薪酬。

美国薪酬管理学会（成立于 1955 年，2000 年更名为 World at Work，WAW）将宽带薪酬定义为："对多个薪酬等级以及薪酬变动范围进行重新组合，变成只有相对较少薪酬等级及相应较宽薪酬变动范围。"一般来说，宽带薪酬模式下，一个岗位内部不同分档的最高值与最低值之间的区间变动比率达到 200%甚至更多，而在传统薪酬模式中，同一岗位不同分档薪酬浮动范围通常不会超过 150%。

20 世纪 90 年代经济全球化，21 世纪前 10 年互联网、信息技术飞速发展，企业竞争加剧，迫使企业提高可变工资在总工资构成中所占的比重，强调绩效导向。与此同时，信息技术飞速发展，也为组织设计变革提供了技术条件。特别是在互联网行业，由于技术更新快、市场变化快，要求组织快速响应，组织趋于扁平化，宽带薪酬应运而生。

20 世纪 80 年代 IBM 公司一度陷入危机，在郭士纳的改革推动下，再度兴起，继续在全球 IT 行业扮演重要角色。郭士纳改革的一个重要内容就是薪酬方案改革。IBM 公司原来的薪酬方案存在 3 大弊端：① 与薪酬外部竞争性相比，更强调薪酬内部公平性；② 原有薪酬薪级过多；③ 员工薪酬大部分由固定薪酬组成，很少部分与个人业绩与公司效益挂钩。郭士纳推动薪酬与市场挂钩，注重外部竞争性，大幅度减少薪级，员工薪酬与企业效益密切挂钩。

进入 20 世纪 90 年代后，实行宽带薪酬的美国大公司数量明显增长。American Express（美国运通）是一家较早实施宽带薪酬的公司。1997 年该公司对原有薪酬体系进行改革，岗位薪酬采用市场调查数据，而不是岗位评价数据。该公司采用 40 多个不同薪酬调查公司的数据，综合计算决定各岗位薪酬水平。此外，为技术序列员工提供双职业通道，以前的技术人员要增加收入只能进入管理岗位，但实际上并非每个技术人员都适合从事管理工作。

一些美国地方政府组织也一度尝试宽带薪酬。美国联邦政府人事部网站上的一部分介绍如下："Both the private and public sectors use broadbanding. The table below lists some well-known organizations that use broadbanding for some or all of their employees.""Federal organizations adopt broadbanding to improve organizational performance. The table below lists the largest Federal users of broadbanding, and the specific reasons for adopting broadbanding."

美国一些采用宽带薪酬的民营企业与公立机构如表 7-2 所示。

表 7-2 美国一些采用宽带薪酬的民营企业与公立机构

民营企业	公立机构
Bank of America	Central Intelligence Agency
Baxter Healthcare	Department of the Air Force
Boeing	Department of Commerce

续表

民营企业	公立机构
Eli Lilly	Department of the Navy
General Electric	Internal Revenue Service
Georgia-Pacific	General Accounting Office
IBM	Office of the Comptroller of the Currency
Merrill Lynch	State of South Carolina
Sears Roebuck	State of Virginia
The Scotts Company	Transportation / Federal Aviation Administration

个别美国高校采用宽带薪酬，如 University of Minnesota 于 2002 年曾实施宽带薪酬。

美世管理咨询公司（Mercer）2006 年对部分实施宽带薪酬的公司进行调查，发现宽带薪酬的主要优势有：① 业绩大于职级。在传统薪酬中，要想突破原先工资的级别，只有提级，但是越往上职务越有限。采用宽带薪酬，业绩优秀的下属可以达到或者接近直接上级一样的薪酬，激励作用加强。② 避开彼得原理陷阱。在传统的薪酬制度中，一个人在一个组织中所担任的职位越高，则工资越高，于是员工不遗余力地"往上爬"，晋升成了许多企业对优秀员工的一种主要激励方式，最终出现"彼得原理"误区。管理学家劳伦斯·彼得在其 1969 年出版的《彼得原理》一书中指出，一旦员工在低一级职位上干得很好，企业就将其提升到较高一级的职位，直到提升到一个他不能胜任的职位，对员工个人与组织都会带来负面影响。

Buck 咨询公司（英国杂志 Consultants News 发布的全球 50 大咨询公司之一）2001 年对《财富》杂志 1 000 强企业进行调查，发现宽带薪酬存在以下问题：员工收入随员工业绩浮动而可能大起大落，员工收入稳定感差。此外，公司某个时段支出的人力成本明显上升。

宽带薪酬 2003—2007 年在中国商业媒体、管理咨询界一度成为热门话题，现在关注度已大幅度下降。与所有的管理措施一样，宽带薪酬有其适用条件，不是所有组织都适用。对于结构扁平、晋升不多、岗位技术要求比较高、员工的灵活性和创造性对公司效益影响较大的公司，可以适当考虑，但此类公司在全社会的公司中，只是少数。

对宽带薪酬感兴趣的读者可以阅读本书附录的自学资源，以更多了解。

7.4.3 岗位薪档差

相邻岗位之间的薪酬差距是用相邻岗位重叠度、工资级差两个指标来反映的。自然地，岗位内部多个薪档之间的差距也需要一个指标来描述。岗位薪档差指一个岗位内部设计的多个薪档之间的差距。

确定岗位薪档差主要有两个问题：① 一个岗位确定多少薪档？② 各薪档之间的差距确定多大？

对于第一个问题，低职级岗位通常有 3～4 个薪档，中高职级的岗位薪档通常有 4～5 个薪档。

对于第二个问题，要精确回答该问题，需要考虑较多因素，不容易量化，基本上只能采用经验做法，适合各公司自己情况、多数员工没有异议即可，没有严格规定。此处介绍一种经验做法：如一个岗位，内部薪档的最低档假设为单位 1、最高档假设为单位 1.5，假设经过 3 次调薪，最低达到最高，每次调薪幅度一样，则采用 Excel 相关函数计算，平均每次加薪幅度也就是岗位档差为 14%，如果是 4 次调薪，最低达到最高，则平均每次加薪幅度也就是岗位档差为 10%。

以此类推，如一个岗位内部薪档的最低档假设为单位 1、最高档假设为单位 1.3，假设经过 3 次调薪，最低达到最高，每次调薪幅度一样，则平均每次加薪幅度也就是岗位档差为 9%，如果是 4 次调薪，最低达到最高，则平均每次加薪幅度也就是岗位档差为 6.8%。

当然，实际操作中，薪档未必是等差或等比，比如调 5 次，可以前面 3 次增加幅度大一些，后面 2 次小一些。此外，分 5 次调整到位，不等于 5 年调整到位。公司要控制人力成本，可以延长调薪周期，5 次可以分 6 年甚至更长年限调整，并非每年调整或者 2 年必须调一次。调薪也并非所有人必须调，可以设定业绩、资历各方面的条件，不同的人调整幅度不同。

7.5 岗位工资套级表设计步骤

岗位工资套级表设计的基本步骤如下：

（1）对全部岗位进行分类，分成若干职位序列。

（2）成立岗位评估小组。评估小组一般由各职能部门的经理、业务骨干、员工代表、人力资源部门以及外部专家组成。

（3）考虑行业传统、方便性、合理性等因素，选择一种因素计点法。当然也可以自行设计一种因素计点法。

（4）选择各职位序列高、中、低若干代表性岗位，进行岗位评价。

（5）对其余岗位进行岗位评价，得到评价分数。此外，可以采取代表性岗位评分，其余岗位相对于代表性岗位进行排序，两个代表性岗位之间的岗位评价得分按照两个代表性岗位的评价得分之差形成的区间进行均分插值的方法简单快速确定。本章推荐该做法。该做法可以大大减少岗位评价工作量以及减少评价误差，因为代表性岗位之间差异较明显，容易评价，代表性岗位之间的一些岗位区分不大，容易出现趋中效应。

（6）选择各职位序列高、中、低若干代表性岗位，确定岗位评价的点数与薪酬单位对应关系曲线（可以采用第 6 章介绍的三次插值法）。

（7）将其余岗位的点数代入该曲线，得到全部岗位的评价点数。

（8）计算每个岗位的薪酬中点值。中点值大致等于该岗位市场价格的平均值，可以在一定幅度内上下波动，如在上下 15%的范围内波动。

（9）确定每个岗位的岗位薪档数、最高与最低档的变动比率。

（10）确定相邻岗位的重叠度。

（11）根据全部岗位的评价分数在各自所属的职位序列中进行分级。

（12）将全部岗位相关信息列入岗位工资套级表中不同的位置。

在确定套级表的参数取值时，往往需要试算各种组合情况，比较烦琐。

阅读·讨论·练习

讨论：

1. 画一个岗位工资套级表，将岗位工资套级表的基本参数标识在图中，可以在互联网或者学校图书馆的中国知网、读秀数据库中搜索，也可以尝试使用数据库或者互联网搜索引擎（如百度、微软 Bing 等）图片检索功能。

2. 模拟 5 组不同的岗位工资套级表参数组合对薪酬总量支出等各方面的影响，可以编程或者使用 Excel。

第8章 调 薪

学习目标

1. 了解调薪的概念。
2. 理解调薪的重难点。
3. 运用调薪具体策略解决实际问题。

岗位工资套级表是岗位薪酬的静态截面，员工薪酬在套级表中不同岗位的动态调整即调薪，包括岗位不变情况下，同一个岗位内部不同薪档的晋升与下降以及岗位调整而带来的薪酬变化。

8.1 调薪主要利益方与利益诉求

调薪中的主要利益群体有 4 个：资本方、员工、部门经理、人力资源部经理。各主要利益群体在加薪中的利益诉求分别是：

大部分资本方的利益诉求当然是在人员基本稳定、工作表现满足要求的情况下，尽量不加薪或者少加薪。在公司中，资本方与员工利益一致之处在于公司关闭，则资本方破产、员工失业，利益不一致之处在于资本方希望员工少拿钱多干活，员工希望多拿钱少干活。对于员工而言，公司关门，无非换一家公司再就业，而资本方破产的损失就大得多。对于资本方而言，公司要发展壮大，降低成本是必要手段，人工成本本来就是成本的主要部分，更需要控制。当然，并非所有资本方都如此，比如前面章节列举过的著名的民主公司塞氏公司。但是大部分资本方出于提高自身收益、降低自身风险的动机，都希望尽量少加薪。

员工的想法是公司给多少钱，就干多少活。所谓给多少钱，一方面是不能低于其他同档次公司同样岗位的外部劳动力市场薪酬；另一方面即使员工薪酬和市场薪酬相当，但如果公司利润高，而员工薪酬却没有同步增加，员工也会有不满情绪。

部门经理倾向提交一长串需要加薪人员的名单，而且有一大堆理由。部门经理如此行为的常见原因包括：① 反正加薪成本是公司出，在员工面前做好人，争取员工对自己的支持，方便今后开展工作；② 平时部门绩效考核没跟上，没有明确加薪依据，于是大家一起加；③ 浑水摸鱼，顺便把关系户塞进去。

人力资源部门面临的困境往往是：人力资源部门要求部门经理将加薪名额控制在一定比例以内，但是有的部门经理不调整，直接将加薪报告递到总经理面前。而总经理由于各种原因，比如不了解一线情况，特别是考核不到位的情况下，未必会拒绝部门经理早就准备好的各种“充分理由”，于是签字同意并交回人力资源部办理。最后，总经理责备人力资源部控制公司人力成本增长率不力，让人力部门难做。

因此，加薪需要一套规则，以在上述不同利益方之间寻求平衡。

8.2 加　薪

加薪通常指基本工资部分的增加，基本工资一旦增加，除非公司经营遇到重大困难，所以员工当然希望公司不断加薪，而公司当然不愿意轻易加薪。如何才能“薪”平“企”和，成为考验人力资源部门实务能力的一块试金石。

随堂阅读 8-1：XN 药业“加薪”风波

（张晓晖，经济观察网，2008-01-25）

一次全面加薪却导致一家上市公司上千万元损失以及一把手被迫辞职。2008 年 1 月 TJ 集团下属的 XN 药业平息了一场调薪风波。XN 药业付出的代价是：全部制药车间停产 3 天，累计产值损失近 1 000 万元，身兼党委书记、纪委书记、工会主席与监事会召集人的胡 × 引咎辞职。

引发事件的导火索是 2007 年 12 月末 XN 药业在全厂车间门口张贴出来的一份文件。文件称，由于 2007 年物价上涨，公司将对所有员工的工资做出调整，上调幅度为在现有每月基本工资的基础上，增加 50 元；同时对于职工的“三金”（住房公积金、社保等项目），公司将只为员工缴纳其中的 1%，剩余部分从员工工资中扣除。

员工提交了一份书面意见，意见书提出：本次薪酬调整是否通过职工大会讨论通过？为什么同在 TJ 集团，但 XN 药业与集团其他下属公司的员工调资却有极大差别？为什么职工的住房公积金已缴纳，而账户内却差一年经费欠缴？为什么公司为中层干部缴纳的“三金”额度是基层员工数十倍？

一些退休十几年的老工人也参与了进来，老工人指出：“太不像话，工人基本工资本来就很低，虽然工资上调 50 元，但是‘三金’中工人自缴比例提高，公司趁机可以少缴纳一部分职工‘三金’款。”

当地政府住房公积金管理中心的数据显示，自从 2006 年起，XN 药业的职工公积金就没有按时缴纳。“2007 年我因为买房子要提取住房公积金，到了公积金中心却被告知当年我们并没有缴纳住房公积金，实际情况是我们每个月的工资中都被扣除了公积金。”一位工龄 12 年的员工告诉记者。

工人要求：一是工资上涨幅度应该与集团其他下属公司看齐。员工了解到，集团其他下属公司，最多的每月工资上调 300 元，最少也上调 200 元；二是“三金”缴纳仍然按照以前的规定进行，公司为工人缴纳部分不能少交；三是公司一把手胡 × 辞职。

知情人士称，XN 药业利润丰厚，且增速迅猛，但职工们并没有分享到公司效益高速增长所带来的好处，在物价普遍上涨的今天，矛盾被迅速激化。集团答应了员工所有要求，胡 × 引咎辞职。得到集团书面承诺后，员工返回工作岗位。

8.2.1 常见的加薪原因

正常调薪指公司通常在年度的某个固定月份进行例行年度调薪，此种调薪为补偿员工因通货膨胀而导致的实际收入减少，通常为普调，只有极少数考核不合格的员工没有正常调薪资格。

业绩调薪指根据员工业绩进行差异化调薪。阿里巴巴 271 考核规则为“一个超过 10 人的团队中，选出 20%优秀，70%合格，10%末位淘汰，再根据等级来加薪发奖”。其中基本工资的加薪规则为：① 考核结果优秀，调整比例为公司平均调薪比例的 1.5 倍以内，依数额决定其在基本工资套级表中的升级数。② 考核结果良好，调整比例为公司平均调薪比例的 1.2 倍以内，依数额决定其所升级数。③ 考核结果合格不调薪。④ 考核结果差，减薪或降职，依数额决定其所降级数。岗位不变而在薪档内正常普调或岗位晋升的调薪预算均应另行提拔，不应占用功绩调薪的预算，否则将失去激励效果。

试用期满调薪指员工通过试用期后，某些公司会对该员工进行某种调薪。

晋升调薪指员工职位晋升后的调薪。

根据目前我国相关法律规定，当出现“本单位利润增长、本单位劳动生产率提高、当地政府工资指导线提高、本地区城镇居民消费价格指数增长”4 种情况之一，员工可以提出加薪要求。当然，实际上员工尤其是小公司员工很少会以此 4 种情况要求公司加薪，多数员工的想法是要求公司加薪，即使成功，后面也可能被公司针对，且搭便车的人太多，所以与其和公司博弈，不如跳槽增加薪酬。

8.2.2 加薪的基本原则

1. 主动加薪

很多公司的加薪状况是“你的辛苦我知道，想要加薪办不到”“员工不提加薪，公司就不加”，甚至对应该加薪的一部分员工提出的加薪也尽量不加、少加。

员工激励到位需要满足两个条件：正确的时间和正确的强度。前者的重点在于在较长时间内对员工全面考查而非表现突出马上加薪；后者的重点则在于全面综合此类员工的岗位价值、劳动市场竞争力和稳定性、公司忠诚度等因素，以该员工的市场薪酬为参考，加薪加到位。

当一个员工达到加薪条件时，除非公司出现财务压力，否则公司应该主动加薪。如果等员工提出加薪后，公司再加薪，则员工倾向认为是本人向公司争取、讨价还价的结果，而不是公司对本人的认可。另外，公司需要认识到，利润增加时加薪，则利润减少时减薪也理直气壮。

2. 制度化加薪

天涯社区管理论坛 2009 年发布过一篇题为“加薪加掉两个优秀员工”的网帖，网帖的大概内容是：“我以前在一家公司做行政经理，当时工厂制度不健全，加薪非常随意，我刚上任新官三把火，第一把火烧老板，说服老板给品质部门每个质检员都加。我调查了质检员工资，低的 700 元/月、高的 900 元/月。当时广州市质检员工资水平在 800～900 元/月，很少有超过 1 000 元的。我打算每人加薪 100 元。我拿了调薪通知单给老板签字时，老板认为工资 900 元的员工只能加 50 元，其他的加 100 元。我拿着调薪通知单找到品质部门主管，品质主管谢了半天，我告诉他表现一直不错的员工 A 加 50 元，其他加 100 元，叫他先和 A 沟通一下。工厂工资没法保密，老乡太多很快就传开。我干脆把调薪通知书给品质主管，叫他发下去让员工回签后交到我这里。过了半个小时，A 来问我，为什么她工作做得好工资却加得比别人少。我解释了半天，结果她说不加工资就辞职。晚上我给她做思想工作到两点，最后她答应继续上班。第二天早上她又跑到我的办公室，说不和别人加一样就带上她老公一起辞职。A 哭哭啼啼的，说两口子在工厂做了那么久，工作那么用心，结果这样。”通过昨天晚上的谈话，我知道她很想在这里上班，两个人工作确实也很踏实。

上述事件中，老板与行政经理都没有意识到，加薪的第一原则是内部公平，业绩良好的员工加薪的绝对数不能少于业绩一般的员工。老板只考虑外部公平，员工 A 加 50 元后，在广州同类岗位属于不错薪酬，但却忽视了内部公平，比员工 A 业绩差的员工反而比 A 加薪更多，显然 A 是难以接受的。

加工资反而让认真工作的员工提出辞职，凭感觉、凭印象加薪是不可行的。因此，加薪必须制度化，随机式的内部薪酬谈判不仅损害公司管理的严肃性，甚至对员工士气和稳定性产生破坏作用，形成负面氛围。

个别管理者有一种加不加薪我说了算，才能拿捏住员工的阴暗心理与落后的管理思维。某公司曾经就发生过这样的事件：人力资源部曾多次向该公司周总建议，加薪制度化。周总一直不采纳，有一次终于说出了用意：“薪酬怎么发掌握在我手中，我才好管理他们。”管理层应该意识到，只有合理公平的分配才能真正让员工与公司形成合力，丢骨头、“喂狗”式的加薪非但不能激励员工，反而会让员工有一种被施舍的感觉，适得其反。实际上，周总的做法会带来负面后果：首先，在与要求加薪的员工谈判中，周总多数时候会让步，个别有业务专长的员工以辞职为要挟，周总无奈只能同意加薪。得到加薪的人口头上虽然感谢周总，心中却认为：“我若不争，你会给我加吗？”加薪根本就没起到激励作用。其次，管理和业务能力并不强的个别谈判高手获得加薪，让公司一些业绩不错，但不善于谈判的员工觉得薪酬不是干出来，而是谈出来的。通过这种方式加薪的人并不会更积极工作，而业绩不错却没有加薪的一些人工作却越来越不积极。

制度化加薪可以消除上述弊端，同时也让管理层的时间精力用于更有价值的工作，而不是和员工就加薪谈判博弈。特别是员工数量较多时，制度化加薪更是必然。

3. 忌乞讨性加薪

某些公司和员工谈判半天后，最后象征性加一点如 50 元，还不如不加。

广州某汽车零部件工厂薪酬分 75 级，每年合格晋升一级，一级加薪 30 元，只有极少人可以跳级。某员工每月收入 1 500 元，上次考核合格加薪 30 元。该员工表示："公司薪水要比同行低一大截，技术安保科每月都有一两个人辞职去别处，这边每月 1 000 多元，过去能拿到五六千。附近一个汽车外围供应商零部件厂的员工月薪 2 000 多元，我们只有 1 000 多元。"此外，公司产能和盈利的大幅度提升，员工工资却不见涨[44]。该公司"乞讨式加薪"是员工辞职的一大诱因。

总之，公司加薪要么按照市场标准加到位，要么只对预算内能够加到位的关键员工加到位，切忌对所有员工撒芝麻，都加一点，但都没加到位，结果公司支出的成本不少，但所有员工都不满意。

4. 员工业绩是最主要的加薪依据

A 原来是南方一家大型企业总经理，后调到某政策研究部门。在企业时，一到过节都有钱发奖金，各级员工欢欢喜喜过大年。可是政策研究部门经费紧张，发不了年终奖。于是，A 凭着自己之前在企业的人脉，找到一笔支助，按照每人 1 000 元标准发给大家。当年 1 000 元可不是一个小数目，他心想员工应该高兴。节后一上班，办公室主任告诉他，大家有意见。他一了解，原来多数人觉得自己忙了一年拿 1 000 元，有人一年没做什么也拿 1 000 元，不合理。于是第二年 A 让办公室改进，将奖金分为二档，一档是 1 050 元，一档是 950 元，工作干得好的人拿 1 050 元，其他人拿 950 元。没想到节后拿 950 元的人说"凭什么说自己工作没干好"？由于平时考核不是很到位，A 还真没办法说清楚。拿 1 050 元的人也抱怨说比其他人多干不少，结果才多 100 元。A 非常生气和寒心，于是第三年不去找钱发奖金，结果节后反而没有一个人找他，风平浪静[45]。

有些公司觉得加薪标准不好确定或者抱着差距不要太大甚至存在"大锅饭"现象，加薪时全部员工都加得差不多，认为非常公平合理。但实际上，此种表面上一视同仁的做法由于忽视了员工之间能力、业绩的显著差异，更容易引起非议与反对，得不到员工的认同，更不能发挥激励作用。公司必须根据业绩差异化加薪，不能搞平均主义。另外，加薪的基本前提是必须做好绩效管理，才能向员工解释清楚加薪差异的依据。

员工生大病、家庭经济困难等情况不应通过加薪解决，一码归一码。加薪的唯一、最主要依据只能是员工的工作表现以及该员工在外部劳动力市场的替代性大小。对于生大病、家庭经济困难的员工，可以通过公司特别借款、捐款或者其他方式予以一定程度的帮助，但绝对不能当业绩、贡献没有到加薪标准，却予以加薪的方式解决，只会引起其他员工特别是业绩优秀员工的不满。

5. 关键员工对标市场价格

关键员工流动率要低于行业平均水平，一般员工流动率可以是行业平均水平或者略高一点水平。体现在加薪方面，关键员工需要加薪倾斜，不能低于外部市场价格，最好适当超出外部市场价格，而一般员工大致与外部市场价格相当，甚至略低于市场价格也可以。

技术人员由于性格、专业等原因，沟通能力往往弱于营销人员。营销人员对薪酬感到不满意时，会明确提出来跟公司讨价还价，而技术人员往往把不满意放在心里，积累到一定程度后直接选择离开。因此，公司人力部门要特别注意核心技术人员的薪酬与外部市场价格的关系，尽量提前发现问题，提前介入。

对于薪酬低于市场水平的骨干员工，人力资源部门能做什么？很多人力资源部门往往只会抱怨公司现有制度不合理、公司决策层或资本方不知变通。尽管最终决策是公司高层做出，但是人力资源部门完全可以通过数据以及各种资料在一定程度上影响领导决策，而不是一味坐等领导决策，不要等到员工辞职时才急于弥补，等到骨干员工被高薪挖角才后悔激励给得太晚。人力资源部门必须让公司领导意识到，骨干流失后招聘新骨干员工的难度往往大于留人。从另一个角度说，人力资源部门积极为骨干人员加薪，实际上也是在减少自己未来的招聘工作量。

一位人力资源部门经理的经验是：与业务部门经理商议，新入职员工暂不调薪，首先解决部分骨干员工薪酬明显低于外部市场价格的问题。其中一位老员工，薪酬明显偏低，人力资源部门经理为该员工争取到 60%加薪。后来员工告诉人力资源部门经理，其实他已经在其他公司找到工作，薪酬翻一倍，但是公司加薪幅度让他很意外，因此决定留下来。

6. 数据说话

加薪时人力资源管理部门容易陷入各方指责的困境。员工认为，公司没充分考虑员工利益，因为中高层管理人员的薪酬普遍很高。公司则认为员工付出固然存在，但现实是公司业务与利润增长并不理想，加薪有困难。公司认为人力资源部门工作没有做到位，导致员工不理解、不满意；员工则认为，人力资源部门一味站在公司立场说话。

面对上述困境，不管是面对公司高层还是员工，人力部门都需要用数据说话、用事实说话，有效消除个人利益立场与凭感觉做出判断的局限性。当然，数据来源应该权威客观，如政府公开的工资指导价数据或者行业内代表性薪酬调查。

在公司同意的前提下，可以向员工适当公开公司运营收支的基本情况，以便让员工理解和接受公司加薪政策。某管理咨询公司的一名咨询师做了一个管理项目，项目经费 40 万元，公司给他 5 万元奖金。该咨询师觉得很不合理，自己带了几个人干了几个月，公司拿到 40 万元，自己只得 5 万元。公司跟该咨询师沟通，向其展示 40 万元经费的主要支出项目，如办公费用、广告宣传、客户的后续服务等。扣除各种成本，该咨询师得到 5 万元奖金完全符合目前市场的提成比例。该咨询师了解情况后自然无话可说。实际上，该事件的处理理念即西南航空公司向员工公开公司主要运营数据，采取数据公开（Open Book Management）管理措施。当然，出于必要的商业机密保密考虑，可以将相关项目适当归类，不必公布得过于详细，让员工对公司收支有基本了解即可。

7. 须书面申请

采用书面报告的形式，一方面可以明确记录相关事宜，以避免日后纠纷无据可查，另一方面可减少员工要求加薪的随意性。书面报告迫使员工评估自己的业绩表现以及在公司中的贡献大小，有没有足够理由加薪。

申请加薪的书面报告要求列出员工岗位职责、员工的业绩表现、公司加薪的规定条款、员工符合哪些条款、员工同档次岗位的市场价格信息来源等关键内容以及部门主管、其他证明人的签字等。一句话，要员工自己说清楚自己的贡献，加薪的依据，而不是“我很辛苦”“来公司已经好几年”“最近买房”之类不成立的理由，消除部分员工有没有枣子打一杆、会哭的孩子有奶吃之类的投机心理，避免人力部门工作时间的无谓浪费。

对于填写虚假信息申请加薪的情况，一旦发现查实，要予以惩罚，如两年不能申请加薪等。

加薪不能随时提出，只能在某个时间段统一提出。当然，为了考虑极少数有讨价还价资本的骨干员工可能在外部公司有机会跳槽的特殊情况，可以同时规定业绩考核、资历等达到某个标准的员工不在此列。

8.2.3 加薪操作步骤

典型的年度调薪包括以下步骤：

第一步，收集调薪的相关资料。

调薪时，公司需要了解竞争对手的薪酬情况。大中型公司可以购买最新薪酬调查报告，将公司目前的薪酬水平与市场价格比较。小公司可收集网站特别是政府人社部门发布的工资指导价材料。除此之外，相关资料还包括：① 当地物价通货膨胀指数；② 当地 GDP 增长；③ 当地关于最低工资之类的法规要求；④ 当地招聘供求比情况。

第二步，起草调薪建议报告。

报告应包括以下内容：本年度调薪成本与原则、策略，并附原因说明；调薪前后各岗位工资变化，特别是骨干员工工资变化；以往调薪记录；调薪具体实施方案与时间进度表。

第三步，调薪建议报告征求意见。

通过征求意见，增进大家对公司薪酬政策的理解和认同，尽量保证调薪方案顺利实施。

人力资源部门需要与部门经理通过集中开会、钉钉群、个别单独交流等方式充分沟通，指导部门主管与员工沟通调薪。

第四步，人力资源部制作调薪建议表，派发至各部门。

调薪建议表应包含以下内容：

员工基本薪酬信息方面应包括姓名、进入公司工作时间、现任职位名称、何时调（升）任现职位、目前薪酬、上次调薪时间、上次调薪幅度及金额、上年度绩效考评级别、本年度绩效考评级别以及其他必要的信息。

员工本次调薪情况方面包括本次调薪类别、本次调薪岗位调动情况、本次调薪幅度（比例）、本次调薪金额、本次调薪生效日期。

部门汇总的本次调薪信息内容包括按级别（员工类、主管类、经理类）划分的调薪信息（幅度、总金额、比例）、按各职能（技术研发类、市场销售类、后勤支持类、生产营运类）划分的调薪信息（幅度、总金额、比例）。

第五步，协调各部门交回的调薪建议表。

通常，各部门交回的调薪建议表主要存在以下问题：超出公司预算中规定的幅度及比例；调薪建议未能反映岗位重要性；调薪建议未能提供员工业绩表现评价信息与证据；以工龄来代替绩效表现；对难招聘的岗位没有给予符合市场预期的调薪；平均主义，未能合理拉开差距等。

第六步，汇总调薪各项资料，报公司层面批准。

该步骤最关键的一点是说服公司高层同意薪酬方案，这就要求人力部门知晓公司高层对调薪的关注点与基本看法。在与高层沟通基础上，确定调薪方案基本原则与方向后，根据员工考核结果、公司现有薪酬与市场价格数据进行计算，确定各员工调薪情况，测算本次调薪总支出。特别需要注意用事实与数据说明存在的问题以及解决措施，调薪总额度尽量控制在公司预算范围内。做到上述几点，则通常情况下除了个别小疑问，调薪方案均会获得公司层面通过。

第七步，调薪后通知员工，以及同步更新员工人事档案资料。

第八步，处理员工申诉。

调薪必须为员工设置申诉渠道，接受员工投诉。对于公司关键岗位或优秀人才的投诉，人力资源部门应特别留意，并迅速采取应对措施，以免骨干人员流失。

8.3 减 薪

根据第 2 章工资行为决策理论，个体对损失比获得更敏感，因此减薪一定要慎之又慎，需要足够理由。不过，与加薪相比，从操作层面上看，减薪可能比加薪容易，因为公司减薪无一例外都属于经营困难，而公司经营困难，员工每天都很容易感受到，员工即使不情愿但也无法拒绝。

当公司遇到较大经营压力时，应该在裁员之前先减薪。在 2001 年和 2002 年两次裁员之前，著名的科学仪器设备跨国公司安捷伦都首先采取减薪。2001 年 5 月安捷伦全球员工减薪 10%，同年 10 月恢复原来的工资水平。2002 年 2 月再度宣布员工减薪 5%、高级经理减薪 10%，至 8 月第二轮裁员时恢复。在裁员之前尝试别的方案，即使最终无法避免裁员，但员工的心理感受完全不同。

公司有权制定职工减薪办法，但要注意必须符合法律的员工告知程序规定。《劳动合同法》规定单位工资制度必须向职工公示，不能任意随便扣减职工工资。劳动合同中约定劳动报酬数额的，用人单位应当按照劳动合同约定和国家规定，向劳动者及时足额支付劳动报酬。用人单位与劳动者协商一致，可以变更劳动合同约定的内容。变更应当采用书面形式。至于公司征求员工同意的方式，除征得个别员工书面同意外，也可以与公司所属工会签订协约，或者依法召开劳资会议。

现实中，严格依照上述法律操作的公司并不多，尤其是小公司，但公司应尽量按法律规定操作。

减薪要注意保持骨干员工薪酬的外部竞争力，很多公司在经营遇到困难时，给所有的员工减薪，但是最后发现优秀员工流失严重，而很多平庸员工却留了下来。减薪时应该采取区别对待的策略，业绩考核优秀的员工薪酬降低幅度应该小于其他员工。

减薪之前，要尽量采取一些减少成本、避免裁员的措施，比如：

第一，减少工作时间。

1970 年美国经济衰退，惠普公司的订单无法满足公司的产能，当时业界一般的做法是裁员，但是大卫·普克（惠普公司创办人之一）与员工协商，将每两周工作 10 天的方式减少为 9 天，将多余人力转派至公司其他需要人力的部门，同时员工减薪 10%。6 个月之后，订单恢复正常，再恢复正常工作天数。

为了避免在市场不景气时解散 3 万名员工，1994 年德国大众汽车公司曾实行每周 4 天工作日，相应降低工资。度过危机之后，大众公司再恢复每周 35 小时工作制。

美国林肯电子公司自 1958 年开始，没有解聘过一名员工。该公司是美国工业界中工人流动最低的公司之一。当然员工也要相应做到 3 点：经济萧条时期必须接受减少工作时间的决定、接受调岗，如果工人生产出不合标准部件，不计入该员工业绩中，相关的成本浪费，员工个人需要赔偿一部分。

第二，无薪休假。

2008 年金融危机期间，著名会计服务公司毕马威（KPMG）建议员工休假 3 个月，薪酬降低 70%。西班牙 BBVA 银行为员工提供类似待遇时间更是长达 5 年。诺基亚宣布除一线工人和高级经理外，自愿辞职离开公司的前 1 000 位职员可获得优厚解雇金，还鼓励职员休无薪假期（Furlough）。

2009 年为消除约 8 亿美元财政赤字，美国加州大学系统总校长 Mark Yudof 宣布无薪休假计划。该计划按员工薪酬等级确定休假天数，年收入低于 4 万美元者休假 11 天，相当于减薪 4%，年收入高于 24 万美元者休假 26 天，相当于减薪 10%。

当然，无薪休假只适合大公司。对于小公司而言，员工工资本来普遍就不高，公司实行无薪假，员工基本生活可能都会受到明显影响，所以很多员工会自动离开。

第三，培训反思学习。

经济不景气时反思公司内部管理、培训学习。经济景气时，公司和员工都没有时间反思公司、本人的问题和不足，而这些内容对于公司长期竞争力的保持是至关重要的。实际上，经济不景气就读书拿文凭，经济景气时再工作是很多美国人的常见做法。

1973 年和 1978 年全球范围内出现了两次石油危机。美日广场协议签订后，日元对美元急剧升值，全面抬高了日本产品成本和出口价格，京瓷公司的订单减少了一半，但京瓷没有裁掉一位员工，稻盛和夫让没有工作可做的员工一起讨论如何削减成本，提出改善建议。

需要指出的是，尽量不裁员的观点主要是针对具有一定规模、实力居于中间的公司。对于最低端和最高端公司则可根据实际情况裁员。GE 公司在韦尔奇时代，采用活力曲线管理，考核位于 10%末尾的员工一律终止合同。但由于 GE 公司培训工作良好，员工即使被淘汰，也可以在其他公司找到工作。对于 50 人以下的小公司，薪酬与平台欠佳，员工流动本就颇为频繁，是否裁员对员工满意度以及公司今后招聘并没有实质性影响。

8.4 调薪中的两类特殊情况

8.4.1 调岗调薪

严格来说，调岗并不属于本书内容，但调岗必然和调薪一起发生，尤其是减薪的情况下，不然容易引发法律纠纷，需要特别注意。

【案例】

上海某物业管理公司因大楼消防监管职能取消，便将担任消防控制室岗位的员工王某另行安排至门卫室工作，并根据新岗位，将其月工资收入降低 500 元，双方遂起争议。

上海市静安区法院一审判决认为，物业公司对王某的岗位进行调整合理，但也应调整王某到薪资条件较为对应的岗位，或与王某协商一致。物业公司在未与王某协商的情况下，单方面调低王某薪酬的做法，法院不支持。

对于确实不胜任工作或者岗位因客观原因撤销的员工，公司有权调整员工岗位。但公司应当证明是在合理范围内调整其到适当岗位。岗位调整时应考虑劳动者知识技能、工作胜任能力、劳动者接受程度等因素，不能任意调整。现实中，存在劳动者不胜任工作，公司将其调到其他岗位的现象，也存在部分公司为降低成本，以公司生产经营需要或者用人自主权等名义擅自调整劳动者的岗位，并按调整后岗位的工资核定劳动者工资待遇的情况。

人力部门控制此类风险的最佳实践是：双方签订劳动合同时，对员工职薪升降与岗位调整的条件进行约定（如岗变薪变），同时公司应当建立有效的绩效考核制度，以此证明公司岗位、工资调整的合理性。对于此例，应该参考外部劳动力市场门卫的工资水平来进行举证。

【案例】

柳女士在某国际货运公司担任海运部主管，合同约定每月应发工资总额为 4 200 元。工作一段时间后，柳女士怀孕，精力与身体不济，某次未及时回复客户电子邮件，导致原本要海运的货物改为空运，让公司损失了 12 万元。公司认为该工作失误是柳女士为减少电脑辐射对胎儿的影响，工作时间没有按时打开工作电脑，未能及时回复客户电子邮件所致。为此，公司决定免除她的主管职务，逐月扣减工资至最低工资，以赔偿 12 万元的损失。

仲裁委裁决恢复柳女士原工资，公司不服，诉至法院。法院判令公司恢复柳女士每月 4 200 元的应发工资标准。法院审理认为，即使公司认为柳女士在工作中有违纪和失职行为，可以给予适当的经济处罚，若单位有相配套的公司规章，单位也可以扣减工资方式要求员工赔偿。但是法律要求，每月扣减比例必须低于该职工月工资的 20%。

8.4.2 薪酬倒挂

加薪中需要处理的一种特殊情况是“薪酬倒挂”（Salary Compression 或者 Salary Inversion）。薪酬倒挂有两种基本情形：一是新员工的薪酬明显高过老员工；二是下属薪酬明显高过主管，通常指第一种情况即新员工入职薪酬比多年老员工还高。

出现薪酬倒挂的原因是，某些岗位的外部劳动力市场供求比出现较大波动时，公司不得不给出高于公司内部岗位薪酬的薪酬水平，才能招聘到新员工。

从工作时间（经验）与收入关系看，工作大致可分 3 点：① 工作时间越长，经验越多，收入提升幅度越大，典型如医生；② 收入与工作经验关系不大，如文化娱乐行业；③ 工作时间长，年龄大，反而收入走低，出现薪酬倒挂。其中又可细分为两类：一类属于技术含量偏低，所谓吃青春饭或纯粹体力活，随着颜值、体能衰减，年龄越大收入越低，如餐饮快递等岗位。另一类是 IT 行业中的低端岗位。

为什么 IT 行业的中低端岗位会出现薪酬倒挂现象呢？主要有两个原因：

（1）劳动力市场供求比波动。2012 年一篇题为“南京软件公司频现新老员工‘薪资倒挂’”的报道写道：软件工程师刘 × 在位于雨花台区的一家大型软件公司工作多年，他对记者说“今年刚刚毕业的大学生，月薪起步就在 7 000 元以上，比我们很多老员工拿得还多”。而刘 × 所在公司负责人告诉记者，不提高薪酬就招不来人。该公司董事长逯 × 说：“这几年南京软件业爆发性增长，中兴、华为等知名软件公司都在抢人，而南京软件人才数量毕竟有限。”逯 × 说用人成本已经占到公司总成本的 70%左右，公司招研发人员要求必须是 985 院校毕业生，今年开出薪水为本科 6 000 ~ 8 000 元/月，研究生 1 万 ~ 1.2 万元/月，比两年前提高了 20%，而在公司工作六七年的员工，年薪也不过一二十万元。

（2）IT 行业知识更新快，甚至具有颠覆性。新手除需要老员工“传帮带”熟悉工作环境和工作流程外，老员工掌握的很多技术相对新手未必具有多大竞争优势，认真学习的新手两三年即可超越很多不持续学习的老员工。

公司面临的困境是：不给新员工高工资，招聘不到新员工；给新员工高工资，老员工当然心理失衡，觉得公司“喜新厌旧”。处理不当可能出现新员工招来老员工跳槽，或者新员工来后老员工不支持不配合，甚至可能新人不适应，和老人一起辞职，出现让公司两头落空的局面。如果将老员工工资按新人标准调薪，则老员工人数众多，公司成本势必大幅度增加，不可能承受。

目前主要解决思路有：① 人力资源规划到位，提高招聘工作的前瞻性，减少在劳动力市场供求比失衡、供小于求的特殊时段才去招聘新人的情况。② 对于考核优秀的部分老员工加薪，对于数量上占相对多数业绩一般的老员工维持现状。随着年龄增加，自然规律使然，精力或者知识技能下降，这部分保住目前岗位已属不错，即使有怨言，也不会跳槽。③ 招聘时工资高，后续加薪减缓，逐步减少与老员工的薪酬差异。④ 一些需要招聘高薪员工的工作考虑能否外包。⑤ 支付加班报酬，而不是招聘新员工。⑥ 对于大部分岗位，并非一定需要985高校毕业生，实际上211高校或者省属重点高校（大部分为1990年之前即开办本科、2015年之前就有3个以上博士点的公立高校）中的一部分优秀毕业生同样可以，而且稳定性、性价比普遍高于985高校毕业生。⑦ 加大业绩考核在薪酬中所占的比例，则业绩一般新员工的总收入仍然低于业绩良好的老员工。⑧ 一次性发放签约奖金，而不是给较高的基本工资。⑨ 薪酬保密发放，仅总经理、财务经理两人知道，同时与新人签订保密协议，如新人泄密，则可追究责任。⑩ 招聘新人之前，先进行内部招聘，老员工能力不够或者不愿转岗的，拿钱少也无话可说。⑪ 通过年度奖金、资深员工奖励等其他薪酬方案，保证业绩合格或者优良的老员工的总收入高于新员工。⑫ 设置薪酬延期支付基金，对于招聘时薪酬高出公司内部老员工薪酬的新员工，将高出部分延期到服务若干年后发放，有利于降低公司当前成本，还可以筛选出真正愿意为公司长期服务的员工。当然对于实力一般的公司，该措施无效。⑬ 考虑以低息借款、住房补贴等形式给新员工发高出老员工的薪酬部分，名义上与基本工资区分开。

现实中出现过的一个不是办法的办法是：某公司将员工全部集中到一处温泉度假中心，集中讨论如何解决薪酬倒挂问题，最后没有达成一致意见。于是老板最后总结：既然大家都没办法，那只好回去后，要走的走，愿留的留。

阅读 · 讨论 · 练习

1. 员工通过跳槽加薪的原因

2013年年底，中国青年报社会调查中心通过搜狐新闻客户端对20 351人进行的一项调查显示，43.9%的受访者与单位谈过加薪问题，86.0%的受访者感觉员工和单位谈加薪困难。如果加薪不成，72.1%受访者会考虑跳槽。

为什么员工往往只能通过跳槽加工资？不妨用老板思维换位思考。

公司总收益有限，员工多得，意味着老板少得，老板当然是尽量不加薪。

避免批量加薪。给一个员工加薪，往往意味着和这名员工各方面情况相当的一批员工都得加薪，这显然大大增加了公司人力成本支出。甚至，现在有些公司为减少用工成本，会采用一些手段裁减、淘汰薪资较高的老员工。

2. 员工加薪谈判策略

（佚名，《经理人杂志》，2012-07-23）

不要"逼宫"，不要试图几个人结伴去和公司谈加薪。你以为人多力量大，但是站在公司立场，这就是要挟闹事。公司对于此类情况会极力打压，因为一旦有了先例，后面的员工有样学样，公司没法管理。此外，结伴加薪一旦在行业内部传开，敢用你的公司自然会减少。最后，枪打出头鸟，擒贼先擒王，领头的往往成为牺牲品，反而公司为了安抚跟风者，还可能给跟风者一点实惠。

正确的做法是：

如果是公司的骨干，很难短期内被取代，或者离开公司能找到同样或更好的工作，那么可以提出加薪。如在公司本属可有可无的员工，就不要奢望加薪，不被裁掉已属万幸。公司及管理层评价一个员工价值的第一标准是能不能干活、能不能创造利润。资本不养闲人，要想多赚钱只能提高个人被替代的难度或者自己当老板开公司。

投几份简历去其他公司面试，找出自己在劳动力市场上的价格，再回来和公司谈加薪才有底气。

为了避免要求加薪失败的尴尬，可以采取迂回战术，将猎头公司正挖你的消息透露给人力部门或者老板。如果过一段时间，公司还没有约谈你加薪，那么显然，在公司心目中你还不值得加薪。

选择老板心情不错的时候去谈，摆出自己为公司做出的贡献，用事实说话。不要用类似于来公司很多年、家里经济压力大需要花钱之类的理由加薪，这些问题是你的问题，不是老板的问题。

你的目的是加薪，而不是走人，千万不能说“不加薪就走人”之类的话，只能适得其反。没有人愿意被要挟，即使当时老板没表露声色，早晚会找人取代你。

与老板谈加薪时，不要与周围的同事做比较。

做好被拒绝的心理准备，否则要求加薪被拒，尽管并非大事，但始终尴尬。

3. 某公司研发人员加薪博弈

（张大志，《中国劳动保障报》，2012-06-29）

B公司是国内一家知名公司，有超过300人的研发团队。2011年，张×、刘×几乎同时进入公司北京研发中心。张×被分配到测试组、刘×被分配到开发组。一年之后都被提升为组长，底薪由刚进公司时的4 500元涨到5 500元。整体而言，底薪与行业水平相比偏低，两人都有加薪意愿。人力资源经理赵×分别与他们进行沟通。

张×直截了当提出加薪：“现在工作辛苦、项目压力大，薪水却只是同业平均水平的一半。我要求涨工资。至少每月1万。否则，劳动合同下月到期，我就不再续签了。以我的实力，肯定能找到合适的工作。不过，我还是希望……”

“等一下”，赵×拿起电话打给研发总监何×，“何总吗？张×合同下月到期，他不准备续签。是否有工作需要交接？何时可以给他办理离职手续？”得到技术总监本周即可安排离职的答复后，赵×转向张×：“谢谢你对公司的贡献。既然你准备辞职，我会请人力专员协助您请尽快做好工作交接。”

刘×拿到3家公司明确意向后，约人力资源经理面谈，提出月薪增加到9 000元。

赵×表示公司认可刘×能力，但其提出的加薪幅度过大，无法满足，希望他再多考虑一下。一来公司还有其他奖金补贴，不能只看基本工资。二来作为重点培养对象，公司很重视刘×，未来职业发展前景好。

刘×认为："奖金补贴并不稳定。现在有一家公司希望我加盟，月薪 11 000 元，福利也比较齐全。我现在负责公司两个最重要的项目。我对公司还是很有感情的，希望留下……"

考虑再三，公司满足了刘×的加薪请求。与此同时招聘两个组长"减轻他的工作压力"，实际上是培养接替刘×的后备人选。合同到期后，公司没有和刘×续约，由后备人选接手其工作。

分析：

公司欢迎员工主动沟通，但不能接受员工要挟。此例一开，其他员工可能会效仿，让公司无法管理。历史上类似的例子也很多：韩信在刘邦被围、等待自己救援时，要求刘邦封自己为王，刘邦不得已答应。但汉朝统一天下之后，韩信最终被诛夷三族。在上述事例中，公司虽然在当时的客观情况下，不得已同意了刘×的加薪要求，但马上就开始找人接替他的工作。

员工必须认识到，公司是否给员工加薪，不在于员工觉得自己应该拿多少，也不是员工在其他公司能拿多少，而是公司花多少钱可以招到替代他的新人。如果你确实有能力，也能做出业绩，公司又没有给予合理的市场薪酬，和公司沟通一次，公司没有积极行动，就直接跳槽，不要再找公司。此外，不要与公司公开博弈，没有任何用处，反而会在圈子内传出一些真真假假对你不利的消息，其他公司也不可能去核实，影响自己今后去其他公司应聘。

4. 小公司员工集体逼加工资处置办法

（酷酷的法拉利，天涯社区，2005-07-15）

我是一个小公司老板，某天员工突然集体要求我把所有人的工资都提高 30%，如果我不答应的话，他们就全部走人。一般员工工资我都开到 3 000 元以上了，业绩优秀员工开到 7 000 元以上，在当地已属于高水平。本不想理他们，可是现在很难一下子招到这么多熟练的员工，而且即使招到，也需要花很多时间来培养。

我到底该答应他们的要求，还是重新再去招聘？

对策：

此例绝对不可开。不可以答应员工的"逼宫式"要求。公司暂时关门，手上的订单转到其他公司，向客户说明情况，宁愿损失一笔利润。否则员工尝到"逼宫"的甜头，会时不时再来一次，让公司没法稳定经营。

基本策略：员工分类、各个击破。员工其实可分为几类：首先，带头的当然是说服尽可能多的员工参加"逼宫"，以增加"逼宫"成功率。其次，想加工资但不带头，此类人占多数，小算盘是大家都参与，自己不参与，以后很难融入，另外法不责众，自己不是带头的，"逼宫"失败自己责任也不大，有带头的扛着，万一成功，自己的好处也没少。

具体操作：以开茶话会、聚会等形式开诚布公、真诚平等地与员工交流，是否真诚、平等，员工很容易感受到。感谢他们对公司的贡献，摆出数据，证明公司薪酬在当地已经属于不错。同时，针对少数带头的人制造舆论，比如“他能够带头闹事，是因为已经找好了退路”等。给多数员工表态只解聘带头的，其他人员不追究。同时开始对外招聘或者转移订单，给多数员工施以压力，表明公司不会屈服“逼宫”。此外，提前终止与少数几个带头员工的合同，动作要快，尽快把“逼宫”带头者送走。稳定下来后，对少数工作较认真、业绩不错、没有参加“逼宫”或者“逼宫”中处于观望、不活跃的员工加薪，对于个别“逼宫”事件中表现活跃的非带头员工到期不再续约。

5. 深圳某公司调薪规则设计

（戴天宇，清华大学深圳研究生院中旭管理制度设计中心主任）

深圳××公司是一家生产遥控器的公司，以前的工资制度体系照搬惯例“基本工资+浮动工资+加班工资”。生产人员基本工资占 70%，浮动工资占 30%；非生产人员基本工资占 80%、浮动工资占 20%。基本工资又按岗位、职级、学历、技能等因素设置一堆等级，如行政五档、技术六档、生产七档之类。浮动工资则根据每月工作绩效来确定，奖勤罚懒。

上述制度运行数年后，公司发现了暴露出的数个问题：① 基本工资往往是“谈”出来的，而不是“干”出来的。谁在入职前会写简历，会坐地要价，基本工资就会高，之后的浮动变化都以此为起点，老实人吃大亏、吃长亏。② 基本工资只能升不能降。入职年限越长，基本工资越高，又回到了论资排辈的老路上。③ 浮动工资考核指标一大堆，采用加权计分，员工挑肥拣瘦，对容易完成的指标超额完成，难以实现的指标差一些也没关系，加权计算后考核照样通过，绩效工资照样拿全额。④ 德勤能等一些考核指标很容易受主观印象和人情关系影响，明明绩效不同，但是德勤能其他几个指标评分不错，平衡一下，考核总分没多大区别，成了另一种形式的大锅饭。

公司找到我们，经过潜伏式调研、系统设计、可行性检验和参与式实施等过程，最终形成方案。

首先，对整个企业的业务流程、工作流程、管理流程进行梳理和简化，使之清晰明了。对各部门实行关键指标考核，一个关键指标只考核一个部门，如交货及时率只考核物控部门，质量合格率只考核质控部门。如果受罚部门能提交证据证明本部门负责的考核指标未能完成是另一部门造成的，则扣罚由另一部门承担。如此消除一个指标考核多个部门，考核压力不够大，互相扯皮的现象。

其次，绩效考核以部门为单位、以部门工资总额为基数进行。该部门业绩超过考核基准，就按一定比例予以奖励，反之扣罚。由于部门经理更了解员工的努力情况，奖罚金额由部门经理分配，分配结果张榜公布。为防止部门经理滥用分配权，规定如果该部门半数以上员工对分配结果不满，可联合向总经理提出异议。一年发生两次，则撤销该经理职务。连自己部门奖惩与分配公平的基本管理都做不好，不撤你撤谁?

再次，基本工资也要动起来。具体办法如下：

（1）对于员工，连续半年或在一年 8 个月当中，如果其所获奖金，每个月都达到或超过其工资的 10%，则晋升一级工资（10%）；反之，如果所受扣罚，每个月都达到或超过其工资的 10%，则降低一级工资（10%）。

（2）对于部门经理，如果其负责部门连续 4 个月或一年 6 个月当中，所获奖金总额，每个月都达到或超过其部门工资总额的 10%，则晋升一级工资（10%）；反之，如果所受扣罚总额，每个月都达到或超过其部门工资总额的 10%，则降低一级工资（10%）。

（3）工资浮动每季度调整一次，上不封顶，下以深圳市最低工资为底线。

最后，与之相配套，为每位员工提供公平晋升机会。晋升制度安排如下：

（1）一个岗位出现空缺时，首先在内部公开招聘，不限职级、不限岗位，清洁工也可以应聘部门经理。内部招聘不成，方对外招聘。当然内部招聘有一个限期。

（2）内部招聘实行员工自荐、上级主管审核举荐相结合，如该员工经考核通过及 3 个月试用期后正式就职，则将其 3 个月工资新增部分奖给举荐人。

经过数轮考核后，业绩较差员工不用公司辞退，由于收入低，自然会主动走人。

投入运行一年后，员工数没变，工资总额增长 21%，销售额增长 1.4 倍，客户满意度达到前所未有的 99%。

讨论：

1. 该方案设计的亮点有哪些？

2. 该方案适用于何种公司？

第 9 章　福利管理

学习目标

1. 了解福利的概念和特点。
2. 了解福利的构成。
3. 运用本章知识进行福利方案设计与管理。

员工福利是公司在工资收入之外，与工作关系不大、向员工本人及其家属提供的实物及服务（如托儿服务），是企业薪酬管理的重要组成部分。

根据福利范围可以分为：① 国家性福利，在全国范围内以社会成员为对象而举办的福利事业。② 地方性福利，在一定地域内以该地区的居民为对象的福利事业，如广西三月三的假期，就属于广西地方性福利。

根据福利的内容可以分为：① 法定福利，政府通过立法要求企业必须提供的，如社会养老保险、社会失业保险、社会医疗保险、工伤保险、生育保险等。② 企业福利，用人单位为了吸引人才或稳定员工而采取的福利措施，如工作餐、工作服、团体保险等。

根据享受福利的范围不同，可以分以下两种：① 全员性福利，全体员工可以享受的福利，如工作餐、节日礼物、健康体检、带薪年假等。② 特殊群体福利，往往是针对企业做出特殊贡献的技术专家、管理专家等核心人员。

2009 年财政部下发《关于企业加强职工福利费财务管理的通知》规定，企业职工福利费是指企业为职工提供的除职工工资、奖金（Bonus）、津贴（Allowance）、纳入工资总额管理的补贴、职工教育经费、社会保险费、住房公积金、补充养老保险费（年金）、补充医疗保险费以外的待遇支出。该通知还明确福利包括发放给职工或为职工支付的以下各项现金补贴和非货币性集体福利：

（1）为职工卫生保健、生活等发放或支付的各项现金补贴和非货币性福利，包括职工因公外地就医费用、暂未实行医疗统筹企业职工医疗费用、职工供养直系亲属医疗补贴、职工疗养费用、自办职工食堂经费补贴或未办职工食堂统一供应午餐支出、符合国家有关财务规定的供暖费补贴、防暑降温费等。

（2）企业尚未分离的内设集体福利部门所发生的设备、设施和人员费用，包括职工食堂、职工浴室、理发室、医务所、托儿所、疗养院、集体宿舍等。

（3）职工困难补助，或者企业统筹建立和管理的专门用于帮助、救济困难职工的基金支出。

（4）抚恤费、职工异地安家费、独生子女费、探亲假路费，以及符合企业职工福利费定义但没有包括在本通知各条款项目中的其他支出。

9.1 福利的概念与特点

员工福利是为了满足员工身心健康、生活与工作中的某些需要，但是与业绩没有直接关系的需要。

福利与工资的区别在于：① 与员工付出劳动的联系不大。工资特别是业绩工资与业绩挂钩力度较大，福利与业绩挂钩力度较小。企业的福利总量与企业效益挂钩，但与个人业绩挂钩力度相对较小，同业绩挂钩的是薪酬中的浮动薪酬部分。② 工资一般情况下要纳税，福利可税前提取，可以免税。③ 工资是刚性的，福利是柔性的。用人单位有劳动报酬分配权，对于福利待遇，除法定福利外，其余福利完全由公司规章制度规定，法律基本上不干涉。④ 支付形式不同。工资只能采用货币形式支付，不得以实物形式支付。员工福利则几乎不用货币形式，而普遍采用实物或者服务形式。⑤ 支付周期不同。工资一般按月支付，福利则不一定。

福利与津贴的差异在于：财政部《关于企业加强职工福利费财务管理的通知》（财企〔2009〕242 号）规定，企业为职工提供的交通、住房、通信待遇，已经实行货币化改革的，按月按标准发放或支付的住房补贴、交通补贴或者车改补贴、通信补贴，应当纳入职工工资总额，不再纳入职工福利费管理。以此规定看，与劳动保护相关的补贴并非福利。

福利的特点是：① 补充性，即福利是员工工资收入的一种补充形式，用以改善员工家庭生活的一种辅助性措施。② 多样性，即员工福利的给付形式包括实物以及各种服务，且名目繁多，而基本薪酬项目比较简单。③ 相对平均，除个别违纪或者考核不佳的员工外，绝大部分员工均有享受各种福利的平等权利。由于员工收入有差距，差距过大可能会对员工的积极性和企业的凝聚力产生不利影响，员工福利的均等性特点在一定程度上起着平衡公司内部收入分配差距的作用。当然，均等性是对企业一般福利而言的，一些高层次福利必然差别对待，如对于高管和有突出贡献的骨干员工，公司提供住房、专车和额外休假等高层次福利待遇。④ 部分强制性，即员工福利中某些项目的提供受国家法律的强制性约束，如基本社会保险、法定休假等。

9.2 福利出现的原因

9.2.1 缓和劳资矛盾

欧美企业福利的源头是工作福利运动、福利资本主义，又称“私人福利资本主义”。19 世纪中叶，欧美国家内部解决工人贫困问题存在不同思路。

工人阶级内部，出现两大派别：① 主张暴力革命、将私有制改为公有制，工人夺取政权，控制国家机器，此时的国际无产阶级组织为第二国际。② 议会斗争派即所谓修正主义，该派在第二国际之外成立第三国际。开山鼻祖是伯恩施坦（1850—1932），继任者与发展者是考茨基（1854—1938）。该派反对暴力革命，主张工人阶级与资产阶级合作，通过议会选举方式夺得政权，和平进入社会主义。

资本家内部，出现主张改善工人物质待遇，从而缓和劳资矛盾的观点。在欧洲，德国俾斯麦推动国家建立社会保障制度，之后为诸多欧洲国家效仿，此外欧洲国家也逐渐给予工会更多权利，如德国企业治理层中有工人代表等。在美国，由于文化历史传统原因，政府主导的社会福利与工会组织没有和欧洲一样活跃，而更多的是资本家中的一部分改良派自发地改善工人福利。19 世纪末期到第一次世界大战爆发，为应对当时的劳资关系危机，个别大公司为改善公司员工的家庭和工作生活，为工人提供不属于工资的福利，到 20 世纪 20 年代形成一场有影响的福利资本主义运动[46]。当然，当时覆盖率并不广，仅限于数百家大公司，但由于大公司具有强烈的示范性，故影响较大。

9.2.2 提升雇主品牌

一定水平的福利可以在一定程度上缓解过于赤裸裸的雇佣与被雇佣关系，中国有句老话“礼轻情意重”。通过福利，即使归根到底仍然是出于商业利益考虑，但至少有温情脉脉的面纱。因此，企业提供福利的另一个重要原因在于提高企业声誉和雇主品牌，有利于吸引人才，提高招聘效率与质量。

1984 年美国《财富》杂志发起美国最佳雇主（Best Employer）评选活动，是世界上首次雇主品牌评选活动。1988 年瑞典 Unviersum 公司成立后，在欧洲进行雇主品牌评选活动。

2005 年 CCTV 经济频道与智联招聘举办中国最佳雇主评选活动，是我国首次由本土主流媒体主办的大规模最佳雇主评选活动。现在，CCTV、国内代表性招聘网站（智联招聘等）、翰威特、华信惠悦等国内外众多机构都组织各种中国最佳雇主评选活动。

9.2.3 合法避税

利用福利避税是很多美国公司发放高福利的重要动因，低工资、高福利成为许多美国公司合法避税的策略。

谷歌公司福利水平很高。据《福布斯》杂志报道，谷歌首席产品官 CPO（Chief Product Officer）把首席技术官 CTO 和首席市场官 CMO 合二为一，将产品研发更直接有效地建立在市场调查、用户体验基础上，减少过去经常出现的市场、技术两个部门扯皮现象。拉兹洛·巴克接受访谈时透露，谷歌去世员工的配偶或者同居伴侣可支领半薪 10 年，子女还能按月领取零用钱。该福利与入职时间长短无关。为此，《财富》杂志在“你最值得为之工作的 100 家公司”榜单中，将谷歌列为“最值得工作的第一家公司”。

谷歌高福利需要的巨额经费从何而来？美国旧金山税务律师罗伯特·W. 伍德撰文指出，谷歌其实几乎不用额外花钱。《美国联邦税法》第 79 条规定，如果雇主承担每年

5 万美元以下的长期寿险，则国税局将会给雇主以相应的税务豁免，社保、医保方面也有税务优惠，对此 IRS Publication15-B 表格第 14 页有详细说明。简单地说，谷歌给员工高福利，国税局则给谷歌高额扣税优惠，经费由此而来。

当然，对谷歌高福利持不同意见者也不在少数。《亚特兰大宪法日报》网站论坛一些留言指出，伴随谷歌高福利的是低工资、低股息。同样的工作，谷歌员工薪酬只有微软员工的 1/3 左右。

9.3 福利类型

9.3.1 法定福利

法定福利是指国家通过立法强制实施的员工福利项目，包括社会保障和各类法定休假制度。

社会保障是指国家通过立法手段建立，保障劳动者在遭遇年老、疾病、伤残、失业、生育等风险和事故，全面或部分丧失工作能力和生活来源的情况下，能够享受国家和社会给予的物质帮助，维持其基本生活水平。其具体项目如下：

三险一金：三险指基本养老保险、医疗保险、失业保险，一金指是住房公积金。

五险一金：五险指养老、失业、工伤、医疗、生育保险，一金指住房公积金。

七险一金（2018 年人力资源保障部和财政部联合印发《企业年金办法》后，又称六险二金）：养老、失业、工伤、生育、医疗、大额救助险（补充医疗保险）、补充养老保险（企业年金）、住房公积金。其中企业补充养老保险（企业年金）是指企业按规定缴纳基本养老保险费后，提供基本养老金之外的补充养老金。大额医疗费用指参保职工在一个医保结算年度内，符合基本医疗保险范围内累计发生的医疗费用，统筹基金最高支付限额以上的部分由医疗保险经办机构作为总投保人，代表全体参保职工集体向商业保险公司投保。

五险一金缴费比例是动态调整的，国务院会随国家宏观经济情况而调整缴费率。有些项目各地规定比例也不同。目前五险缴费比例是：养老保险总费率 28%（单位缴费 20%、个人缴费 8%），医疗保险 8%（单位缴费 6%、个人缴费 2%），失业保险费率 2%（单位个人比例各省自定），工伤保险和生育保险由单位缴费、个人不缴费，工伤保险平均费率为 0.75%，生育保险平均费率不超过 0.5%。

1. 养老保险

当劳动者达到法定退休年龄，由社会提供养老金，保障其基本生活，根据 1997 年国务院颁发的《国务院关于建立统一的企业职工基本养老保险制度的决定》建立。我国养老保险方式包括：基本养老保险、补充养老保险、个人储蓄性养老保险。

基本养老保险又称国家基本养老保险，由国家统一政策强制实施。我国当前基本养老保险采取统账结合管理模式，参保单位和个人分别按照工资总额 20%和 8%的比例缴纳，分别参加社会统筹和存入职工个人账户中，缴费满 15 年并达到退休年龄者可以领取养老金。

补充养老保险又称企业年金、商业养老保险，指企业在参加国家基本养老保险的基础上，依据国家政策和本企业经济状况建立，旨在提高职工退休后的生活水平，是国家基本养老保险的补充。补充养老保险由国家宏观指导，企业内部执行。补充养老保险实行市场化运营和管理，建立完全积累的个人账户。补充养老保险的缴费比例，单位缴费部分不超过工资总额的 1/12，单位、个人缴费总计不超过工资总额的 1/6。最新要求可以询问公司所在地人社部门、税务局。

个人储蓄性养老保险是由职工自愿参加，自愿选择经办机构的补充养老保险。职工个人根据自己的工资收入情况，按规定缴纳个人储蓄性养老保险费，计入当地社会保险机构在有关银行开设的养老保险个人账户，并按不低于或高于同期城乡居民储蓄存款利率计算。

2. 医疗保险

国务院 1998 年颁发《关于建立城镇职工基本医疗保险制度的决定》，城镇职工基本医疗保险制度的基本原则是坚持“低水平，广覆盖”。基本医疗保险费由用人单位和职工双方共同分担。基本医疗保险基金实行社会统筹与个人账户相结合。基本医疗保险适用于一切城镇用人单位和职工，原则上以地市级为统筹层次，确有困难也可以县为统筹单位。职工个人缴纳的保险费全部计入个人账户，用人单位缴纳的保险费一部分用于建立统筹基金，一部分划入个人账户。

3. 失业保险

失业保险对因失业而暂时中断收入的劳动者在一定时期内提供基本生活保障，目前的主要法律依据是 2011 年起实行的《社会保险法》、2018 年实行的《失业保险条例》。

失业保险金由单位和职工共同缴纳。2015 年国务院将失业保险费率由之前的 3%降至 2%，单位和个人缴费的具体比例由各地在充分考虑提高失业保险待遇、促进失业人员再就业、落实失业保险稳岗补贴政策等因素的基础上确定。

失业保险基金的支付范围包括：失业保险金，领取失业保险金期间的医疗补助金，丧葬补助金和抚恤金，接受职业培训和职业介绍的补贴等。

《社会保险法》第四十六条规定：失业人员失业前用人单位和本人累计缴费满一年不足五年的，领取失业保险金的期限最长为十二个月；累计缴费满五年不足十年的，领取失业保险金的期限最长为十八个月；累计缴费十年以上的，领取失业保险金的期限最长为二十四个月。重新就业后，再次失业的，缴费时间重新计算，领取失业保险金的期限与前次失业应当领取而尚未领取的失业保险金的期限合并计算，最长不超过二十四个月。

《社会保险法》第四十七条规定，失业保险金的标准，由省、自治区、直辖市人民政府确定，不得低于城市居民最低生活保障标准。

《失业保险条例》第十四条规定了可以领取失业保险金的人员，如果劳动合同没到期，员工主动辞职，则不符合条例第十四条规定的“非因本人意愿中断就业的”条件，员工不得领取失业保险。为此，员工辞职理由应参照《劳动合同法》第三十八条、《劳动合同法实施条例》第十八条规定的情形提出，包括单位不按法定期限签劳动合同、不按国家规定安排劳动时间、不按时足额支付劳动报酬、加班不给加班工资、收取押金、不按时为劳动者建立国家法定的社会保险等。按上述理由辞职，不但可以领取失业金，还可依据《劳动合同法》第四十七条的规定要求公司，支付每满一年一个月工资的经济补偿金。

4. 工伤保险

与养老保险、医疗保险、失业保险不同，工伤保险费只由企业缴纳，员工个人不缴纳。

工伤保险实行不究过失原则。根据该原则，劳动者在负伤后，不管过失是否在于劳动者一方，劳动者均可获得工伤保险补偿。

工伤保险实务操作需要注意两点：

（1）注意保存证据，如上下班时被撞，应该马上报警，由警察记录并拍照采集证据，处理完后警察开具事故鉴定书，拿着事故鉴定书去单位报工伤。如果出事不报警、不拍照留证据、没有事故鉴定书，很难被认定工伤。

（2）一个月时效问题。如遭遇工伤，应尽快把警察出具的证据和事故鉴定书、看病或住院病历等交给单位，要求单位去事故鉴定中心做工伤鉴定。如果单位不去鉴定（可能是遗忘或者有意拖延），则书面要求（或者有其他法院采信证据，如手机录音等）单位出具书面同意，自行鉴定，否则工伤发生超过一个月后再做鉴定视为无效。当然，证据和事故鉴定书、看病或住院病历等最好自行保留原件，或者拍照复印后要求单位出具收到原件证明，防止个别无良单位收走原件后不承认或者因疏忽大意而丢失原件材料，对劳动者造成无法弥补的损失。

5. 生育保险

生育保险是国家立法对生育子女期间暂时丧失劳动能力的职业妇女给予一定经济补偿、医疗服务和生育休假福利的社会保险制度。

生育保险的内容包含：① 产假，通常是产前和分娩后的一段时间。② 生育补贴，在法定的生育休假期间，对生育者工资收入损失给予一定的经济补偿。③ 生育医疗服务，生育保险承担与生育有关的医疗服务费用，从女职工怀孕到产后均享受一系列的医疗保健和治疗服务，如产前检查、新生儿保健等。

《社会保险法》明确规定生育保险属于法定强制保险。职工不需要交纳费用。男职工的配偶如果没有参加生育保险，可以用男职工社会保险卡报销生育医疗费，但报销费用只能是女职工的一半。

2018 年我国启动医疗保险、生育保险合并管理改革。合并并非取消，生育保险仍然存在。合并原因是：① 医疗保险基金在某些城市存在入不敷出现象，而生育保险有结余。② 孕前检查、产检到分娩都属于医疗行为，纳入医保方便管理。欧美国家没有单独的生育保险，而是直接纳入医疗保险。③ 合并后可以降低管理成本，报销更便利。

6. 住房公积金

一些用人单位认为住房公积金没有强制性，可缴可不缴，还有的单位认为单位自身已向员工提供单位住房福利、住房补贴等，可以代替住房公积金。但是，《住房公积金管理条例》明确规定，单位录用职工的，应当自录用之日起 30 日内到住房公积金管理中心办理缴存登记，单位应当按时、足额缴存住房公积金。逾期仍不办理的，可以处一万元以上三万元以下的罚款。"应当"在法律上为"必须""强制"之意。

7. 法定休假

《职工带薪年休假条例》自 2008 年起施行，主要条款如下：

第三条　职工累计工作已满 1 年不满 10 年的，年休假 5 天；已满 10 年不满 20 年的，年休假 10 天；已满 20 年的，年休假 15 天。

国家法定休假日、休息日不计入年休假的假期。

第四条　职工有下列情形之一的，不享受当年的年休假：

（一）职工依法享受寒暑假，其休假天数多于年休假天数的；

（二）职工请事假累计 20 天以上且单位按照规定不扣工资的；

（三）累计工作满 1 年不满 10 年的职工，请病假累计 2 个月以上的；

（四）累计工作满 10 年不满 20 年的职工，请病假累计 3 个月以上的；

（五）累计工作满 20 年以上的职工，请病假累计 4 个月以上的。

2010 年实行全国社会保险异地迁转。在此之前不管在何处缴社保费，退休都回户口所在地享受当地的退休待遇，对于在基数高的地方交社保，退休回基数低的地方享受养老金的人群自然不合理。同时，全国几乎所有省份都不接受在基数低的地方缴社保，退休的时候回基数高的地方享受当地高养老金。当然，一些省份有妥协规定，如南京允许退休前 5 年从缴纳基数低的地方转回南京，在南京继续缴 5 年南京的高基数后可以回南京享受养老金。

2019 年起社保改由税务部门征收。为了应对中国人口老龄化不断加剧、社保支出速度大于收入的局面，需要加强社保征缴力度，2018 年国务院出台的《国税地税征管体制改革方案》明确，从 2019 年元旦起，基本养老保险费、基本医疗保险费、失业保险费等由原来税务部门代征转变为由税务部门征收。虽然仅是一字之差，但含义大不相同。以税务机关强大的征管能力和多种执法手段，再配合"金三"工程（"金税三期工程"的简称，该工程统一全国国税、地税两套系统，搭建全国统一纳税平台）大数据的综合利用，今后企业不缴、少缴社保现象将大大减少。

社会保险内容较多，从事该方面工作的读者需要另外购阅专门书籍细看。一些常见要点如下：

员工在试用期内同样享受社保。

征收基数是员工全部货币收入，以前很多公司按照基本工资、固定工资甚至按照所在地最低工资部分缴纳的做法属违法。

社会保险最低缴纳基数是当地最低工资，最高基数目前规定高于 3 倍当地人均收入就不再缴纳。

没有单位的自由职业者可以自己独立缴纳参加基本社会保险，但只能缴纳基本养老保险、基本医疗保险，由于没有单位缴纳部分，所得自然要少一些。当然，个人可以投保商业机构开设的各类养老与医疗保险。

各省缴纳比例往往不同，且国务院与各省出于企业减负之类的宏观经济调控考虑，有临时性、阶段性地调整缴费比例等相关政策，需要及时关注，如人力资源社会保障部、财政部发布《关于阶段性降低失业保险费率有关问题的通知》，决定自 2017 年 1 月 1 日起，失业保险缴费率为 1.5%的省（区、市），可以降至 1%。2018 年 4 月继续降低一年失业保险缴费率。

随堂阅读 9-1：为什么公司要给员工按最低基数缴社保?

（铸金速度，百度百家号，2017-03-27）

工资明明是 9 000 元，为何在缴纳保险时却按照最低参保基数缴纳？这是很多公司的“潜规则”，所有员工无论工资高低，一律按照最低参保基数缴纳社会保险。《2016 中国企业社保白皮书》披露，有超过 7 成的企业未按照职工工资实际核定社保缴费基数，其中 3 成以上的企业统一按最低基数缴费，社保缴费基数完全合规的单位仅占 25%。

为什么那么多单位的社保都是按最低基数缴纳的呢?

单位缴的比例比个人缴的多。北京单位缴的一般是个人缴的 3 倍！当然社保的缴费比例各个地区也不一样。举个例子，工资 5 000 元，坐标北京，假设缴纳社保，个人缴纳社保的总比例是 10.2%，也就是 510 元。而单位给缴纳的总比例是 32.3%，也就是 1 615 元。也就是说，如果公司不给员工缴社保，虽然个人每个月可以多“得”510 元，但是单位却省下了 1 615 元。

目前，一部分收入一般的年轻人和农村体力劳动者不愿意缴社保。对于一部分刚参加工作、收入又一般的年轻人，距离退休还早，用钱之处甚多，更在意当下能拿到多少钱，因此缴纳社保的积极性普遍不高。对于农村体力劳动者而言，主要原因有：① 在农村老家已缴有新农合保险，以后仍然回乡下领取新农合社保，而不是城市社保。② 工作频繁更换，异地社保提取不方便。③ 养老保险要缴满 15 年后并等退休才能领取，医保要缴 25 年并且不能中断。社保缴纳期限太长，年轻时作用不大，年老时又不确定。④ 工资低，一旦缴纳社保，所剩无几，甚至难以维持在城市的衣食住行、子女教育开支。⑤ 通货膨胀厉害，与其关心退休后的养老金，不如现在有现金在手。上述问题只能等待立法机构与政府出台新政策，目前即使员工向单位书面表示不需要公司缴社保也属于违法。

单位是否足额给员工缴纳社保，对于员工退休后的养老金待遇有决定性影响。如何查询社保是否被低缴？各地大同小异，以北京为例：第 1 步，搜索“北京市人力资源和社会保障局”，单击进入。第 2 步，找到右侧“社保电子证明查询打印”，点击进入。第

3 步，点击“社保个人权益记录”，依次输入社保编码、查询密码（初始值为身份证后 8 位）、验证码，然后点击右侧登录按钮。

当然，对于社保缴存确有困难的企业，经法定程序后，可以申请缓缴或降低缴存比例。以住房公积金为例，上海市 2010 年的规定是：申请降低住房公积金缴存比例或缓缴住房公积金的单位，应是经济效益差，且单位职工月平均工资水平等于或低于上一年全市职工月平均工资 60%；新设立的单位（自设立之日起两年内）申请降低缴存比例或缓缴住房公积金，应是生产经营不稳定，且单位职工月平均工资水平等于或低于上一年全市职工月平均工资 80%。申请程序是：由企业法定代表人商同级职工代表大会或者工会讨论同意（单位无职工代表大会或工会的，由全体职工签名同意）向上海市公积金管理中心提出申请，经审核后，报上海市住房公积金管理委员会审批。

随堂阅读 9-2：带薪年假

中国 2008 年施行《职工带薪年休假条例》与《企业职工带薪年休假实施办法》。少数公司积极实施，如厦门空港集团推行强制休假，一是促成企业运行规范化；二是休息充电，减少慢性工作压力过大现象。但是，由于多数企业利润不佳，再加上中国劳动执法力度还需要提高，因此落实情况在一般公司中并不理想。

若干国家、地区带薪休假情况如表 9-1 所示。

表 9-1　若干国家、地区带薪休假情况

国家/地区	带薪年休假	节假日
中国内地	职工累计工作已满 1 年不满 10 年的，年休假为 5 天；已满 10 年不满 20 年的，年休假为 10 天；已满 20 年的，年休假为 15 天	全年有元旦、春节、清明、五一、端午、中秋、十一共 7 次节假日； 个别省市还有地方性节假日，如广西有“三月三”2 天节假日
中国香港	7～14 天	香港将春节、清明、端午、中秋、重阳 5 个传统节日列为法定假日
中国台湾	工作 1～3 年为 7 天，工作 3～5 年为 10 天，工作 5～10 年为 14 天，工作 10 年以后每年增加 1 天	
美国	除了临时工、小时工外，大部分职工都可以享受带薪休假。根据工龄、职位及职业等因素确定，工龄是最重要的因素	除周末外，还有 10 个法定假日：新年、独立日、总统日、阵亡将士纪念日、劳动节、哥伦布日、退伍军人节、路德·金日、感恩节、圣诞节
英国	英国法律规定 20 天带薪假日，实际度假日平均为 25 天	不少节日安排在周五或周一，3 日连休
日本	除星期六和星期天休息，每月基本上还有一两个假日，日历为红色，叫“红日子”。 对于受雇连续一年，而出勤率达 80%以上的员工，雇主应给予职工 6 天有资假，最多不超过 20 天，一般由劳资合同具体规定	日本法定节假日 15 天。为刺激消费，日本 2000 年实行“幸福星期一制度”，一些节日定在星期一，周末与星期一 3 日连休

法国的假日较多。除周末两天休息日外，每年还有 11 天法定假日（元旦、五一、国庆、两次世界大战停战日、六个宗教节日），外加 5 周带薪年休，每年还有 12 天职业培训假。另外还有所谓“修桥”（Faire Ponte），如果某个法定假日与星期六、星期日中间只差一天，那就连上一起放假。一年中赶上三四个“桥”较常见。平均而言，法国人比英国人每年工作时间约少 200 小时，比美国人和日本人少将近 400 小时。2000 年年初为扩大就业，法国实施每周工作 35 小时，但是按 39 小时付工资政策，相当于每年又增加了 5 周带薪休假。在法国每到夏季，政府、议会、司法机构都会压缩工作时间，工作人员大都会休假。

中国法定休假天数要达到与欧洲相当的水平，还需要较长一段时间。有条件的公司将有薪假期安排在业务淡季，既不影响公司运转又能让员工享受福利。

9.3.2 企业自定福利

企业自定福利项目名目繁多，以下为一些常见的企业自定福利，供读者拓展思路。

（1）购房基金，主要包括房贷利息给付计划和住房补贴。前者是针对购房员工而言的，指企业根据其内部薪酬级别确定每个人的贷款额度，在向银行贷款的规定额度和规定年限内，贷款利息由企业支付。后者指无论员工购房与否，企业每月按照一定的标准向员工支付一定现金，作为员工住房补贴。2011 年腾讯花费 10 亿元启动安居计划，为在腾讯工作满 3 年的一线城市基层员工，提供免息贷款 20 万 ~ 30 万元，每年还款一次，无须担保。同年，阿里巴巴推出 iHome 计划，向员工提供 30 亿元无息住房贷款。服务期限满 2 年，在工作地首套住房都可申请贷款。服务期限 2 年以上、3 年以下的员工，贷款额度上限为 20 万元；3 年以上的员工，贷款额上限为 30 万元。上海贝尔公司员工平均年龄约 30 岁，购房置业是首要考虑问题，故公司推出无息购房贷款，给员工购房助一臂之力，员工工作满规定年限，此项贷款还可以减半偿还，公司直接转账给房贷公司，员工一旦有违约行为，立即停贷，以使公司风险最小化。

（2）健康保健计划。由于社会医疗保险的范围和程度有限，健康保健计划客观上为企业建立补充医疗保险留下了空间。目前，我国企业的补充医疗保险计划基本上都是针对基本医疗保险费支付封顶线（社会平均工资的 4 倍）设计的补充保险计划，支付封顶线以上的医疗费用开支。

（3）急难救助基金，帮助生活困难和患重病的员工。艾美特电器（深圳）有限公司于 1973 年在台湾创立，1991 年在深圳设立生产基地，电风扇生产量世界排名第二，电暖器生产量世界第一。公司从 2001 年开始设立购房基金，进厂 2 年以上、家庭收入每月 1 600 元以上的员工，无论是在深圳还是在老家买房，都可以向基金申请 5 万 ~ 10 万元的无息借款，2 ~ 3 年内还清。2004 年公司设立急难救助基金，以帮助生活困难和患重病的员工。在艾美特，工作 10 多年的员工比比皆是，不少员工是一家人都在同厂上班。

（4）组织旅游。Site International Foundation 和 Incentive Travel Council 的一项调研显示，96%的员工认为旅游福利最有诱惑力，不过集体旅游最大的问题是员工感兴趣的旅游目的地未必一样，不同的人想去不同的地方，当然也可以分团旅游。

（5）教育资助。三星公司职工子女上大学的学费可由公司报销。安永中国鼓励员工参加 CPA 注册会计师考试，给予一定复习假期，假期间发放全额工资。阿里巴巴于 2011 年成立 5 亿元教育基金，解决员工子女的学前和小学教育问题，同时给基层员工发放超过 4 000 万元的一次性物价和子女教育补贴。海底捞店面经理 3 岁以下孩子随本人生活的，每月发放 300 元补助，店长小孩每年额外发放 12 000 元教育津贴。

（6）出差保险。毕博管理咨询公司为员工购买公务出差保险，员工在公务出差时自动受保，如在公务期间发生意外事故，此保险计划将根据受伤或损失程度为员工的家人提供最高不超过 6 万元年薪的公务出差保险补偿。

（7）免费早餐。一名前 Google 员工为微软关于如何更有效地在招聘和留住员工方面与 Google 竞争的建议中有一条是提供免费食物。在上午 8：30 提供早餐会促使员工更早地上班。当然，前提是早餐质量过得去，否则适得其反。

（8）午餐福利。吃是人生永恒的主题，格子间人类的午餐选择有限、价格偏贵，质量普遍不佳，不吃又不行。某些大公司的午餐却全然不同——自助餐台、落地长窗、菜样日日翻新，鸡鸭鱼肉、瓜果蔬菜、冰点冷饮、甜点蛋糕样样齐全。阿迪达斯纽约总部的餐厅外是澄澈的湖水，背后是草坪和树林，餐厅中央是一个外形简约的自助式餐台，当季新鲜水果任享。金茂君悦酒店的员工可以天天吃星级水平的午餐，还能一边欣赏城市风光。

（9）健康管理，为员工提供体检福利。某家动漫创意公司因员工大多从事软件设计、文案创作等工作，不少人得了颈椎病，公司便请专业的按摩师定期为员工按摩。

（10）人体工学椅。让员工尤其是需要长时间坐在椅子上工作的员工更舒服，身体更不容易受到损害，最典型的如程序员、设计师等。

（11）家庭成员津贴。海底捞领班以上员工的父母，每个月能领取海底捞发的工资。子女工作表现越好，父母拿得越多。

（12）提供各种员工本人感兴趣的培训，而不是公司要求的培训。

（13）公司派车接送上下班。中兴公司“西京”时代（注：指中兴公司研发中心设置在西安的时间段）员工满意度很高，因为无论下雨下雪、冬天夏天，都可以坐公司的专门大巴上下班，而不用挤公交上下班。

（14）工作 10 周年奖金。据 Hewitt Associates 调查，75%的美国公司在员工在本公司工作 10 周年纪念日时会送价值 50 美元以上的礼物，67%的雇主还会为员工开派对。

（15）安排运动项目。为员工订写字楼附近体育馆的羽毛球场，或者发放健身卡、游泳卡等。

（16）夫妻学习项目。东京萨米特超级市场总店设有夫妻共赴国外研修制度，旅费由公司支付一半，回国后职工家属需提交生活体验报告书。

（17）家居用具。一家企业的口号是“爱生活、爱工作”，端午节给男性员工每人发一套勃兰匠记园林工具、一提粽子，给女性员工每人发一套刀具外加一提粽子。

（18）移动医疗与上门看病，即公司派遣医生前往员工家中进行急诊，尤其是对小孩发烧等常见的急诊项目。

（19）瞌睡时间。Novius 公司专门为员工开辟一间打盹室，所有员工可享受每天 20 分钟的瞌睡时间。两年时间里，在打盹室享受小睡和按摩的员工超过 1 万人次。其总裁布莱顿认为，20 分钟小睡不算多，睡醒后却能提高 34%的注意力和 25%的工作效率。

（20）日本欧姆龙公司规定，员工 35 岁、45 岁、53 岁生日后，或担任管理干部 5 年之后，有 3 个月的“人生调整假”。

（21）2012 年光棍节成都某公司颁布两项新福利：恋爱奖金和失恋假期。员工入职半年后即可享受，每人最多有两次机会。恋爱成功的单身男女，可获得 1 112 元恋爱奖金（由 1 111 + 1 得来，双数意味“脱单”）。考虑到失恋的员工精神状况不佳，影响工作效率，在员工失恋的一个月内可提出带薪休假两天。东京一家女性市场调研公司有“失恋休假”制度。该公司提交给东京劳动标准监督署的就业准则写道：“如果因失恋造成难以从事工作的未婚职员提出申请，每年可以给予一次假期。”25 岁以下可有 1 天、30 岁以上可有 3 天的有薪假期。

（22）公租房福利。三只松鼠位于安徽芜湖，对于异地来芜湖工作的员工，三只松鼠专门向政府申请公租房，不仅租金低，还安排工作人员专门管理，物业也不用员工操心。对于想要买房的员工，在公司服务 2～3 年且达到一定岗位级别，可享有 3 万～16 万元的免息免还款住房基金，可用于买房或者装修。

2010 年北京外企人力资源服务有限公司（FESCO）开展了一次“最受员工欢迎的福利调查”。（见表 9-2）

表 9-2　最受员工欢迎的 10 项福利

福利名称	受欢迎程度
住房补贴	76.3%
派驻国外工作机会	74.5%
晋升机会	73.1%
休假及旅游补贴	71.5%
学历教育	70.2%
企业年金节假日、生日等重大事件庆祝类补贴	68.0%
商业补充养老保险	67.7%
各类员工感兴趣的培训	67.7%
子女教育储蓄型保险	66.9%

调查中高居第一的是住房补贴。目前，“餐饮补助”“交通补助”“房屋采暖”“防暑降温补助”在企业中的实践相对普遍。本次调查主要是在北京进行，北京房价与房租均较高，故调查中 76%的员工认为最重要的补贴型福利是“住房补贴”，实属意料之中。

不同年龄段、不同经济收入、不同教育程度的员工，福利偏好差异明显。（见图 9-1）

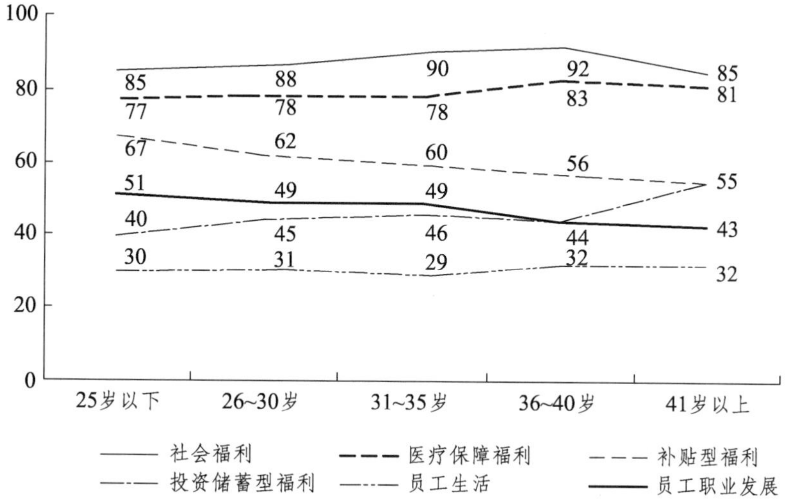

图 9-1 不同年龄段福利偏好差异

本次调查发现，高达 68%的员工希望得到培训，与此同时，仅有 35%的员工表示公司提供培训，供需相差 33%。

选择“弹性工作时间”“俱乐部活动”和“员工互惠平台”的员工比例均超过 60%，但是表示享受到的员工比例分别不到 20%，员工互惠平台甚至只有 9%。有条件的企业应该根据自身情况适度考虑弹性工作时间，推出一系列的员工生活福利等，以有效减缓员工压力，从细节上体现对员工的关怀，提高其工作积极性与工作效率。

9.4 福利管理基本原则

9.4.1 增加容易减少难

第 2 章提到，个体对损失的敏感性大于得到的敏感性。因此，增加福利要非常慎重，增加容易取消难。宾夕法尼亚大学沃顿商学院管理学教授南茜·罗思巴德（Nancy Rothbard）点评：“一旦你给了员工福利，再把它拿走就似乎违反了你和员工之间签订的心理合约。”取消福利可能让员工感觉不快，特别是与员工日常工作密切相关的福利。一些福利成本很低，但是取消却对员工工作生活方便性影响不小，一旦取消，员工反弹很大，管理者必须深谙人性与心理学。

2004 年夏季，微软西雅图总部的员工突然发现地下车库旁边衣帽间的免费毛巾没有了。在时任微软人力资源经理的安妮·英斯明格尔看来，取消免费毛巾“并不是什么大事”，几条毛巾也不值多少钱，对于高薪的微软员工来说不值一提。但是，西雅图经常细雨蒙蒙，对于大批冒着细雨上班的员工来说，衣帽间的免费毛巾虽然便宜，但是解决了一个非常实际的需要，非常有用。员工们通过博客发泄不满，并向董事会写信。一名员工讥讽道：“这样做可能会使微软股价上涨 0.000 001%。”但是，安妮·英斯明格尔却说：

"好像我们拿走了他们90%的基本工资一样。"显然，安妮·英斯明格尔不适合担任人力资源管理总监职务，因为完全不了解人性，同时过于自我与固执己见，不愿意根据实际情况调整管理措施。新任人力资源管理总监布鲁梅尔上任后马上在车库衣帽间恢复提供免费毛巾。

类似地，Google一度改变日托政策，员工纷纷表示不满，被《纽约时报》称为"笨手笨脚"地改革日托政策。日托费用不高，但是对于很多员工来说是非常有帮助，能给员工个人解决难度不小的问题，特别是双职工家庭都要上班，而北美服务业的人力成本普遍昂贵，公司提供日托服务，可以公司名义谈判购买日托服务，比员工个人去谈判自然更有效率。

9.4.2 告知员工公司付出

人们总是对习惯的东西熟视无睹。公司为每位员工投入了多少福利？由于员工对福利的价格与成本信息普遍不了解，故尽管公司在福利方面可能投入不低，但可能大部分员工却不了解公司的投入成本。Hennessey Harry 等人进行的一项调查显示[47]，员工普遍不知道、低估了自己享受的福利成本与市场价格。

公司在员工手册、合同、各种考核、薪酬公开材料当中应该充分告知员工福利的支出与构成。

每年出台一个专门的年度福利报告，而不是和薪酬以及其他工作混在一起，以便公司上上下下对福利的支出情况有充分、全面的了解。

9.5 福利方案设计

第一，年度福利预算。对此没有一定之规，由公司管理层决定。此处介绍一些相关的法律规定。

《企业所得税法实施条例》有很多具体规定，与福利与薪酬管理相关的部分条款如：

第四十条 企业发生的职工福利费支出，不超过工资薪金总额14%的部分，准予扣除。

第四十一条 企业拨缴的工会经费不超过工资薪金总额2%的部分，准予扣除。

第四十二条 除国务院财政、税务主管部门另有规定外，企业发生的职工教育经费支出，不超过工资薪金总额2.5%的部分，准予扣除；超过部分，准予在以后纳税年度结转扣除。

也就是说，目前企业所得税法允许的福利扣税额度大约是员工工资总额的20%。

财政部《关于企业加强职工福利费财务管理的通知》（财企〔2009〕242号）规定：企业为职工提供的交通、住房、通讯待遇，已经实行货币化改革的，按月按标准发放或支付的住房补贴、交通补贴或者车改补贴、通讯补贴，应当纳入职工工资总额，不再纳入职工福利费管理。

进行薪酬管理工作，需要随时关注国家相关法律法规的最新修订与调整。比较好的人力资源法律软件、薪酬管理软件都会及时更新最新的相关法律法规，读者可以搜索人力资源管理法律软件、薪酬管理软件的排名。

第二，成立福利管理机构或者设置福利管理岗位，或者安排专人负责。具体采用何种方式，与企业的规模、发展阶段以及企业对员工福利的看法相关。当然，对于多数小公司，没有必要设置专门机构，通常由薪酬管理专员兼任。

第三，注意与市场部门和采购部门合作。采购部门谈判能力比较强，也有利于压低成本。如果有合作机会，采购福利项目一举多得。

9.5.1 满足情感与实际需要原则

福利设计的关键是满足员工情感与实际需要，如前文提及的微软西雅图总部雨季为员工上班时提供毛巾，公司支出少，但解决了员工每天上班面临的一个实际问题，所以一旦取消，员工反弹很强烈。

注意不能将福利项目与职位级别简单挂钩，某单位发冬天取暖费，发放标准是职务越高取暖费越多。对此，员工讽刺道“领导比员工更怕冷吗”？

9.5.2 设计福利自助餐

福利自助餐又称弹性福利计划，是指员工自主选择福利项目的一种福利提供方式。根据米尔科维奇的研究，员工追求的并非福利最大化，而是更大选择权。赋予员工一定福利项目自主选择权，能产生双赢效果：对于企业，可以在福利投入一定的情况下，满足不同员工的需求；对于员工，满意度更高。

员工需求在不同阶段、不同时期会有显著差异，年轻员工会在工资和晋升机会、发展机会等方面有较大期望。随着年龄增大，员工更加关注工作压力、生活质量、休闲旅游等方面的内容。中国国际技术智力合作有限公司（简称中智，英文缩写 CIIC）所做的一项调查显示，员工最满意的现有福利项目是旅游、体检、补充医疗保险、购物卡和电影票等，最希望增加的是弹性工作制、日托服务、进修补贴、心理辅导等。刚进入公司的新员工更多地偏重教育补助，年龄比较大的员工比较看重年休假和旅游，有家庭的员工希望提供一些家庭方面的福利项目。有些高管拒绝现金福利，希望获得公司派车，虽然公司派车的价值比现金福利少，但是更加方便，也能表明某种身份。现在有些高管的孩子还年幼，比起俱乐部会员资格他们更喜欢公司提供的日托服务。因此，在总成本不变的情况下，个性化的福利计划比“给所有人提供完全一样的福利”要诱人得多。

某小公司管理者在个人博客中写道：最近听到很多同行讨论非货币激励，我也颇感兴趣。既然又省钱又能让员工高兴，何乐而不为？前些日子照例表扬部门月度优秀员工，以前一般都是直接给 500 元红包了事，这次特意买了礼物，而且在原有两个名额基础上又增加两名奖励名额。跑了好几个超市，最后决定给每人奖励一台加湿器，我的考虑是：冬天过去了，加湿器都降价，成本低，而且明年冬天一样能派上用场。没想到，小张说如果早知道奖励名额增加了两个，他也努力一下，就能得奖了。小李说她家已经有加湿器了，想要个玩具送给儿子，我真是费力不讨好。

此事对管理的启示是：① 管理规则不要随便改变，改变之前要提前公开，以便员工做出自己的选择。② 如果不采用发放现金，而是发放实物或者某种服务，那么一定要事先征求员工意见。管理者出发点是好的，但是员工几十、几百个脑袋所产生的高度多样化需求，显然不是管理者一个、几个脑袋所能够全面预见到的。

为满足个体差异化的福利需要，员工可以自行提出福利项目，人力资源部门将其公布后，如果响应者达到一定数量（比如 50 人），且在可操作的条件下，即可采纳实施。如给员工买电脑，公司统一购置很难满足每个员工的喜好，Citrix 公司采用 BYOC 政策（Buy Your Own Computer，自购电脑）。2009 年该公司为每个员工提供 2 100 美元预算，员工自购电脑，维修由员工自行负责，公司可以适当报销。

随堂阅读 9-3：GW 公司的福利套餐

福利套餐型指由企业同时推出不同的“福利组合”，每一个组合所包含的福利项目或优惠水平都不一样，员工只能选择其中一个弹性福利计划。在规划此类弹性福利计划时，企业可依据员工群体的背景（如年龄、婚姻状况等）来设计。

员工的福利限额由其福利等级确定，员工的福利等级与薪酬等级相对应，所能获得的福利点数是其薪酬（岗位工资）的一定百分比的对应值。计算公式如下：

$$福利点数 = 岗位工资 \times R \times K$$

式中：R 为福利支出占岗位工资支出的百分比；K 为年度公司效益浮动系数。

R 和 K 由 GW 工程公司根据当年的经营业绩和工资成本预算确定。以安全部部长为例，其岗位薪酬为 7 万元/年。GW 工程公司制定的 R 和 K 值分别为 0.3 和 0.5，则安全部部长的福利点数为：$70\,000 \times 0.3 \times 0.5 = 10\,500$（点）。

福利点数可以认购 GW 工程公司发布的所有自助式福利项目。GW 工程公司每季度增加新福利项目。员工可以通过各种渠道提供新福利项目建议。

带薪休假等根据一定标准折算成相应福利点数。方便起见，规定 1 元人民币对应 1 个福利点数。

员工之间可以交换转让福利点数。

为便于福利管理，公司同时制定约束条款：

（1）某些福利项目必须在财政年度开始前选定，如年度健康检查、住房补贴等。一旦选定在当年年度内就不能修改或取消。

（2）福利点数在当年使用，未使用完福利点数不积累到下一年度。

（3）员工在职期间福利点数不可兑换成现金，如果购买的点数超过限额，可从本人税前薪资中扣，但超过的金额不得大于本人月岗位工资。

（4）员工在试用期内不享受自助式福利计划，转正后其福利点数自员工到职月起计算。

（5）员工由于晋职或调薪引起的福利点数的变化，在下个财政年度起生效。

（6）员工因单位原因离职或合同期满不再续约的，其未使用的福利点数可折成现金发放。员工主动离职的，若其已使用的福利点数超过限额，超额部分折算成现金在其工资中抵扣。

（7）员工在职期间，福利可在当年内使用，未使用完的福利点数最多可以累计 3 年。合同合法正常解除时，未使用的点数按每点 1 元钱折合现金，发放本人，但需依法纳税。如合同非正常解除（辞退、除名、自行离职等），不能折合现金发放。

（8）员工在试用期内不享受自助式福利计划，转正后计算。

GW 工程公司的福利项目清单如表 9-3 所示。

表 9-3　GW 公司自助式福利项目清单

序号	项目	实际价值	福利点数	选择周期	备注
1	年休假	日岗位工资×天数	实际价值×0.7	1 次/年	
2	员工旅游	1 500 元/人	1 500	1 次/年	
3	健身卡	500 元/季	300		500×0.6
4	体检卡	400 元		1 次/年	内容详见届时的健康检查计划
5	进　修	学费×2/3	0	结业后公司付款	
6	购书卡	180	90	一次性消费	180×0.5
7	补充医疗保险	法定医保以外的额度	实际价格×0.7	常规项目	
8	意外伤害保险	500 元/年	500	常规项目	

（注：公司每年根据员工需求增减福利项目）

随堂阅读 9-4：可口可乐公司的激励可视化

（张述冠，《21 世纪商业评论》，2008 年第 12 期）

长期以来，可口可乐公司旗下的可口可乐瓶装公司投入不少经费，经常为员工提供各类奖励，包括礼品卡、印有公司 Logo 的物品、运动会门票等。然而，没有人跟踪实施效果，员工也习惯了名目繁多的福利。可口可乐瓶装公司薪酬福利负责人 Chris Ceravalo 调查全公司每年花多少钱用于员工福利，最初以为每年大概 10 万美元，但统计表明超过 200 万美元，令管理层大吃一惊。

于是，Chris Ceravalo 制订出了一套“SPARC Rewards”福利计划。“SPARC”这个单词所代表的含义：简化（Simplification）、优先（Prioritization）、责任（Accountability）、酬谢（Recognition）和庆祝（Celebration）。

SPARC Rewards 由许多奖励项目组成，员工被授予 SPARC 卡（有 Visa 标志的礼物卡），或者是在被上司提名时获得 SPARC 积分。员工也可以将 SPARC 积分赠予同事。积分可以兑换成物品、旅行券和 VISA 礼物卡。

销售、客户满意、安全、健康、培训等都可以通过 SPARC 系统来跟踪，对每个项目中出现的优秀行为都提供适当的奖励。公司曾发起过一个针对卡车司机的名为“最佳减肥者”的健康项目，该项目对参与体重测量的个人提供奖励。这些人被分成几个小组，集体体重减轻最多的小组将获得 SPARC 积分。每个参与者的体重平均减轻 10 磅。

SPARC 通过一个在线平台运行，所有人都可以随时了解公司福利支出总数、福利项目支出情况。

9.6 福利方案效果评估

任何方案、制度都需要进行效果评估，以便总结经验，进行改进。评估的内容应该是员工对福利系统的反映和满意度，目的是改善员工福利的实施效果。效果评估的方法有问卷调查、访谈法、意见反馈等。但反馈最快、最真实的渠道实际上是公司员工群，特别是员工在公司员工群或者平时聊天中随意、偶尔的几句话往往才是最真实想法的表达。

福利工作人员可以建立一个文件夹，专门收集平时员工在工作群中提出的小意见，阶段性整理，完善福利管理办法。

进行福利效果评估时，需要注意划分不同群体。典型划分维度如：年龄、教育程度、子女情况、个人休闲偏好等。

阅读 · 讨论 · 练习

1. DC **计划**

DC 计划全称为 Defined Contribution Pension Plan，企业和职工按规定比例出资，计入个人账户。缴费可以交给某一金融机构，如投资基金或单位信托基金，由该机构向职工提供投资工具，由职工决定如何在各种基金中分布投资组合，也可以购买团体年金保险，由人寿保险公司提供不同风格的投资账户，由职工决定在不同投资风格账户中的基金单位数。

在 DC 计划下，投资风险全部由职工个人承担。职工退休时的退休金数额也是不确定的，属于以收定支型计划。

只有资本交易市场比较成熟，年金资产管理机构才能从投资中获取较稳定收益，保证对年金持有人给付养老金和对投资收益的兑现。我国目前的企业年金是 DC 计划，采用信托方式运作。较长时间内，我国资本市场的系统风险都较大，难以成为企业年金的理想投资场所，DC 计划现阶段的利弊还需要时间来检验。

2. DB 计划

DB 计划全称为 Defined Benefit Pension Plan，与 DC 计划的根本不同在于公司帮助员工投资，并承诺回报率。在 DB 计划下，员工的退休待遇有保障，企业承担投资风险，如果养老信托基金或人寿保险不能足额支付员工退休待遇时，由企业补齐差额部分。

企业首先确定职工退休时享受的待遇，然后根据职工的工资水平、工作年限、企业预期人员变动、工资增长率、利率等因素，依照精算原理确定各年缴费水平，即以支定收型计划。确定退休待遇的方式主要有两种：一是企业直接确定职工退休领取的金额；二是确定替代率，即退休后每月领取的金额占职工退休前月工资的比例。

3. Cash Balance Plan

Cash Balance Plan 与 DB 计划操作类似，区别在于员工退休时一次性领取某个预先确定收益，而 DB 计划是每月领取。

4. 美国 401（K）退休计划

美国 401（K）退休计划是政府通过税收优惠进行鼓励的一种企业补充养老保险计划，中国类似的计划即企业年金。该名称来自美国税法 401（K）条款，因为符合该条款的做法会得到税收优惠。美国 401（K）退休计划主要内容是，参加计划的企业可以选择将现金或公司股票存入职工退休账户。

美国劳动部公布的统计报告显示，1998 年全国职工人数在 100 人以上的企业中，实行 401（K）计划的企业占 71.5%。另据 1998 年美国利润分享理事会（PSCA）对 660 个公司的调查发现，大约 52%实行 401（K）计划的公司匹配公司股权，实行企业所有权分享。实行 401（K）计划的上市公司中，大约 60%的公司匹配公司股权，实行企业所有权分享。

美国 401（K）退休计划属于 DC 计划。

5. 部分员工不愿缴社保问题

社保缴费率过高过低都不合理。费率过低不足以解除参保人的后顾之忧，费率过高又会直接加重用人单位与参保人的负担并损害代际公平。以希腊为例，其社会养老金替代率（指退休后养老金占退休前个人工资收入的比例）畸高，仅次于沙特和 2008 年底濒于破产的冰岛。意大利养老金替代率为 70%，缴费率为 32.7%，而南非养老金替代率仅为 13.1%，很多人退休后难以得到足够养老金。多数国家养老金替代率为 40%左右，个人缴费率为 20%左右。

中华人民共和国人力资源和社会保障部曾对世界 173 个国家和地区社会保险费率进行统计，结果显示我国五项社会保险费率之和为 40%左右，居全球第 13 位，大大高于我国人均 GDP 收入的全球排名。

十八届三中全会提出适时适当降低社会保险费率，同时，加大财政补贴力度。目前社会保障支出占我国财政的 12%，远低于西方国家 30%～50%的比例。

国内最大的社保第三方机构“51 社保”2019 年发布的《中国企业社保白皮书》从参保及时性、险种覆盖面、基数合规性 3 个方面调查了中国企业社保合规性。

从参保及时性来看，在入职当月或次月及时参保的企业比例达到 77.5%，但仍然有 19%的企业选择在试用期结束后才开始缴纳社保，“试用期社保风险盲区”需要企业注意。

从险种覆盖面来看，参加社会保险全险种的企业比例达到 93%，而住房公积金覆盖比例有所下滑，仅 75.2%。在法定福利之外，31.7%的企业额外购买意外伤害保险，26.4%的企业额外购买补充医疗保险，15.3%的企业额外购买雇主责任险。险种覆盖面呈现从强制性逐步向补充型、福利型延伸的趋势。

从基数合规性来看，我国企业社保合规比例持续提升，基数完全合规企业达到 29.9%，提升了 2.85%。另外，按最低基数下限参保的企业比例为 28.4%，下降了 3.3%。

企业内部社保重视程度明显提升。企业设置社保专岗的比例提升至 48.8%。调查显示，74.3%的企业人力资源部门员工人数不足 5 人，然而在这些企业中，有 42.7%的企业选择设立社保专岗。

6. 不去不签劳动合同的公司

不签合同、不缴社保的公司不能去。很多求职者，要么不懂不利后果，要么找不到工作先凑合一下，要么不在乎。一些无良公司不签劳动合同，上岗后没有社保，工资通过私人账户或者支付宝转发。

没有正规劳动合同和社保记录，在法律意义上员工和公司不存在劳动关系。一旦公司欠薪，员工仲裁、起诉时不具备证据，法院和劳动部门就不会受理，因为不签合同本身就是违法的。一旦发生公司倒闭和拖欠工资福利等情况，私人账户转账记录不能作为劳动仲裁证据。就算仲裁成功，法院只能冻结公司银行账户优先支付员工工资，但是一旦公司倒闭，公司银行账户还能有钱吗？

此外，对以后找工作也不利。没有前面一家公司的劳动合同不能证明自己曾经有工作经验。如果到之前公司补签或开工作证明，为了防止员工利用补开工作证明维权，前一家公司几乎不可能开工作证明。

讨论：

1. 到美国劳工统计局官网下载 Employee Benefits Survey 的相关数据，总结分析，使用 Employee Benefits Survey 在其官网检索最新链接。

2. 下载龙立荣，邱功英《基于员工偏好的福利分类及其影响因素研究》一文，提取要点，形成电子版作业。

3. 下载阅读 Mitchell Rebecca 等人 2013 年在 *Journal of Occupational and Environmental Medicine* 上发表的 *Improving Employee Productivity Through Improved Health* 一文。

第 10 章　长期激励

学习目标

1. 了解长期激励的概念和特点。
2. 理解常见长期激励的方式。
3. 理解长期激励的适用对象与前提条件。
4. 运用本章知识设计长期激励方案。

长期激励主要面向高管、核心员工。此外，部分初创公司创业初期资金不足时，也经常对员工使用长期激励，以稳定员工的同时，降低公司现金支出压力。

10.1　长期激励的基本概念与分类

长期激励是与通常的按月、年获得报酬的短期激励比较而言的，特点是：① 回报不确定。② 时间跨度大、多年而不是一年。③ 主要以股份或者股市中可流通交易的股票和期权为载体设计。

长期激励通常可以分成以下类型：

（1）收益分享类：没有股份，多面向生产制造工人，以工人节约的成本或者增加的产出作为分享对象。

（2）利润分享类：可能有股份，也可能没有股份，分享对象为公司支付完各种成本后的利润分红。

（3）股权激励类：分非上市公司与上市公司两种情况。对于非上市公司，有真实或者虚拟的股份，虚拟的股权激励来自股份对应的分红；真实的股权激励除分红外，还包括表决权等。对于上市公司，除了上述非上市公司的做法外，最关键的区别在于上市公司的股权可以在股市中套现，利用股市股票价格波动来放大激励效果，期权获得者的收益主要来自股票的股市价格波动差，而不是分红，因为一般情况下分红所得远低于股票在股市价格波动差的所得。

10.2 收益分享激励

任何一个公司在日常经营中都必然会关心成本控制问题。为了鼓励员工积极参与成本控制，一些欧美公司提出多种多样的收益分享类激励计划（Gain Sharing Plan），从以往数据看主要集中于生产制造公司。一些代表性的收益分享类计划如下：

科学管理创始人泰勒提出直接计件计划（Straight Piece Rate Plan），确定单位时间的产出，高于该标准奖励。此外，还有标准工时计划，不按照单位时间的产出，而是按照一个单位任务（如制造一个零件）消耗时间与标准时间对比情况进行奖励。难点在于确定合理的产出标准，过高过低都不达到目的。

1889 年亨利·汤在论文《收益分享》中提出给工人最低工资，其定额由科学方法测定，每一部门超过定额而生产出来的收益，由工人和管理者各得一半。定额应保持 3～5 年不变，以保持较长激励。

1891 年哈尔西（Halsey Frederick）在美国机械工程师学会年会上宣读论文《劳动报酬的奖金方案》，指出泰勒提出的计件制常因雇主不愿意降低单位时间产品数量考核要求而作用受限。亨利·汤方法的不足在于，同一部门不同产出的工人吃大锅饭的问题依然存在。因而哈尔西提出：① 给予每个工人每天保底的基本工资；② 以每个工人历史业绩为基础，计算每个工人的劳动定额，超额者得到超额部分产生的利润约 1/3 的奖励。哈尔西认为上述方法的优点在于：① 不管工人业绩如何，均可获得一定数额的保底工资，工人积极性有最基本保证；② 工人奖金为超额部分产生利润的 1/3，雇主获益 2/3，因而雇主不会不断提高劳动定额而导致工人反对；③ 工人所要超越的是本人历史业绩，而不是根据动作和时间研究制订出来、未必适合于某个具体工人的统一标准，也与其他工人无关，因此工人的反对意见也不大。由于上述优点，哈尔西方案在英、美等国曾经广泛采用。

1895 年泰勒在其最初提出的直接计件计划（Straight Piece Rate Plan）基础上，提出差别计件制（Piece-Rate Differential System）。基本要点是对同一种工作设有两个不同的工资率。对用最短时间完成工作、生产质量高的工人，按一个较高工资率计算，对用时长、生产质量差的工人，则按一个较低工资率计算。

1930 年约瑟夫·斯坎伦（Joseph Scanlon）提出斯坎伦计划（Scanlon Plan）。斯坎伦当时是拉角钢铁公司的工会主席，公司正处于破产边缘。为帮助公司渡过难关，斯坎伦与工会协商后，制定了工会与管理层合作提高生产率的计划，在维持产出水平不变的同时降低成本，员工可以分享成本降低之后的收益部分，以此激励员工降低成本，提高产量。

1933 年爱伦·拉克（Allen Rucker）提出拉克计划（Rucker Plan）。拉克计划与斯坎伦计划相似，区别在于拉克计划关注整个生产成本的节约，公司价值增值等于公司销售额减去其购买原材料和其他各种成本，用价值增值与雇佣成本比例来衡量公司劳动生产率，该比率被称为拉克比率。如果当期的拉克比率高于基期或者预期拉克比率，将超出部分带来的收益在公司和生产团队员工之间进行分享。

1970 年米歇尔·费恩（Mitchell Stein）提出 Improved Productivity Through Gain Sharing（生产率提高分享计划），计算生产单位产品所需要耗费的劳动小时数，比较当期劳动时间比率与基期或者预期劳动时间比率。如果当期劳动时间比率低于基期或者预期劳动时间比率，那么将生产率提高带来的收益进行分享。往往以周为单位向员工发放分享奖金。

收益分享计划可以有很多种具体设计，其他收益分享计划还包括 Bedeaux Plan、Emerson Premium System、Gantt Premium System、Merrick Plan、Rowan Plan 等，这里不一一介绍。

收益分享计划体现了劳资合作、员工参与管理、参与分配的管理理念。上述计划主要基于小型群体或团队，主要关注由于生产率提高、质量改善或成本节约所产生的团体收益在员工与公司之间的分配，有时候又被称为生产率收益分享计划。

如今，公司的竞争重点已经不再是生产制造环节，即使要优化生产制造，也更强调技术改进与流程优化，而不是工人勤奋度。此外，工人工作观更强调工作—生活平衡，试图和传统工业工程时期一样将工人的动作精细化分析后，要求工人按照精细化分析后的程序工作，难度加大。简言之，依靠收益分享计划提高效率与利润的空间比以前缩小很多，当然对于某些管理粗放的小公司仍有一定借鉴价值。

收益分享与接下来要介绍的利润分享的根本区别在于：① 收益分享的支付周期比利润分享短，往往以月为单位，而利润分享往往以年为单位。② 收益分享经常与生产率、质量、成本节约指标挂钩，而利润分享的挂钩指标是公司利润。收益分享的达成程度基本上由一线生产员工控制与掌握，而公司利润的实现影响因素很多，如管理层的决策正确性、宏观经济、行业变化等，员工只能影响公司利润的一部分甚至是一小部分。这就导致从管理效果上看，收益分享效果明显，而利润分享效果分化较大，有积极的，也有变化不大的情况[48]。

10.3 利润分享激励

利润分享（Profit Sharing Plan）指公司将一部分利润与员工加薪分享。利润分享的优点在于员工所得与公司利润挂钩，有利于公司在业绩不佳时控制人力成本，激励员工认真工作，关注公司经营；缺点在于：影响公司利润的因素有很多，如公司战略方向是否基本正确，管理层的执行力与公平度、廉洁度等，员工努力只是其中一个因素，很多情况下甚至并非最关键的因素。

国内最早一批电子商务公司之一的慧聪公司 1992 年从 14 万元起家，目前是国内一梯队的 B2B 商务信息服务商。慧聪创始人郭凡生提出全员劳动股份制，1992 年慧聪公司章程规定公司每年 30%~40%的利润用于分红，分红利润中的 70%分给公司不持股员工。任何人不管持股多少，分红都不得超过分红总额的 10%。股东离开时必须退股，只能带走本金。

对此一直有人批评郭凡生不按资本分红，但是资本分红只不过是一种可能的公司分配方案而已，只是因为历史最长、最符合一般人的直觉，所以采用者最多。但分配问题的本质是意思自治，只要相关利益者接受就可以。过去的做法需要与时俱进，只要实践可行、效果良好即可，不能拘泥守旧，不知变通。顺便一提的是，今天慧聪的影响力下滑很多，最主要原因在于决策层未能洞察互联网电子商务发展的大趋势而及时调整公司战略，因而表明公司中长期竞争力的第一决定因素是公司战略是否符合行业趋势，薪酬等因素相对于公司战略重要性次之。

利润分享的一个当代改进是成功分享计划（Success Sharing Plan），与利润分享的不同在于：成功分享关注的指标更多，除利润指标，还有诸如成本、客户满意度、员工成长之类的其他财务指标与非财务指标。

10.4 股权激励的定义与分类

股权激励建立在股份基础上，股份、股票、股权 3 个概念在非正式场合经常混用。三者的区别与联系是：股份由股东持有，构成公司资本最小计量单位。股票是指股东所持股份凭证，是股份的具体载体。股权指股东享有的权利，股权从不同角度可以分为多种，其中一种常见分类是优先股、普通股、后配股和混合股。优先股对利润分配、公司清算资产时享有优先权，公司分配利润时，先向优先股分配股息，其余部分才用于分红，因此优先股的财务风险最小，但作为平衡，无表决权和公司经营参与权，不能退股与自由转让，只能通过赎回条款被公司赎回。普通股有最全面的权利，包括分红权、自由转让权（在股市中交易，但不能退回给公司）、经营参与权、公司资产分配要求权和新股认购权等。后配股的利润分配和剩余财产分配顺序上后于普通股，其余权利由公司自定，后配股最大的特点是一股有多票表决权，通常是公司创始人或少数希望掌握公司控制权的人持有，因而又称“创始人股”。一般投资者追求分红而不是公司控制权，所以通常对后配股不感兴趣。混合股是我国股票发行市场初创时期的一种创造，兼有优先股与普通股的特点，股票收益采取保息红利加封顶。保息指按一年期居民储蓄存款利率水平计算股息。与此同时又可参与分红。封顶指每股收益率不超过 15%。本章讨论的股份指普通股。当然，公司完全可以进行各种创新，而不必墨守成规。

非上市公司与上市公司的长期激励方案有不少相同之处，上市公司的一些长期激励方案，非上市公司一样可以采用。不同之处在于，上市公司与非上市公司的根本区别是上市公司的股份在资本市场公开交易，因此上市公司法规监管更严格，除《公司法》之外，还有一系列、众多上市公司管理规定，如《上市公司股权激励管理办法》，如果是国有控股公司，还受到《国有控股上市公司（境内/外）实行股权激励试行办法》的监督和管束。而非上市公司的股权激励方案以《公司法》为主，其他法规不多。

上市公司的股权可以在股市等资本市场上交易，因此被称为公众公司（Public Company），其长期激励方案更能引起投资人和公众的关注。非上市公司的股权不能在资本市场上转让交易。虽然非上市公司可以将资本市场价格波动作为参考系，在公司内部进行模拟（如虚拟股票、影子股票），但不能利用资本市场的价格波动放大激励力度。由于资本市场对股票存在投资与投机行为，股票价格可能波动很大，从而持股人可能收益很大，而非上市公司只能是基于自身利润分红对持股人进行激励。一般情况下，持股人的收益没有在股市中的收益大。

目前我国上市公司股票可分为 A 股、B 股、H 股、N 股、S 股等。A 股即人民币普通股，是我国境内机构或个人（不含台、港、澳）以人民币认购交易的普通股股票。B 股即人民币特种股票，用人民币标明面值，以外币认购交易，在上海和深圳证券交易所交易。H 股即在内地注册、香港证交所上市的外资股。在纽约证交所上市的股票为 N 股，新加坡证交所上市的股票为 S 股。创业板又称二板市场，与主板市场（AB 股交易市场即主板市场）不同，创业板专为各方面条件暂时没有达到主板上市条件要求的创业型公司、中小公司和高科技产业公司提供融资渠道。欧美以 1971 年创立的纳斯达克 NASDAQ 为代表，我国 2009 年启动深圳创业板。深圳创业板上市公司股票代码以 300 开头。

10.5 非期权股权激励

10.5.1 虚拟股票

虚拟股票（Phantom Stock）又称股票增值权（Stock Appreciation Rights，SARS）、影子股票、账面价值增值权、鬼股。虚拟股票下，持有人没有真正股票所代表的公司所有权和相应的决策权，更不能转让，离开公司自动失效。虚拟股票的本质是公司分红权，但是分红收益计算通常以上市公司股票价格为参考（当然也可以采用其他参考对象，如国内一些公司用资产变化幅度的某个比例），而不是公司利润。

虚拟股票的优点是不影响公司总资本和股权结构；缺点是由于炒作或者别的原因，公司股票升值幅度较大时，公司实际业绩增长幅度小于股票价格上涨幅度，公司支付现金压力变大。资本市场中，一只股票的价格波动总体上、长期看虽然与公司业绩同步，但是在具体某个时间段、时间点未必，而可能被业绩之外的其他因素左右甚至被短期操纵。

2000 年中石化在定向发行 H 股时，给近 500 名中高级管理人员预留股份。激励对象可以获取一定数量的股票增值权，每一股增值权等于年末和年初公司每股净资产差值。持有人第一年兑现 20%，第二、第三年各兑现 30%，其余 20%离职时兑现。用净资产增值作为激励的指标，可避免股价和业绩不同步问题。

国际上通行股票增值以股价上涨来进行激励。由于国内股市发育并不成熟，因此国内公司一般还会加上业绩条件，如中石化的关键绩效指标与三毛派神的净资产增值，只有业绩条件达到，股票增值权持有人才能取得收益。

随堂阅读 10-1：19 世纪 20 年代的山西票号身股制

晋商和徽商是明清期间两大商帮。徽商以血缘和宗族关系为基础，强调在宗族子弟中选拔经理和伙计。晋商以地缘关系为基础，遵循避亲举乡原则，主要不在血缘群体中，而是在同乡中选拔掌柜和伙计，因此晋商内部治理难度比徽商大。

以清道光三年（1823 年）日升昌票号诞生为标志，山西商人由商业资本向金融资本转变。此后 100 年，山西票号称雄中国金融界，被西方称为山西银行（Shansi Bank）。

身股制萌芽于明代贷金制、伙计制，发展和兴盛于清代及至民国初年。徐珂在《清稗类钞》中指出："出资者为银股，出力者为身股。"银股也称财力股，是商号东家在开办商号时投入的资金，每股面值为 2 000 ~ 10 000 两白银不等。身股俗称"顶生意"，身股制早期只有掌柜才能以身入股（类似 MBO，管理层持股），到了乔致庸任掌门时，达到规定的工作年限和工作业绩的伙计也可以入身股。身股与银股等量分红，且身股不必承担亏损责任。正所谓"有钱出钱，有力出力，出钱者为东家，出力者为伙计""东、伙共而商之"。

身股制等级层次分明、体系完整，从 1 ~ 10 厘有 10 个等级，从 1.5 ~ 9.5 厘有 9 个等级，一共有 19 个等级。大掌柜（总经理）一般可顶一股（即 10 厘），二掌柜、三掌柜（副总、总经理助理）可顶七八厘，伙计大多可顶 1 ~ 4 厘。每逢账期（一般为 4 年）调整一次，根据业绩或贡献大小来决定提升幅度。如果业绩不佳，就会原地踏步甚至减少份额。身股不能转让和继承，顶身股者离职或离世后股份随之消灭。不过，对大掌柜有例外。为了防止大掌柜出现短期行为，规定大掌柜在退休后仍可享受若干年的身股分红权，但如果他举荐的接班人不称职，则要承担失察之责，身股红利要相应减少。大掌柜去世后，其家属还可以继续领取 3 个账期的红利，叫作故身股。

可以看到，现代公司的很多做法在中国古代早已实践过。

10.5.2　管理层强制持股

为了将管理层与公司利益更紧密地捆绑在一起，一些公司要求管理层持股，并设定一些约束条款。

1918 年以来，通用汽车一直实行管理层持股计划。担任公司首席执行官和董事会主席长达 30 年之久的艾尔弗雷德·斯隆（Alfred P. Sloan）在《我在通用汽车的岁月》（*My Years With General Motors*）一书中非常推崇经理人持股计划（当时通用公司内部称之为红利计划）。通用汽车的该计划以 5 年分期付款方式支付，离职管理层将损失掉未变现红利。

国内很多公司不分国有企业、民营企业都普遍要求管理层持股，如绍兴百大规定高级管理人员必须持有或购入一定数量公司股票并在任期内予以冻结。武汉国资委将其主管的国有企业管理层收入一部分强行转作股票、分阶段发放有条件兑现。广东福地（000828）是国有特大型电子公司，资产超过 40 亿元。2000 年公司激励方案规定，激励对象获得的激励金总额为公司本年度税后利润提成的 1.5%，其中董事和高管人员获取 70%，监事获取 30%，激励金的 80%必须用来购买该公司股票。

10.5.3　限制业绩股票

限制性股票指将一定数量股票无偿授予或以较低价格卖给激励对象，被授予者不能随意出售。当限制解除之后，才能出售限制性股票从中获益。限制性股票往往与业绩目标挂钩，如激励对象没有达到业绩目标，公司有权将股票收回或以事前约定价格强迫回购，因此又称业绩股票。

业绩指标可以是单个指标或者多个指标。佛山照明（000541）是中国电光源行业龙头公司，2000 年该公司股东大会通过决议，对公司中高层管理人员和技术骨干实行长期激励，如果公司净资产收益率（Return of Equity，ROE）达到 6%，激励对象可提取公司税后利润的 5%，超过部分越大，计提比例越高。天药股份采用的业绩指标综合考虑了利润增长率、销售收入增长率、净资产收益率等，被激励对象完成业绩目标后所得奖金最高不超过公司利润总额的 8%，如果没有完成业绩目标，对被激励对象处罚金总额最高不超过公司利润总额的 4%。

2002 年《萨班斯法案》出台后，美国财务会计委员会同意将股票期权列入公司成本，加上美国股市表现不尽如人意，不少公司放弃股票期权，转向限制性股票。2003 年微软宣布放弃股票期权计划，采用限制性股票计划。员工必须将限制性股票保留 5 年，5 年后如还在微软工作，可以卖出股票。

10.5.4 股票延期支付

延期支付计划（Deferred Compensation Plan）国内称期股，指公司将管理层的部分薪酬特别是年度奖金按当日公司股票市场价格折算成股票数量，存入公司为管理层人员设立的账户。到约定期限或在管理人员退休后，再以公司股票形式或根据期满时股票市场价格以现金方式支付给激励对象。如果激励对象工作不力或者失职，可以减少或取消延期支付收益。

激励对象的收入来自既定期限内公司股票的市场价格上升幅度。如果市价不升反跌，激励对象的利益就会遭受损失。只有股价上升，激励对象才能得益，因此延期支付可以激励管理层考虑公司长远利益，在一定程度上减少管理层短期化行为。

1993 年深圳万科公司采用延期支付计划，管理层购买公司股份，公司贷款给管理层作为其股份投入，管理层具有所有权、表决权和分红权。所有权待管理层将购买股票的贷款还清后才能实际拥有，表决权和分红权是实时获得，但是分得的红利需要用来偿还公司贷给管理层购买期股的费用。如果公司经营不善，不仅期股不能变现，管理层前期投入都可能亏掉，以此激励管理层认真工作。

10.6 股票期权

期权是一种买入（Call Option）、卖出（Put Option）权利。投资者可以在一定时期或者时点，以事先确定好的价格，买入或卖出一定数量的某种商品。期权有看涨期权和看跌期权之分。期权交易对象可以是金融商品如股票、债券等，也可以是实物商品。目前中国有 4 个期货交易所，即郑州商品交易所、上海期货交易所、大连商品交易所、中国金融期货交易所。

股票期权指一个上市公司按某价格（授权价）授予员工一定份额公司股票。当约定条件满足时（如业绩达标或者任职时间等条件），员工可以行使期权，授权价和当日股票交易价之间的差额为该员工获利。

股票期权（Stock Option）往往授予高级管理人员，故又称 Excutive Stock Option，英文缩写为 ESO。1950 年美国总统杜鲁门签署法案允许上市公司向员工发放股票期权。1952 年辉瑞公司为避免公司主管缴纳高额个人所得税，推出世界上第一个股票期权计划，结果股市上涨，持股者获利甚多，发挥了意想不到的激励效应。但是，直到 20 世纪 90 年代，随着美国股票市场交易活跃才逐渐成为潮流。1998 年实施股票期权的一部分上市大公司 CEO 所得达到天文数字，如迪斯尼公司总裁艾斯纳，基本工资加奖金为 576 万美元，但是其持有的股票期权卖出后所得达 5 亿多美元。

股票期权的关键概念包括：授权日、行权日（期）、授权价、行权价、行权速度。授权日指取得股票期权的时间。行权日（期）指约定的卖出股票期权的时间，如某一天或者某一段时间。授权价指给予股票期权时股票的价格。行权价指被授予股票期权者在股票达到何种价格时可以卖出。行权速度指行权期内卖出股票时的速度，如一天还是一周内卖完、每次卖出数量都一样地匀速行权还是不限制卖出数量而自由行权。

美国股票期权又分激励型（Incentive Stock Option，ISO，或者 Statutory Stock Option）和非法定股票期权（Nonstatutory Stock Option）。区别在于，ISO 符合美国国内税收法（Internal Revenue Code）第 422 条规定，可以享受税收优惠，而后者则不能。

1986 年美国《财富》杂志评选出的全球 500 强公司有 89%实施 ESO 制度。20 世纪 90 年代，由于经济全球化及互联网 IT 技术推动美国经济快速发展，美国股市繁荣，很多公司发现股票期权一方面可以向员工提供有竞争力的激励效果，另一方面不占用公司现金流，纷纷采用股票期权计划。1994 年 10%美国上市公司采用股票期权计划，1997 年快速提高到 45%，2000 年为 55%。2000 年后，由于美国爆出一系列大公司财务丑闻以及经济全球化、互联网 IT 技术高峰已过，美国股市下跌，现金胜过一切，定期分红比股票期权更有保障。2010 年美国上市公司采用 ESO 激励比例下降为不到 20%。当然，下一轮股市牛市来临时，ESO 又会重新活跃。

10.6.1 股票期权的优点

（1）将期权授予对象的利益与公司利益更紧密地捆绑在一起。

（2）减轻公司现金流压力。由于股票期权属于“公司请客，股市买单”，在期权执行过程中，公司不必支付现金，对公司的现金流量不会产生任何影响。

（3）降低员工流动率，因为股票期权的行权条件基本上都会有任职时间限制。此外，行权速度也可以设计为一段时间，如行权期第一年不超过股票期权的 1/5 或 1/3，以后各年逐步实现，由此形成所谓“金手铐”。

（4）不影响公司财报利润。早期会计准则中，股票期权不计入成本，对公司短期财务状况具有明显优势。当然，2002 年出台的《萨班斯法案》（*Sarbanes-Oxley Act*，习称 SOX 法案）已要求股票期权必须计算公允价值后作为成本计入。目前我国也要求股票期权费用化，公司应按照《公司会计准则第 22 号——金融工具确认和计量》的有关规定确定股票期权公允价值，计入成本。

10.6.2 股票期权的缺点

（1）股价未必真实反映管理层业绩。“公司授予员工期权—员工积极工作—公司业绩和利润增长—股票价格上升—期权持有人获益—更努力地为公司工作”逻辑链条中，在某个时间点，股票市场价格波动未必和公司真实业绩同步变化。公司股票价格上升的原因可能是因为公司业绩良好而带来公司股价上涨，也可能仅仅是因为股市进入上涨周期或者有人操纵股价而上涨。另外，可能出现公司业绩良好，但是股市进入下跌周期或者有人操纵股价，公司股价不但没有上涨反而下跌的情况。

（2）股票期权行权多数是某一个时间点（如某天）或者数月，股价可以在一定程度上被操纵。常见手法为在行权之前释放一些未来实际上并无可能实施的大项目之类的利好消息，刺激股价上升，拉大授权价与行权价的差值，增加股票期权持有人的获利。

（3）收入分配差距大，激化公司内部矛盾。由于股票期权因素，美国《财富》杂志评选的 1980 年上市 100 强公司 CEO 收入是员工的 42 倍，1992 年差距扩大到 157 倍，2000 年前后甚至达到三四百倍。同一时期日本同等规模公司上述差距值很少超过 30 倍。

（4）诱发会计作假行为。大多数行业竞争激烈，管理层在真实业绩上超越行业平均水平难度大，而通过会计作假，刺激股票价格上升则容易得多，股票期权持有人通过刺激股价上升而取得的利益比提高公司业绩而取得的奖金多得多。1998 年美国强生公司总裁 Ralah Larsen 总收入 6 947 万美元，其中股票期权收益占 99%；美国通用电气总裁 Jack Welch 总收入 2.7 亿美元，其中股票期权收益占 96%以上。美国联邦储备委员会前主席格林斯潘指出：“股票期权产生扭曲动力，太多公司管理人员丧失正确判断能力，想方设法提高账面收益，使股票价格保持在高位。”1999 年《经济学家》（*The Economist*）杂志上发表的一篇题为 *The Trouble with Stock Options* 的文章指出，高管接近退休年龄时，倾向操纵篡改公司利润，通过出售固定资产、裁员、削减研发经费、销售收入预提等手段让公司短期利润增加，公司股票价格上升，套现后退休养老，但上述做法对公司长期发展不利。

2001 年美国安然、施乐、世界通信等一批大公司财务丑闻曝光，其中施乐公司 5 年间虚构夸大营收 60 亿美元。一系列大公司财务丑闻是美国 2002 年出台《萨班斯法案》的主要原因。

随堂阅读 10-2：韦尔奇涉嫌会计作假

1998 和 1999 年韦尔奇连续两年被英国《金融时报》评为全球最受尊重企业家，被部分媒体称为 20 世纪美国最伟大的职业经理人和全球第一 CEO。但是，由韦尔奇离婚诉讼案揭露出的韦尔奇退休生活的真相，引发了美国社会对美国一部分大公司 CEO 超级薪酬的全面质疑[49]。

韦尔奇太太告诉媒体，与丈夫分居后她每月只能拿到 3.5 万美元生活费，不能保障两人 13 年婚姻期间的生活水准。韦尔奇太太习惯的豪华生活是：住在数栋高级公寓内，享受私人厨师服务，品尝美酒佳肴，参加俱乐部活动，观看温布尔登网球公开赛，乘坐飞机周游全世界，上述费用都由 GE 公司支付。韦尔奇邮寄一封信，GE 公司也会为他付邮资，韦尔奇还可获得公司提供的旅游、内部优惠贷款、免费体检、专用交通工具、高级俱乐部会员资格、子女大学费用优惠借款等一系列福利。

韦尔奇自辩对公司有巨大贡献，有资格享受上述奢侈待遇，但实际上并非如此。首先，以税前股本回报率（税前利润/公司资产）作为财务绩效指标来衡量，韦尔奇在通用电气历任 CEO 中只排第五，但排在韦尔奇之前的四位通用 CEO 没有享受过韦尔奇的奢侈待遇。其次，韦尔奇在位期间大力推动 GE 金融业务部门发展，该部门收入占公司总收入比例由 1%增加到 50%，但利润只占公司总利润的 25%。相比之下，航空引擎、能源系统、电厂等制造业务部门的营业收入占公司总收入比例由 85%下降到 50%，却创造出公司总利润的 75%，而 GE 公司制造业务部门在韦尔奇之前就已经在行业内取得领先地位，并非韦尔奇的贡献。

韦尔奇在一定程度上通过会计作假来虚假提高公司业绩。在韦尔奇任职的最后 5 年，通用电气报告收益从每股 0.72 美元攀升至 1.37 美元，每股增幅达 90.2%，考虑到 GE 公司的庞大规模，可谓业绩斐然。但是，韦尔奇旗下再保险公司 ERC 的准备金提取额度大大高于行业平均水平，被普遍认为存在财务操纵，提取 ERC 公司准备金用于支撑通用电气业绩。

因此，韦尔奇固然有过人之处，但谈不上 20 世纪美国最伟大的职业经理人，主要属于互联网时代媒体“造神”运动的结果。

10.6.3 股票期权定价

本节讨论股票期权的行权价确定问题。

财政部发布的《公司会计准则第 11 号——股份支付》规定“对于不存在活跃市场的期权等权益工具，采用期权定价模型确定其公允价值”，要求选用的期权定价模型至少应当考虑期权的行权价格、有效期、标的股份的现行价格、股份预计波动率、股份的预计股利以及期权有效期内无风险利率等变量。但是，财政部的该规定并未明确采用或者推荐具体的期权定价模型。

股票期权类型非常多，一种常见分类是美式、欧式、亚式股票期权。欧式股票期权只能在股票期权到期日当天行权。美式股票期权可以在到期日当天或之前任一交易日行权。亚式股票期权又称平均价格股票期权，由美国银行家信托公司（Bankers Trust）在日本东京推出，其行权价格为行权日前半年股票价格的平均价格。亚式股票期权属于奇异期权的一种，亚式股票期权可以基本消除股票价格操纵空间，增加期权作弊的难度。

期权的行权价需要期权定价模型来确定。期权类型多意味着期权定价模型多。在数学上，期权类型的设计几乎是无限的。期权定价理论发展到今天，已经成为欧美 Financial Engineering、Financial Mathematics、Mathematical Finance 以及 Computational Finance 下的一个专门研究方向。研究者们提出大量期权定价模型，如 H-N 模型（Heston-Nandi

GARCH Option Pricing Model）、基于机器学习与数据挖掘的期权定价等。

此处介绍最早出现的期权定价模型——Black-Scholes 期权定价模型（Black-Scholes Option Pricing Model）。

1997 年诺贝尔经济学奖授予迈伦·斯克尔斯（Myron Scholes）、罗伯特·默顿（Robert Merton），斯克尔斯的合作者布莱克因离世而未能获奖。斯克尔斯与布莱克（Fischer Black）在 20 世纪 70 年代合作提出一个期权定价模型，即 Black-Scholes 期权定价模型，与此同时默顿（Merton）也发现类似公式，两篇论文几乎同时在不同刊物上独立发表。两篇论文的区别之一是斯克尔斯与布莱克的论文只讨论不分红情况，而默顿的论文同时处理不分红与分红两种情况。因此，Black-Scholes 定价模型应该称为 Merton-Black-Scholes 模型。Black-Scholes 期权定价模型在原始文献中的推导相当复杂，出现一些简化推导，其中文献[50]给出红利为定值条件下 Black-Scholes 期权定价模型的一个推导比较简单，感兴趣的读者可以下载阅读。

适用于欧式看涨期权情形的 Black-Scholes 期权定价模型数学形式为：

$$c = S_0 N(d_1) - Ke^{-rT} N(d_2)$$

$$d_1 = \frac{\ln\left(\frac{S_0}{K}\right) + \left(r + \frac{1}{2}\sigma^2\right)T}{\sigma\sqrt{T}}$$

$$d_2 = \frac{\ln\left(\frac{S_0}{K}\right) + \left(r - \frac{1}{2}\sigma^2\right)T}{\sigma\sqrt{T}}$$

式中：C 为模型对未来时刻 T 股票价格的估计，S_0 为进行计算时的股票价格，K 为行权价（Exercise price/strike price）。期权有效期时段为 T（代入模型计算时，需要将期权有效期天数除以 365 天，举例设期权有效期为 100 天，则 $T = 100/365 = 0.274$）。r 为无风险利率，往往使用中长期国债利率或者多年银行平均利率计算，无风险利率采用连续复利形式。利率一般是一年计息一次（用 r_0 表示），转换为连续复利利率方能代入模型计算，换算关系为：$r = \ln(1 + r_0)$ 或 $r_0 = \exp(r) - 1$，例如 $r_0 = 0.06$，则 $r = \ln(1 + 0.06) = 0.058\ 3$。股票期望收益率为$\mu$，股票价格波动率为$\sigma$，通常为某段历史时期的数据计算得到。$N(d_1)$ 和 $N(d_2)$ 指标准正态分布曲线 X 轴取 d_1、d_2 两个值时对应 Y 值。

模型主要假设包括：① 交易成本和税金为零；② 期权到期之前，股票不支付红利；③ 股票交易可双向进行，无卖空限制。卖空（Sell Short or Bear）指投资者预测过一段时间，某种股票价格看跌，于是借入一定数额该股票抛出，该股票价格下跌时再以更低价格买进相同数额股票归还给股票出借方，投资者赚取高抛低吸差价。④ 股票价格 S 服从对数正态分布。

上述模型解决的问题是无套利空间前提下，计算股票的某个看涨期权价格，使期权的期望报酬率与无风险资产报酬率相等。所谓无风险资产通常指中长期国债。无风险资产报酬率指中长期国债利率或者多年银行平均利率。

B-S 模型的有效性有一些经验检验。1977 年以色列 Hebrew University Of Jerusalem 学者 Dan Galai 在 *Tests of Market Efficiency of the Chicago Board Options Exchange* 一文中，使用芝加哥证券交易所的期权数据，对 B-S 模型的有效性进行经验检验，之后也有不少类似检验工作。相关检验工作得到一些普遍看法：B-S 模型对临近行权期的股票价格预测与市场实际价格存在较大偏离，其余时间段的预测相对可靠。

出现上述现象的原因在于 B-S 模型有些假设与现实偏离较大，具体如：① 假设股票价格股价分布服从对数正态分布，实际上股价变动普遍存在突发事件引起的剧烈波动。② 假定股票价格方差不变，而实际情况是，随着股票价格上升，股票价格方差一般会下降。③ 连续交易假设不符合多数实际情况。理论上，投资者可以连续调整持有的股票期权头寸状况，得到无风险资产组合。但实践中，多数投资者由于资本量、时间、信息以及心理原因，往往难以按同一的无风险利率借入或贷出资金，而且股票频繁买入卖出必然会增加交易成本。

B-S 模型有不少改进，如文献[51]讨论利率、波动性、红利等期权价格影响因素动态变化时，Black-Scholes 期权定价模型如何修正问题。但是，B-S 模型作为最早被提出的期权定价模型，一方面有必要了解，另一方面该模型在某些场合下仍然适用。

10.7 股权激励有效实施的外部条件

10.7.1 证券市场有效

各类长期激励计划要发挥较大作用，需要一个比较有效的资本市场，股票价格必须灵敏、正确地反映公司业绩。公司股票价格整体、长期看能够代表公司价值，但是在特定时间段时间点上未必如此。

1965 年芝加哥大学尤金·法玛（Eugene Fama）在 *Journal of Business* 杂志上发表了 *The Behavior of Stock-Market Prices* 一文，定义了证券价格的 3 种信息：历史信息即基于证券市场交易的有关历史资料，公开信息即一切可公开获得的有关公司财务各方面信息、内部信息即只有公司内部人员才能获得的信息。

1967 年在芝加哥大学证券价格讨论会上，芝加哥大学 Harry Roberts 基于 Eugene Fama 的证券价格 3 种信息分类，提出 3 种不同的效率证券市场类型：弱式有效市场（Efficient Markets Hypothesis，EMH），价格中包含历史信息；半强式有效市场，价格中不但包含历史信息，而且包含公开信息；强式有效市场，价格包含全部 3 类信息即历史信息、公开信息、内部信息。

弱式有效市场意味着管理层可以不依靠努力和才能，仅仅凭借内部信息就可以获利，则股票期权的激励机制受到歪曲。现实中的资本市场基本上都是弱式有效市场，最多是半强式有效市场，不存在强式有效市场。强式有效市场假设和物理中的质点概念一样，是一个理想概念。

因此，设计长期激励方案时需要引入防止管理层作弊投机的内容。

10.7.2 股市繁荣

2008 年全球金融危机中很多美国公司的股票期权价值大幅度缩水，谷歌 1/5 的员工股票期权到行权日期时市场价格跌破授予价，一部分期权超过有效期而作废。中国科技公司巨人网络在纽约证券交易所上市之初发行价为 15.5 美元，10 名高管期权行权条件之一为行权时股票市场价格不低于发行价，由于一部分期权行权时公司股价已破发（指股票市场价低于发行价），已成废纸。

中国证监会 2012 年公布《上市公司员工持股计划管理暂行办法》之后，银行员工对员工持股计划反应冷淡，担心成为救市炮灰，因为当时国内股市并不景气。事实上，浦发银行每股股价已跌破每股对应公司净资产（俗称“破净”），而中国银行、农业银行、建设银行等股价也在 “破净”边缘。很多银行员工认为自身薪酬本来不高，即使买公司股票也不能买多少，加上股市不景气，与其买公司股票，不如继续持有现金或者从事其他投资。

10.7.3 公司成长性好

美国上市的一般工业制造类公司中采用管理层股票期权者的占 81%，而在设备制造类公司中大约仅有 56%，因为设备制造类公司股票市价波动较小而股息较高。股息是优先股股东按一定比率从上市公司定期取得盈利，类似于银行存款的利息，所以叫股息，而红利则是在上市公司分派股息之后按持股比例向普通股股东分配的剩余利润。

因此，股票期权要产生激励效果，股票在股市中的价格必须有一定增长预期，而公司股票价格要上升，就要求公司业绩有一定成长性。

10.7.4 会计准则完善与审计独立性有保证

会计准则对公司账面利润有直接影响，典型例子即股票期权是否计入成本的会计准则修订对公司利润有很大影响。20 世纪 80 年代初，美国多个著名会计师事务所向美国负责制定会计准则的机构财务会计标准委员会（Financial Accounting Standards Board，FASB）提出，股票期权应纳入成本核算。1994 年一大批高科技产业从业者聚集在加州北部，进行了一场名为“硅谷行动”的示威活动，反对股票期权计入成本，最终参议院考虑美国 IT 行业的国际竞争力问题，以 88 票对 9 票的结果通过一项非正式决议，不赞成股票期权计入会计成本。

20 世纪 90 年代由于股票期权不视为一项支出，导致公司业绩虚假成分上升。著名投资机构高盛公司分析，如果将股票期权列为支出，微软会计利润要减少约 23%，IBM、英特尔、思科等著名高科技公司如果把期权考虑到成本中，则会计利润均将大幅度下降，个别公司的利润甚至只有原来的 20%。因此，美联储前主席格林斯潘、著名投资家巴菲特、索罗斯等都呼吁将股票期权计入成本。2000 年前后以安然为代表的一批美国上市大公司财务作假丑闻曝光，2004 年美国财务会计准则委员会（FASB）正式宣布要求美国上市公司把股票期权计入公司成本，使美国与欧洲会计准则保持一致。

中国《公司会计准则第 11 号——股份支付》规定：授予后立即可行权的股票期权应当在授予日按照权益工具的公允价值计入相关成本或费用。完成等待期内的服务或达到规定业绩条件才可行权的，在等待期内的每个资产负债表日，按照权益工具授予日的公允价值，计入相关成本或费用和资本公积。

不同折旧方法、费用预提得到的公司利润差异明显，因此管理层可以通过一些会计处理手段将公司账面利润进行粉饰，但同时又没有违反会计准则规定，此类行为即会计领域所谓的“盈余管理”（Earning Management）。盈余管理与做假账的不同之处在于，前者符合现有财会准则规定，属于打擦边球。在施乐、沃尔沃等数家著名跨国公司从事 10 多年财务工作的钟文庆著有《财务是个真实的谎言》一书，感兴趣的读者可以购阅。上海国家会计学院、厦门国家会计学院都设立有公司财务舞弊研究中心研究财务作假。

在审计独立性方面，美国国会参议院和众议院分别通过法案限制会计公司为其控股的审计公司提供咨询服务。

10.8 长期激励方案设计步骤

长期激励方案的基本要素有不同观点，以股票期权激励方案为例，一种观点为股票期权激励方案的基本要素包括激励对象、股票来源、业绩指标、支付水平、行权价格、股票数量、激励时机、行权方式、行权时间、有效期限[52]。股权激励方案设计涉及内容很多，系统掌握需要阅读专门书籍，这里做简单介绍。

（1）进行股权激励方案的可行性研究，包括对公司采取长期激励方案必要性进行评价、法律法规方面是否有限制等。

（2）对公司进行价值评估。合理价值评估对于激励对象和公司来说都是必要的。公司价值高估对激励对象不利，公司价值低估损害公司所有者利益。

（3）聘请专业咨询顾问机构参与计划的制订。

（4）确定不同类型与等级的激励对象持股份额和分配比例。

（5）明确持股管理机构。对于员工持股计划，我国往往由工会代为持股。对于一些大型公司来说，可以由外部信托机构、基金管理机构代为持股。对于管理层股权激励，由于往往有业绩、任期等方面限制，在限制条件未满足之前，需要指定代为持股机构。

（6）解决实施计划的资金筹集问题。

（7）制定持股章程。对参加者的资格、管理机构、财务政策、分配办法、持股权利与责任、股份消灭条件与回购、退股办法等做出明确的规定。

（8）制作审批材料，进行审批程序。

设计长期激励方案，要充分了解相关政策法规，确保合规性。目前典型的长期激励法规有《中华人民共和国公司法》《中华人民共和国证券法》《关于上市公司股权分置改革的指导意见》《上市公司股权激励规范意见（试行）》《上市公司股权激励管理办法（试行）》《国有控股上市公司（境内）实施股权激励试行办法》《上市公司董事、监事和高级管理人员所持本公司股份及其变动管理规则》《财政部关于〈公司法〉施行后有关公司财务处理问题的通知》《新公司会计准则（第 11 号）——股份支付》《关于规范国有控股上市公司实施股权激励制度有关问题的通知》《上市公司员工持股计划管理暂行办法》《股权激励有关事项备忘录》（1、2、3 号）等。

发布长期激励政策法规最主要的部门有中国证券监督管理委员会（中国证监会）、财政部、国资委等。准备设计长期激励方案的相关人员需要了解政府的最新相关法律法规，可以购买最新的相关书籍以及到政府各机构官网查询。

10.9 股权激励方案设计注意要点

本节介绍公司设计股权激励方案时需要注意的若干要点。

10.9.1 保持公司控制权

公司经营战略可以有不同看法，但最终决策只能选择一种看法，当多种意见无法调和时，需要一个掌握公司控制权的人做出最后决策。正是如此，存在大量公司控制权的博弈案例。博弈方主要是公司创始人、大股东、中小股东、管理层、投资机构。为了防止股东特别是投机性质股东、投资机构短视，干预公司重大决策，牺牲公司长期利益，卖出股票套现离场，创始人或者大股东需要始终保持公司控制权[53]。

常用的公司控制权工具如下：

1. 双重股权

《公司法》第四十二条规定："股东会会议由股东按照出资比例行使表决权，公司章程另有规定的除外。"因此股权不等同于投票权一比一对应。为此，创始人或者大股东可以在公司章程中约定双重股权，确保公司控制权。具体操作为：将股票分为 A、B 两类，向外部投资人发行的 A 类股票每股只有 1 票投票权，内部持有人为 B 类股票，每股代表 10 票投票权。B 类股不公开交易，但可按照 1：1 的比例转换成 A 类股。巴菲特的 Berkshire Hathaway 公司、维亚康姆公司（Viacom）、康卡斯特公司（Comcast）、考克斯通讯公司（Cox Communications）、哥伦比亚医院（Columbia Hospital Corp）、Google、Facebook 上市时都引入双重股权。谷歌公司两位共同创始人佩奇、布林每持 1 股具有 10 票表决权。Google 共同创始人佩奇、布林以及 CEO 施密特一共持有 Google 约 1/3 股票，投票权超过 80%。

京东在美国纳斯达克交易所上市，5 家主要 PE 私募股权投资机构合计持股 65.6%，但是京东采用 AB 股权结构，公司创始人对京东拥有绝对控制权。根据京东招股书，其法定总股本为 30 亿股，截至 IPO 前已发行股份 20.127 亿股，刘强东通过两家控股公司持有 4.764 亿股。按照京东 AB 股规则，刘强东所持股票 1 股拥有 20 票投票权，其他股东所持股票 1 股只有 1 票投票权。刘强东持股比例仅 23.67%，但投票权比例高达 86.12%。

双重股权可以进一步发展为多重股权，如分为 A、B、C 三类，其分红权相等，但每张 C 股投票权相当于 10 张 B 股，每张 B 股投票权相当于 10 张 A 股，每张 C 股投票权相当于 100 张 A 股。

双重股权打破了一股一票的传统公司理论，长期被非议。本章认为，公司是自由契约的产物，意思自治即可。世界各地有不同的公司治理机构设计，如美式治理结构与德国式公司治理结构、中国如慧聪公司不管股份多高，分红不超过 10%等制度创新。一股一票的做法只是一种制度设计，并非唯一与绝对。美国一些州的公司法已承认双重股权。而在我国，《国务院关于推动创新创业高质量发展打造“双创”升级版的意见》（国发〔2018〕32 号文）第二十六条明确允许科技公司实行同股不同权的治理结构。

港股历史上曾经允许双重股权公司上市，但部分双重股权公司利用双重股权侵害小股东利益，之后香港证监会长期没有批准双重股权公司在香港证券交易所上市。但为新形势所迫，香港证券交易所 2018 年年初起允许符合特定条件的双重股权公司在香港交易所上市，主要条件为上市最低预期市值不低于 400 亿港元，或者最近一个财政年度收入不低于 10 亿港元。不同投票权只能赋予上市公司董事。非普通投票权不得超过普通投票权的 10 倍。新规颁布后，小米公司迅即在香港交易所采用双重股权方式上市。

2. 反摊薄条款

反摊薄条款的基本思路是通过各种约定，确保公司总股本变化的同时，某些股东的持股比例始终不低于某个份额，具体有很多种约定。如：① 新投资者等额资金所拥有的权益不能超过旧股东。② 原始投资人在多次股权融资后持股比例下降到某个低位时，则公司向后来的投资人出售股份时，必须无偿给予原始投资人一定比例股份。③ 如果增发新股的价格或数量达到某一约定数值时，原始股股东有权折价认购额外股份等。

3. 毒丸计划

在 20 世纪 80 年代上市公司全球收购浪潮中，美国垃圾债券大王米尔肯对很多公司发起意在投机炒作而非长期持有经营的恶意收购行为，促使管理层发明用于防御恶意收购的毒丸计划。基本操作是：确定一个触发比例，通常为 10%～20%。当外部资金在二级市场收购公司股票数量达到触发比例时，其他股东可以极低价格获得大量新股，大大稀释外部资金收购股票在公司股权中的比例，从而达到抵制收购的目的。

2008 年深圳首富黄茂如的茂业系旗下茂业商厦及其一致行动人大华投资分别在 A 股、B 股市场累计买入深国商 5.09%股份，正式举牌收购深国商。深国商紧急抛出毒丸计划，具体要点有：① 原股东比例配送，即某投资者获得公司股份可能超过 10%时，经公司股东大会通过决议，公司可向除该投资者之外的所有在册股东，增发新股或配送股份。② 董事每年更换不能超过 1/3。③ 将董事长选举和罢免投票通过比例由原来的 1/2 以上提高到 2/3 以上通过。

新浪的毒丸计划规定，在目前的股权比例结构基础上，一旦入侵者再增持新浪 0.5%以上新浪普通股，新浪原股东将获得与持股数相等购股权。购股权持有者还可以在新浪被收购以后以半价购买公司股票。新浪曾凭借该计划挫败了盛大的收购企图。

4. 公司章程特别约定

控制人拥有一票否决权，即所谓金股。

1994 年广西玉柴为在纽约证券交易所上市，答应新加坡丰隆持有“金股”的要求。持股比例仅为 29.3%的丰隆对玉柴国际及广西玉柴的经营、管理和发展等各事项具有一票否决权。广西玉柴任何支出都需要丰隆派驻的财务执行官签字批准。出于其利益，丰隆对玉柴之后在国际、国内资本市场再融资百般阻挠，如 1998 年丰隆利用在玉柴国际的控制权将玉柴四项在建技改项目全部作为坏账处理，使玉柴年报出现 4 000 多万美元亏损，以此阻止其再融资。2002 年又否决玉柴在 A 股上市的计划，对玉柴发展带来很大负面影响。

5. 员工持股设定控制权相关条款

美国全国员工持股中心（The National Center for Employee Ownership，NCEO）的定义是“员工持股是指通过员工持有本公司股票而进行的一种所有权交易”。美国法律规定员工持股计划判断标准是 70%以上非高薪员工参与。

20 世纪初，一些行业中具有代表性的公司通过资助和鼓励本公司员工购买公司股票等方式来改善员工待遇，提高其工作积极性，同时公司实现低利率的内部筹资，形成员工持股计划最初形态。全球最佳货运公司和世界 500 强公司美国联合包裹服务公司（UPS）1927 年推行员工认股计划，即公司每一年都要根据上一年的利润分给员工股份，鼓励员工持有公司股票，目前员工持股已占公司股份的 2/3。

1929—1933 年，西方经济大萧条导致股票市场崩盘，参加员工持股计划的员工损失惨重，员工持股计划基本停滞。20 世纪 50 年代，随着经济恢复，股市重新活跃，员工持股计划重回公众视野。1958 年美国律师路易斯・凯尔索提出“扩大资本所有权”思想，推动经济民主。1974 年《员工退休收入保障法》、1975 年《税收减让法》出台，向符合条件的员工持股计划提供税收优惠政策。20 世纪 80 年代美国国会通过《税收改革法》扩大税收优惠面，覆盖参与员工持股计划的员工、公司以及提供融资的金融机构，此时员工持股计划变成享受税收优惠的员工持股退休金计划。

员工持股（Employee Stock Ownership Plan，ESOP）的典型做法是：设立一个信托基金，由员工向基金中投入资金，用以购买公司股票，员工从中取得分红权益。按照投入资金由谁承担来划分，分为非共担型（Non-Contributory）员工持股计划和共担型（Contributory）员工持股计划。所谓“非共担型”即投入计划的资金完全由雇主支付，“共担型”则指雇主和员工共同承担购买股票的资金。被激励者拥有表决权和分配权，承担公司亏损和股票降价风险。按照是否需要向金融机构借贷以完成股票购买，分为杠杆型与非杠杆型员工持股计划。由于杠杆型员工持股可以向外部机构融资注入信托基金，并且政府有纳税优惠，多数美国公司倾向运用杠杆型员工持股计划。

员工持股的优点是激励员工，据美国全国员工持股中心（National Center for Employee Ownership，NCEO）研究结果，实行员工持股计划的公司在生产率上比不实行的公司平均高 8%～11%。当然，该结果是平均值，具体到某个公司则未必。另外，社会层面的一些积极后果是扩大公众对资本的占有，缩小社会贫富差别，缓解劳资矛盾；有利于扩大就业，降低失业率，实行员工持股计划的公司雇主与员工之间一般都会有不裁员协议。

凡事往往有利有弊，对公司与员工而言，员工持股计划均有一些弊端。

对于公司而言，弊端是管理权威下降，降低管理效率，部分持股员工心理上会认为自己是股东，有话语权，与一般雇员不同。助长一部分员工的搭便车、懒惰行为，使表现好的员工丧失动力。员工由于能力、视野限制，多数倾向平均主义与短期利益，要求大幅提高短期分红，甚至一些员工倾向卖掉公司。英国 John Lewis 零售公司由 6.9 万名员工共同所有，所有员工入股，每年分红，连续 3 年被市场咨询与研究公司 Verdict Retail 公司评为“英国最受顾客青睐零售商”。但是，1999 年受到若出售公司就可以让每人进账 10 万英镑传言的蛊惑，一些员工向管理层施压，要求出售公司。

对于员工而言，股份存在贬值风险。英国约 1/5 的持股员工有一半甚至更多个人积蓄被公司股票套牢。1995 年宏福人寿公司出于融资及保持队伍愿望，要求员工及代理人认购股权。不少员工为保住工作向银行借款购买公司股票，但至 1999 年该公司经营不善，每股 10 元新台币的认购面值暴跌至 0.42 元新台币。国内员工持股计划也已经出现类似情况，据东方财富 Choice 数据统计显示，国内上市公司于 2018 年锁定期届满的共计 163 份员工持股计划中，约 125 份处于亏损状态，智慧松德、慈星股份、富春股份、豫金刚石、长盈精密等 16 家公司员工持股计划浮亏甚至逾 50%之多。

简言之，员工持股计划在特定条件下对激励员工有一定的积极作用，但是决定公司发展前途与竞争力的第一因素还是管理层而不是员工，如果管理层在战略决策上出现重大失误，或者管理层内耗严重、不思进取、执行力差甚至贪污腐化，员工再优秀、再努力也无法改变公司的命运。

为防止一些持股员工要求出售公司，可以在员工持股计划中约定员工不得要求公司出售股份，但可以按照约定的条件要求公司回购员工所持股份。

10.9.2 动态股权

传统按股分配是静态的，某个人一旦取得股权，干多干少一个样，甚至有对公司不利的行为同样分红。一些高科技公司上市后，员工一夜之间成为百万富翁、千万富翁，导致很多员工的工作热情大幅度下降。因此，股权应该是动态调整的，若激励对象连续考核不合格，可减少分红、扣减其股权，最终公司可以约定条件强制回购股权[54]。

1998 年湖北省襄樊市国有企业改革采用动态股权思想[55]。基本操作要点为：岗位分关键岗和一般岗。股权分风险股和岗位股，风险股为完全产权，岗位股为不完全产权（仅享有分红权和表决权而没有所有权，岗位变动则岗位股随之变动）。关键岗包括第一层次管理层即董事长、总经理、党委书记，由公司配设岗位股额 1.5 万元；第二层次为领导班子副职，配额 1 万元；第三层次为中层干部正职和高级工程师，配额 6 000 元；第四层次为中层干部副职、部分高工和工程师等，配额 4 000 元。关键岗用现金购买风险股。另外，再按约 20%的比例在全部员工中评出一般岗位人，不能购买岗位股和风险股，年终按 4 个档次给予分红激励，称贡献股。当公司因经营性亏损而出现净资产为负数时，其负值额上述人员按比例承担，扣减对应的贡献股、岗位股、风险股。

10.9.3 激励达标条件不能过低

一些上市公司的股票期权兑现条件设置得非常低，近乎白送，自然无法起到股权激励作用。其用意是方便管理层在资本市场套现，而不是激励管理层用心经营。

2010 年湖南山河智能公司发布限制性股票股权激励计划，拟向董事长何清华等 15 名高管超低价增发 1 000 万股股票，其宽松的行权条件被外界视为送大礼。其股权授予条件为授予当年的前一个会计年度公司净利润值和加权平均净资产收益率均不低于上年同期的 130%，禁售期条件为净利润年复合增长率不低于 20%，解锁条件为以上两个数据均增长不低于上年同期的 120%，股票授予价格为 6.85 元/股。此前的 2008—2009 年，公司多名高管在解禁期刚过时，即多次减持公司股票，大量套现。山河智能最近 3 年的业绩并不稳定，3 个 IPO 项目中有 2 个连续 2 年未达预计效益，制订近乎白送的股权激励计划是出于管理层尽快套现的考虑。

2012 年堪称中国资本市场套现年，A 股、创业板公司高管辞职套现事件频发。A 股 159 家上市公司高管辞职，包括中国重汽、西南证券在内的 9 家上市公司更出现董事长辞职套现事件。创业板高管减持 887 次，涉及 129 家公司，占全部创业板公司数达 33.8%，套现金额 56 亿元。

多名高管辞职势必对公司经营管理的连续性造成负面后果，影响股价以及员工士气、投资人信心，给公司进一步募集资本构筑障碍。因此，需要设计对策防止高管出逃套现，一个简单有效的做法就是公司经营指标必须不低于对标公司的平均水平或者某个倍数时才允许套现以及辞职后两年以上才能套现。

2008 年证监会出台的《关于规范国有控股上市公司实施股权激励有关问题的补充通知》对上市国企的业绩考核指标做出规定：授予激励对象股权时业绩“不低于公司近 3 年平均业绩水平及同行业平均业绩（或对标公司 50 分位值）水平”，激励对象行使权利时的业绩不得低于公司同行业平均业绩（或对标公司 75 分位值）水平。上述两点规定成为国有控股上市公司股权激励的两条硬性指标。

10.9.4 抑制期权作弊

期权设计作弊手段五花八门，现简要介绍如下：

“装弹簧”（Spring Loading）：未来若有利好消息，则将该消息发布前价格定为期权行权价。待消息发布后，股票上涨，获赠者便可以行权获利。

“躲子弹”（Bullet Dodging）：未来若有利空消息，便推迟赠予。在利空消息发布后，股价走低，再赠予股票期权，以便拉大授予价与行权价之间的价差，增加股票期权持有人获利空间。1995 年纽约大学 David Yermack、2004 年爱阿华大学 Erik Lie 研究发现很多公司的股价总是在期权授予日前下跌，在授予日后迅速上涨。Erik Lie 将研究报告提交给美国证券交易监督委员会（U.S. Securities and Exchange Commission，SEC），结果证监会查出不少问题。1996—2005 年，近 30%美国上市公司存在股票期权价格操纵行为，其中 200 多家公司性质严重，苹果公司 CEO 史蒂夫·乔布斯也卷入其中。

选择比授权日更早日期的股价为授权价，降低期权价格，赚到更多，这叫倒签期权、期权回溯（Stock Options Backdating）、跨时赠予（Time-Travel Grants）。爱荷华大学 Erik Lie 在 2005 年发表的一篇文章中分析，公司可能倒签授予高级管理人员的股票期权日而不当获利。2006 年美国上市公司倒签股票期权丑闻被媒体全面曝光。美国证券交易委员会（SEC）对 200 多家公司进行调查。当然，倒签股票期权也存在一定客观原因，股票期权授予往往需要得到董事会批准，至少需要数周时间。在股市高涨时期，时间就是金钱，股票授予日即使只有一两天差异，也可能会极大地影响期权授予价格与被授予人的最终收益。

期权重新定价（Re-Pricing）：不断调整期权授予价格或者行权价格。1992—1997 年，美国 11%的上市公司期权至少有一次重新定价，甚至出现一年内 5 次重新定价的极端个案。因为公司股票价格一跌再跌，成为所谓水下期权（Underwater Stock Option），期权行权价格高于行权日期截至时的公司股票价格，期权变得毫无价值。继 Google 等公司之后，英特尔公司宣布，将为所有非高层员工更换其手中持有的水下期权，并给予一个更低行权价，减小股市下跌对员工造成的损失。

期权续发或期权重装（Re-Loading）：公司高管行权时不拿现金，只拿股票，换取更多期权。花旗集团前董事长 Sanford Weil 从 1992 年起，通过期权行权得到 9.64 亿美元，其中 8.4 亿美元是通过多次期权续发得到的。支持者认为，公司高管持续持股时间延长，有助于公司及公司股票价格的稳定。反对者认为，管理层通过期权续发即可获得巨额薪酬，主要精力反而没用在经营公司上，弊大于利。2000 年美国制定规则，禁止公司事后允许已经给予的期权可以续发。但此时距 Sanford Weil 第一次续发已经过去 8 年。

为抑制股票期权作弊，提高股票期权对授予对象的激励有效性，可以采取以下 3 种措施：

第一，独立董事与监事零期权。

大量公司治理失败的案例表明，董事会对公司高管的种种造假行为之所以视而不见，原因之一就是董事也持有期权，当然希望公司股票价格上涨，增加个人得利，于是董事与管理层之间一荣俱荣，一损俱损，董事缺少监督管理层不当行为的动机。2006 年 IBM 公司宣布今后将不再给外部董事任何期权，代之以每年 20 万美元的聘用费，降低董事与管理层同流合污的可能性，强化监督，完善公司治理结构。

第二，降低行权速度。

为避免公司股票价格在业绩报告期间的非正常波动，减少股票价格操纵，美国《证券交易法》规定，作为公司的董事或高级管理人员，只能在窗口期（Window Period）内行权或出售该公司股票。所谓窗口期是指从每季度收入和利润等指标公布后的第三个工作日开始直至该季度第三个月的第十天为止。行权速度可以匀速或者非匀速，在较长行权窗口期内匀速行权，可以减少操纵空间。

第三，行权价格指数化。

1998 年著名股票投资者巴菲特在《财富》杂志上著文写道："如果股市处于牛市，没有大脑的人也能获利……一只游不动、叫不响的瘦鸭子在涨水的池塘里也能浮得高高的。"巴菲特认为股票期权计划如果制订不合理，则成为牺牲股东利益来奖励平庸业绩经理人员。

应该根据行业股票指数上涨情况动态调整行权价，如某公司所属行业股票指数一年内增加 15%，则该公司的股票期权行权价也应提高 15%。如此调整后，除非公司股价涨幅高于行业股票指数，否则 CEO 无法行权。美国光纤网络营运商 LEVEL3 实行的股票期权计划中，其行权价就随着标准普尔指数上升或下降。

当然不宜选用多行业综合指数。举例来说，美国标准普尔 S&P500 指数在一段时间内上升很多，但同期钢铁业和造纸业却不景气。合理做法是，把上市公司中同行业公司股票挑选出来单独计算行业指数，有现成行业指数直接采用即可。

对业绩指标做出同行业内对标要求。普遍采用净利润增长率、加权平均净资产收益率、主营业务收入增长率、利润总额增长率、每股收益等指标作为考核标准，具体取值参考行业情况。世界第一大油脂食品业公司尤尼莱弗（Unilever Limited）设计的高管股票期权行权条件之一是，公司股东收益水平连续 3 年达到可口可乐、雀巢、宝洁等 20 家知名食品饮料类公司中位数水平时才可行权。

10.9.5 代际分配公平

设计股权激励方案时，一定要考虑公司未来增长、员工增加情况下不同批次员工的股权分配问题。虽然因素很多，很难精确设计，但是提前有所考虑始终是必要的。华为员工持股就是一个典型案例[56]。

1987 年华为创业时，资本只有 2 万元，1988 年以集体所有制公司身份挂靠在深圳市科技局创业中心，1997 年变更注册为民营公司。2000 年华为销售额超 100 亿元，开始大幅度提高员工工资、奖金和分红。2003 年华为大举推进国际化进程，资金再次紧张，于是向各级主管和骨干内部集资，员工支付 10%现金，其余款项由公司代员工担保，帮助员工向银行贷款购买公司股票。

华为内部股权没有在工商行政管理局注册登记，员工人数多，入职和离职每天发生，登记成股东无法管理，实际上属于员工内部集资。华为股权比例在华为内部是最高机密。员工只知道自己的股权和分红情况，主管也只知道直接下属的情况。

2000—2001 年根据 Hays Group 咨询公司的建议，华为对公司股权结构进行变革，华为股东变成一个自然人和一个社团法人。自然人是任正非，后来变更为财务总监，持有大约 0.98%股权。社团法人是华为员工持股会，持有华为 99.02%的股权，社团法人内部不同员工股权比例属于高度机密。另外，开始根据公司盈利情况灵活分红，减少基层员工配股额度，因华为员工越来越多，且华为已能够按照市场价格支付基层员工薪水，没有必要配股。

华为内部配股与分红的弊端是：① 难以持续。20 世纪 90 年代高利贷利息不过 15%

左右，华为员工股分红在 2000 年以前回报率基本上都是 70%。2005 年前后开始减少，但是每股分红回报率仍然在 25%以上。全员持股没有和外部资本市场打通，只是依靠公司持续的利润增长，内部自循环，很难长期维持，任何一家公司都不可能做到一直高速增长。② 代际分配不合理。老员工不需要认真工作也可以获得远高于其工资的高额分红，在华为分红才是中高层主管与骨干员工的主要收入。但是，华为是高科技公司，主要工作都是年轻人承担，内部分配公平性不佳。③ 产权不明易引发纠纷。员工除分红外没有股东的其他权利，员工辞职时必须退股，且公司回购价格与市场价格偏离较大。2004 年原华为公司北京研究所所长和另外一名华为高管联名起诉华为在回购离职员工股权时，没有按照市场价值作价。

其实，华为配股字面上是股份，实际上是内部集资分红，并非真正意义上的股份。华为坚持不上市的原因除确保公司控制权外，更有激励员工的考虑，华为不上市且员工离开就退股，员工无法通过 IPO 套现，只能认真工作。华为诸多战略决策到目前为止都基本正确，公司利润较高，使上述逻辑到目前为止都能实现。但随着华为增长速度放缓，就需要改变。在通信行业高速增长的 2010 年前，华为内部配股收益非常丰厚，2010 年内部购买价格 5.42 元，每股分红 2.98 元，收益率超过 50%。2011 年分红大幅下滑为每股 1.46 元，之后再没有超过 2.98 元。深圳房价快速增长时，买华为内部股票而没有买房的很多员工非常后悔，因公司分红远低于房价增长速度。因此，任正非在 2013 年 12 月 19 日公司业务座谈会上说："有员工在公司心声社区贴了一篇外面评论家的文章，主要说若华为不能持续盈利，员工配股就是泡沫，终会破灭，这篇文章讲的是一个真理。我们没有不同于别人的命运，唯有多努力。"

代际股份分配可借鉴慧聪公司的做法即任何人不管持股多少，分红都不得超过分红总额的某个比例，以此避免老员工分红过多。

随堂阅读 10-3：SOX 法案的主要内容

（刘峰，《萨班斯法案：由来、影响及争论》[57]）

SOX 法案共分 11 章，第 1 至第 6 章主要涉及对会计职业及公司行为的监管，包括：建立一个独立的上市公司会计监管委员会（Public Company Accounting Oversight Board，PCAOB），对上市公司审计进行监管；通过负责合伙人轮换制度以及一家财务机构不能同时为同一家公司提供咨询与审计服务，也就是咨询与审计服务不兼容等措施提高审计的独立性；对公司高管人员的行为进行限定；加强财务报告的披露；通过增加拨款和员工等来提高 SEC 的执法能力。第 8 至第 11 章主要是提高对公司高管及白领犯罪的刑事责任，如针对著名会计师事务所安达信公然销毁安然公司作假审计档案事件，规定销毁审计档案最高可判 10 年监禁、在联邦政府调查的案件中销毁档案最高可判 20 年监禁；公司高管提供不实财务报告，根据严重程度，分别设定 10 年或 20 年的刑事责任。

美国 2001—2002 年度所爆发的一系列大公司财务作假丑闻中，公司管理层负有最主要责任，因而 SOX 法案的主要内容就是明确公司管理层责任，加大对公司管理层违规的处罚力度。

10.9.6 股权消灭条件

长期激励方案必须明确持股人离开公司时股份处理的具体规定，一方面可避免法律纠纷，另一方面可防止对公司不利。如某公司总经理持有公司 2.4%的股权，离任后仍然持有该部分股权，新总经理继任公司又给股份，若干年后不可持续；另一民营企业占有 20%股份的一合伙人辞职后新开一家与该民营企业有竞争关系的公司，20%股份却没有退回。

为防止上述现象出现，必须在股权激励方案中约定人在股在、人走股退的条款。特别是必须在股权消灭规定中加入日期截止与强制自动执行程序，离职人员在人事档案转走当日，股权以何种方式退回公司，如超时则按照每日多少罚金赔偿公司，以防止双方发生诉讼，对方采用拖延战术。

阅读 · 讨论 · 练习

1. 德国大众公司的时间证券

时间证券由德国大众汽车公司人力资源管理副总裁皮特 · 哈茨博士 1997 年提出[58]。

当时，德国大众集团公司面临订单不足、员工富余问题，如果全部遣散富余员工，除了遣散费用高之外，德国劳动法律也不允许，为此皮特 · 哈茨创立时间证券制度。所谓时间证券，就是员工购买大众内部发行证券，1/3 用员工平时上班的工作时间折算为资金投入，2/3 员工直接投入现金，公司通过投资或者公司利润拨备等方式，保证时间证券在员工退休后的回报。目前德国大众公司 98%的员工购买时间有价证券。

从公司角度看，经济形势不好时员工可以暂时离开工作岗位而不需要支付大笔遣散补偿金。经济形势好转时，员工返回工作，公司无须支付招新和培训费用，还可以增强员工对公司的凝聚力。

从员工角度看，员工可以灵活安排工作和休假时间，退休又有保障，有利于调动员工的生产积极性。

从政府角度看，可以减轻政府社保资金支出。时间有价证券可以使一部分员工在不工作期间，不进入失业和提前退休行列，返回工作时又继续缴纳养老和失业保险，提供更多的就业岗位，减轻劳动力市场的就业压力。

2000 年中德专家时间有价证券学术研讨会在中国劳动科学研究院举行，之后时间有价证券一度在国内引起关注，但很快陷入沉寂。主要原因是：① 时间有价证券的顺利实行需要资本市场投资率稳定，而中国资本市场投资回报率不稳定，且专业投资机构不成熟。② 缓解失业、工作分享的压力在中国远没有德国严重。③ 中国劳动法律对裁员的严格度远低于德国，工会力量与德国工会不能相提并论。

思考：德国大众时间证券属于 DC 计划还是 DB 计划？

讨论：在学校图书馆中国知网或其他论文数据库下载《模拟股份制在国有水电施工公司的应用——以 D 项目部为例》，总结模拟股份、动态股份的操作要点。

第 11 章　典型职序薪酬管理常见问题

学习目标

1. 了解典型职序的划分。
2. 理解典型职序薪酬管理的基本知识。
3. 运用本章知识解决典型职序薪酬管理中的难点。

典型公司的全部员工可以划分为生产、研发、营销、财务、人力、行政后勤等若干典型职序，本章主要介绍典型职序薪酬管理中的常见问题以及处理措施。

11.1　生产序列

11.1.1　工时定额

工时定额（时间定额）是指生产单位合格产品或完成一定工作任务的劳动时间消耗。工时定额是生产管理基础数据，对优化配置人员、科学安排生产作业计划、降低生产成本都有着重要的作用。

标准工时指具有平均熟练程度的多数操作者（“多数”没有严格定义，根据招聘生产人员的难度与成本而定，可以在 70%～90%），在标准作业和条件下，以正常的作业速度和标准的程序方法，完成某一作业所需要的总时间，等于正常作业时间与宽放时间的总和。所谓“宽放时间”即作业时间中的必要休息时间。通常采用工时抽样对操作者或机器设备进行随机观察采集数据后予以统计推断。

根据《劳动法》《国务院关于职工工作时间的规定》《关于企业实行不定时工作制和综合计算工时工作制的审批办法》（劳部发〔1994〕503 号）等一系列相关法律与文件的规定，我国的工时制度分为标准工时制度、特殊工时制度。特殊工时又分为不定时工时制、综合计算工时制、缩短工时制度 3 种情况。

我国目前实行的是每日工作 8 小时、每周工作 40 小时的标准工时制。

加班加点指每天超过 8 小时部分的时间是加点。休息日、节假日安排劳动者工作的属于加班。一般统称加班。

不定时工时制是工作日每天上班，但是每天上下班时间不确定，如高管、外勤人员、销售人员、部分值班人员和其他因工作无法按标准工作时间衡量的职工（如工程建筑公司中的工地现场管理人员）。美国 1948 年《公平劳动标准法案》（*Fair Labor Standards Act*，*FLSA*）规定公司员工划分为豁免（Exempt）和非豁免（Non-Exempt）两大类。豁免员工是指超时工作企业不需支付加班费的员工，因为此类员工工作时间不确定，尤其是管理人员。非豁免员工是指超时工作企业须支付加班工资的员工，为企业的操作类人员，如前台、接待、打字、出纳、档案等岗位的人员，即蓝领以及中低端白领。

综合计算工时制层面方面，按《关于企业实行不定时工作制和综合计算工作工作制的审批办法》规定，可以实行综合计算工时工作制的职工有 3 种：① 交通、铁路、邮电、水运、航空、渔业等行业中因工作性质特殊，需连续作业的职工；② 地质及资源勘探、建筑、制盐、旅游等受季节和自然条件限制的行业的部分职工；③ 其他适合实行综合计算工时工作制的职工，如地质勘查行业从业人员往往工作半年休息半年。

因特殊情况需要缩短工作时间方面，我国目前实行的缩短工时制有 4 种情况：① 从事矿山、井下、高空、高温、低温、有毒、有害等特别繁重或过度紧张的劳动等职工，每日工作少于 8 小时。化工行业从事有毒有害作业工人实行“三工一休”制、6 小时至 7 小时工作制和“定期轮流脱离接触”制度。煤矿井下实行四班 6 小时工作制。纺织部门实行“四班三运转”工时制度。建筑、冶炼、地质、勘探、森林采伐、装卸搬运等重体力劳动行业实行缩短工时制。② 夜班工作时间缩短 1 小时。夜班工作时间一般指当晚 10 时至次日晨 6 时。③ 根据 1998 年国务院发布的《女职工劳动保护规定》，有不满 1 周岁婴儿的女职工可在每班劳动时间有两次哺乳（含人工喂养）时间，每次 30 分钟，多胞胎生育的，每多哺乳一个婴儿，每次哺乳时间增加 30 分钟。两次哺乳时间可以合并使用。④ 1991 年通过的《未成年人保护法》规定，未成年工（年满 16 岁未满 18 周岁的劳动者）实行低于 8 小时工作日，如杂戏团等。

1. 特殊工时制度须备案

工作时间是劳动合同必须具备的内容之一，用人单位应将特殊部门的特殊工作时间制度写入劳动合同。

上海市劳动部门规定，凡被批准执行不定时和综合工作时间的单位，必须向职工公示被批准的岗位、有效期、计算周期等事项，否则无论用人单位在劳动合同中是否有相关说明，合同均无效。

2. 全年月平均工作时间和工资折算

核算工资薪酬是初中级人力资源师的基础技能之一。尽管已经有大量成熟的薪酬管理软件，录入考核等基础数据后，软件直接输出结果，但作为人力资源专业人员，一些难点要点始终要有所了解，不能完全、过度依赖软件。

目前工资计算的最新法规依据是 2008 年开始实行的《全国年节及纪念日放假办法》（国务院令第 513 号），规定我国公民不分男女、全国统一节日假期为 11 天，另外三八节、青年节有半天法定节假日，之前劳动部等发布的相关规定作废。除全国法定节假日外，地方政府可自行规定地方所属节假日，如广西每年有两天“三月三”假期、福建省永安市每年有笋竹节等。

就目前的相关法律法规而言，当前职工全年月制度工作时间为：

年工作日：365 – 104（休息日）– 11（法定节假日）= 250（天）

季工作日：250 ÷ 4 = 62.5（天/季）

月工作日：250 ÷ 12 = 20.83（天/月）

工作小时数以月、季、年的工作日乘以每日的 8 小时。

按照《劳动法》第五十一条的规定，法定节假日用人单位应当依法支付工资。据此，日工资、小时工资的折算为：

日工资 = 月工资收入 ÷ 月计薪天数

小时工资 = 月工资收入 ÷（月计薪天数 × 8 小时）

月计薪天数 =（365 – 104）÷ 12 = 21.75（天）

每月平均工作天数为 20.83 天，而每月计薪天数为 21.75 天，矛盾吗？不矛盾。两者计算的口径本来就不同，因为法定节假日带薪。

由于 21.75 天只是一个全年计薪日平均数，每月实际计薪天数并不一致，有些月份计薪日可以达到 23 天，有些月份计薪日可能只有 20 天，再加上员工离职、加班、请假、缺勤各种情况。实践中经常出现的几个疑问列举如下：

第一，月薪计算时可以按照实际出勤天数计算，也可以按照扣减缺勤天数计算，即常说的正算法和反算法，但是两个计算结果可能不一致。

正算法：工资 = 月薪 ÷ 21.75 × 出勤天数

某员工月薪 2 175 元，日工资 = 月工资收入 ÷ 月计薪天数，即 2 175 ÷ 21.75 = 100（元）。7 月份有 23 个工作日，员工缺勤 1 天，出勤 22 天，则其月工资为 2 175 ÷ 21.75 × 22 = 2 200（元）。不合理在于：该月请假一天，工资反而比全勤月薪 2 175 多了 25 元。

反算法：工资 = 月薪 –（月薪 ÷ 21.75 × 缺勤天数）

扣掉缺勤 1 天的工资，于是当月可领工资为 2 175 – 2 175 ÷ 21.75 × 1 = 2 075（元）。不合理之处在于，如果假设当月员工只出勤 1 天，缺勤 22 天，按反算法，则 2 175 – 2 175 ÷ 21.75 × 22 = – 25（元），等于白干了 1 天，还要倒贴 25 元。

目前国内公司有对于这一问题有不同做法，网上很多讨论，本章建议两种算法：

算法 1 来自文献[59]，要点是：

正算法：工资 = 月薪 ÷ 21.75 × 月计薪天数 ×（出勤天数比例）

反算法：工资 = 月薪 – 月薪 ÷ 21.75 × 缺勤天数 ×（出勤天数比例）

月计薪天数 =（月出勤天数 + 法定节假日天数）

出勤天数比例 = 21.75 ÷（当月应出勤天数 + 法定节假日天数）

应出勤天数：每个月应该出勤的天数（不含法定节假日）。

实际出勤天数：当月实际状况下出勤的天数。

计薪天数：除正常工作日外，还要包括当月法定节假日。

同样举上面的例子：该员工月薪 2 175 元，7 月份有 23 个工作日，员工缺勤 1 天，出勤是 22 天，本月月薪多少？

正算法：2 175 ÷ 21.75 × 22 ×（21.75 ÷ 23）= 2 080.4（元）

反算法：2 175 − 2 175 ÷ 21.75 × 1 ×（21.75 ÷ 23）= 2 080.4（元）

算法 2：某员工月薪 2 175 元，5 月份有 21 个工作日，五月一日为法定节假日，员工缺勤 1 天，实际出勤是 20 天，本月月薪多少？

正算法：2 175 ÷ 21.75 ×（20 + 1）× [21.75 ÷（21 + 1）] = 2 076.14（元）

反算法：2 175 − 2 175 ÷ 21.75 × 1 × [21.75 ÷（21 + 1）] = 2 076.14（元）

正反算法结果都一致。

不过，此处推荐第三种算法：工资 =（当月实际出勤天数 + 当月法定节假日天数）÷（当月应出勤天数 + 当月法定节假日天数）× 月薪，即（20 + 1）÷（21 + 1）× 2 175 = 2 076.14（元）。

显然，第三种算法更简单、清楚，员工容易理解，推荐采用。

第二，关于加班工资算法。加班工资的计算较为容易，工作日超时加班不低于 1.5 倍、休息日加班不低于 2 倍、法定节假日加班不低于 3 倍。算法：加班工资 = 月薪 ÷ 21.75 × 加班天数 × 所对应的倍数。

举例：某员工月薪 2 175 元，5 月出勤满勤，5.1 到 5.3 加班 3 天，5.1 为法定节假日。那么其工资 = 月工资 + 加班工资，即 2 175 +（2 175 ÷ 21.75 × 1 × 3）+（2 175 ÷ 21.75 × 2 × 2）。

第三，法定节假日工资 300%是否包括原来的工资收入？

《劳动法》第四十四条规定："有下列情形之一的，用人单位应当按照下列标准支付高于劳动者正常工作时间工资的工资报酬：（一）安排劳动者延长工作时间的，支付不低于工资的百分之一百五十的工资报酬；（二）休息日安排劳动者工作又不能安排补休的，支付不低于工资的百分之二百的工资报酬；（三）法定休假日安排劳动者工作的，支付不低于工资的百分之三百的工资报酬。"

另外，法定休假日不能以补休方式取代补偿。

实务中的一个疑问是 300%是否包括原来的工资收入？《劳动法》原文存在歧义，但原劳动部 1997 年下发、目前仍然有效的《关于职工工作时间有关问题的复函》（劳部发〔1997〕271 号）第四条明确规定：法定假日应另外支付不低于工资百分之三百的工资报酬。既然是"另外支付"，当日应得工资自然不包括在内。

3. 加班工资基数确定

加班工资存在的一些陷阱是：有的单位招聘时一口价，表面上看收入不少，比当地的最低工资标准要高得多，但该工资实际上包括加班费、基本工资等所有一切收入项目。曾经有人到法院起诉讨要加班费而败诉的报道，因为加班工资没有明确约定，经过计算，扣除加班工资外，其工资高于当地最低工资标准[60]。

最高人民法院民事审判第一庭编著、人民法院出版社 2010 年版的《最高人民法院劳动争议司法解释（三）的理解与适用》一书第 122 ~ 124 页中总结了加班工资计算纠纷常见的 6 种情况。此处不再具体列出，感兴趣的读者可以自行购阅。

各省市对加班工资计发基数有不同规定，主要有：劳资双方自由约定（北京）；无任何约定的，计算基数统一按劳动者本人所在岗位正常出勤月工资 70%确定（上海）；以本人正常工作时间工资为计发基数（广州）。另外，也有按照单位上年度职工平均工资或当地社会平均工资来核定加班工资计发基数之类的规定。

《工资支付暂行条例》第四条明确规定，最低工资应以法定货币形式支付。因此，公司给劳动者免费提供的食宿福利，不能包含在最低工资之内。因为如果“固定工资 + 包吃住”变成最低工资标准，则各单位给劳动者提供的食宿环境不同，容易产生纠纷。不过，一些企业如果取消“包吃住”，改由单位提供一定的餐饮条件，员工在自愿前提下购买餐饮服务，可以成立。

法定节假日的加班费必须在下月发工资时兑现。休息日加班单位可以选择安排补休，如果半年内不补休，则必须以现金形式支付加班费。没有得到加班费的劳动者，应及时向劳动保障监察部门或拨打 12333 劳动保障热线进行投诉举报。拨打电话时，可以录音保存证据。需要注意，加班费劳动仲裁有时限要求，一般不超过一年。

4. 不定时工时制和综合计算工时制加班费

一些公司认为本公司执行不定时工时制和综合计算工时制，因此不用支付加班费，该理解是错误的。

凡是执行不定时工时制和综合计算工时制，必须经过人社部门的批准。

企业因生产特点不能实行标准工时制的，无论以周、月为周期，还是以季、年为周期综合计算工作时间，超过法定标准工作时间部分，都应视为延长工作时间，应按规定支付职工加班工资。

要注意不同地方政府的最新规定，如原劳动部颁发的《工资支付暂行规定》（劳部发〔1994〕489 号）第十三条规定：实行不定时工时制度的劳动者，不执行上述规定。但是，现在一些地方性立法如上海、深圳等规定，经劳动保障行政部门批准实行不定时工时制的用人单位，在法定休假节日安排劳动者工作的，按照不低于劳动者本人日或小时工资标准的 300%支付工资。

因此，遇到薪酬管理方面的实践疑问，一定要看或者咨询当地劳动部门的最新规定。全国法律法规最新版本有很多，读者可以使用“法律检索平台”作为检索关键词在百度中进行检索。这里介绍两个检索平台：① 中国政府法制信息网（国务院法制办公室官网）检索，目前网址是 Http：//Search.Chinalaw.Gov.Cn/Search2.Html。② 需要注意的是，就法律法规政策文件等内容的及时更新方面，政府网站可能反而滞后于商业网站，所以也要结合一些商业网站，如 http：//www.51labour.com/、http：//law1.law-star.com/、http：//www.law-lib.com/等检索。

11.1.2　劳动定额

劳动定额指预先规定单位时间内完成合格产品（服务）的数量。科学管理之父泰勒在 19 世纪末期就将劳动定额作为重要的研究内容之一。实施劳动定额管理是很多公司特别是生产制造业管理的一项基础性工作。合理确定劳动定额的重要性在于对于员工来说，直接关系到工资收入高低和休息权。对于公司来说，劳动定额过低则利润难以保证，过高则劳动者难以承受。

劳动定额主要针对体力劳动、一些重复性高的简单脑力劳动，对于结果不确定、创造性高、过程难确定的复杂脑力劳动很难规定一个标准统一的劳动定额，如高质量的学术研究。当然，对于低质量、低水平重复的学术研究是可以规定劳动定额的，如一年至少发表多少篇一般水平的论文。

劳动定额分析最初起源于生产制造业，目前主要是工业工程本科专业的核心课程，一部分人力资源管理专业课程将其纳入工作分析内容，本章只做大致介绍，需要深入了解的读者可以阅读相关书籍。

1. 劳动定额的分类

按劳动定额的表现形式分类有：时间定额，亦称工时定额、产量定额、看管定额（如一名员工在某个时间段看管多少台设备）、服务定额、其他形式的劳动定额。

按劳动定额实施的范围分类：① 行业定额，某一部门、地区或行业对所属企业的主要作业或产品，在广泛调查基础上制定的定额，其实施范围是本部门、地区或本行业；② 企业定额，根据企业自己的具体生产技术组织条件确定，实施范围仅限于本企业；③ 临时性定额，企业在特殊情况下（如设计、工艺、材料材质和规格等临时变更），由定额人员会同生产技术主管部门有关人员根据实际情况制定定额，超过限定条件即中止。

部分行业与工种的劳动定额标准如表 11-1 所示。

表 11-1　部分行业与工种的劳动定额标准

标准编号	标准名称
GB/T 14002—1992	劳动定额术语
GB/T 23859—2009	劳动定额测时方法
GB/T 19620—2004	城市轨道交通电力牵引供电工程劳动定员定额
GB/T 19621—2004	城市轨道交通轻轨工程劳动定员定额
GB/T 19622—2004	城市轨道交通地下铁道工程劳动定员定额
GB/T 19623—2004	城市轨道交通通信信号工程劳动定员定额
GB/T 21744—2008	轨道交通工程大型设备制造综合劳动定额
LD 0091—1996	民用蜂窝煤劳动定额

在互联网上搜索各种劳动定额标准非常方便，需要时读者自行检索即可。

2. 多数员工完成具体含义

计划经济时期，政府主管部门制定行业劳动定额标准，企业执行即可。实行市场经济，劳动定额由企业自行其变，劳动定额处于“政府无人管，行业无权管，企业随意管”的状态。有的企业参照本地区本行业的劳动定额水平，有的企业凭经验确定、有的企业根据客户给的加工费而定、有的企业以每天工作 8 小时计算劳动定额、有的则以 10 小时计算、有的企业把最熟练员工完成情况规定为所有工人要达到的标准，以致多数员工加班加点也难以完成、收入偏低，出现招不进留不住、员工队伍不稳现象，甚至产生劳动争议与纠纷。

2005 年全国人大常委会在劳动法执法大检查中发现，企业随意修改劳动定额现象非常普遍。中华全国总工会 2008 年调查发现，56.6%的职工经常加班，其中大部分是不能完成劳动定额造成的，每天需要加班两个小时以上才能完成劳动定额的职工占被调查人数的 27.6%。

1995 年《劳动法》、2008 年《劳动合同法》没有定量规定劳动定额的确定问题，只是定性要求“计件工作的劳动者的劳动定额，应当是以多数劳动者在正常工作的情况下，能在每天工作八小时以内、每周工作四十小时的法定工作时间以内完成的。超出这一标准，则应认定为不合理的劳动定额标准”。

何为“多数”？70%、80%、90%都可认为是多数。中华全国总工会《关于积极开展行业性工资集体协商工作的指导意见》（2009 年）的提法是“在法定工作时间内、正常劳动条件下、90%以上职工能够完成”。江苏《工资支付条例》规定是本单位同岗位 90%以上的劳动者在法定劳动时间内能够完成。安徽规定为 80%，广东规定为 70%。

今天的中国制造业企业招聘生产线员工的难度已经比 2005 年之前大很多，很多制造业公司招收工人都比较困难，遑论提高劳动定额，生产制造技术也越来越自动化，故总体来看，劳动定额确定方面的争议在下降。劳动定额可以参考公司所在地政府部门的推荐比例标准。

3. 没有完成合理定额的工资扣减

原劳动部《关于贯彻执行〈中华人民共和国劳动法〉若干问题的意见》(〔1995〕309 号）文件第 56 条规定：“在劳动合同中，双方当事人约定的劳动者在未完成劳动定额或承包任务的情况下，用人单位可以低于最低工资标准支付劳动者工资的条款不具有法律效力。”也就是说，只要劳动者提供了正常劳动，不管劳动是否达到定额标准，就至少得到最低工资。

所谓“正常劳动”，2004 年起施行的《最低工资规定》第三条解释为：本规定所称正常劳动，是指劳动者按依法签订的劳动合同约定，在法定工作时间或劳动合同约定的工作时间内从事的劳动。劳动者依法享受带薪年休假、探亲假、婚丧假、生育（产）假、节育手术假等国家规定的假期间，以及法定工作时间内依法参加社会活动期间，视为提供了正常劳动。《最低工资规定》第十二条第三款规定：“实行计件或提成工资等工资形式的用人单位，在科学合理的劳动定额基础上，其支付劳动者的工资不得低于相应的最低工资标准。”

停工、停产在一个工资支付周期（一般是一个月）内的，用人单位应按劳动合同规定的标准支付劳动者工资。停工、停产时间超过一个工资支付周期的，如果劳动者提供了正常劳动，用人单位支付的劳动报酬可以降低，但不得低于当地的最低工资标准。

如果劳动者因个人原因缺勤，如病假，则病假工资可以适度低于最低工资标准。但是，原劳动部和各地一般规定病假工资不得低于最低工资标准的80%。

4. 滞后与提前完成定额是否算加班

在劳动定额合理的前提下，如果劳动者在8小时内未完成定额，延长工作时间内完成的定额，是否应支付加班工资？对此，全国各地的规定不尽相同：上海、深圳、浙江、湖南等地规定只要员工超时工作，无论其是否完成劳动定额，就应支付加班工资。显然，此种规定有“奖懒”之患。相比之下，原劳动部、北京、江苏、广东、天津、陕西、山东、河北、安徽等规定如果员工无法完成劳动定额，则不应获得加班工资，更为合理，当然前提是劳动定额要求是合理的。

对于某些员工故意拖延，将8小时内本应完成的工作量拖到8小时之外，试图以此拿加班费的情况，根据原劳动部《工资支付暂行规定》（劳部发〔1994〕489号）第十三条规定，劳动者在完成劳动定额后，由用人单位安排延长工作时间的，才算加班。既然有合理的劳动定额，超时未完成属于员工个人原因，当然不算加班，由此杜绝试图磨洋工拿加班费的投机行为。

有的劳动者在8小时内能超额完成，针对其超过定额的部分是否算作加班工资？有人认为，劳动者超过定额的部分应视为加班，给予加班工资。也有人认为，并未造成工作时间的延长，因此超过定额的部分不应支付加班工资。根据原劳动部《工资支付暂行规定》第十三条的规定可知，劳动者在完成劳动定额后，由用人单位安排延长工作时间的，才算作加班。

11.2 销售职序

销售是为公司直接创造利润的最关键部门。大多数销售工作有以下特点：① 工作时间自由，单独行动多。② 工作绩效可以用具体成果显示出来。③ 工作业绩不稳定性。④ 除了少部分销售高科技产品的岗位外，多数销售工作进入壁垒较低。

11.2.1 销售人员合理定额确定

《广州日报》2007年9月6日曾经讨论过一个问题——销售人员不能完成每月规定的任务量，是否可以解聘？问题的关键是，企业规定的销售定额标准是否合理？根据《劳动合同法》，首先销售定额要合理。参考广东规定生产线工人定额70%以上工人应该可以达到，那么销售人员的销售定额也应该类似。

但是，一个销售人员的销售业绩完成情况，除了员工个人能力努力之外，还有其他一些因素，如负责片区的市场大小，市场成熟度如该片区是否属于公司深耕多年的市场还是刚启动准备开发的市场，销售人员资历（一般情况下，销售人员资历长，则老客户多，完成业绩相对容易），产品特点（属于公司具有竞争力的产品还是竞争激烈的大路货等）。

一个公司往往同时面对多个不同的市场条件，也不可能让所有销售人员都去不同市场轮流销售，为了让考核尽量公平，考核时需要考虑各个行业和区域的市场潜力、市场成熟度和开发难度的差异。

对于市场大小不同、市场成熟度不同的情况，为提高销售人员考核公平性，通常有以下做法：① 轮流坐庄，销售人员在效益好的片区工作 3 年后，再调配到不好的片区工作 3 年。② 市场不太成熟、销售难度比较大的地区，所划定负责销售区域大一些，而销售难度较小的地方，划定的销售负责区域小一些。③ 采用不同的提成比例，销售难度比较大的地区，提成比例高一些，而销售难度较小的地方，提成比例低一些。④ 奖金一样，但要求销售目标不同。所有分公司、销售片区奖金数量一样，但要拿到奖金所要求的销售目标数不同，按照目标达成率乘以奖金基数来分配奖金。⑤ 最佳方法是划定不同的销售区域后，在销售人员之间举行招投标，销售人员自愿选择，激励效果最佳。当然对于万一可能流标的情况要事先有对策。

产品技术含量不高、专业性不高、销售周期短，销售情况主要取决于销售人员的能力与努力，如保险行业、保健品、化妆品行业，销售人员大多采用“低底薪 + 高提成”模式，甚至采用完全佣金制。对于产品技术含量比较高、专业性比较强、销售周期比较长的情况，销售情况主要取决于厂家的声誉与品牌，销售人员努力的重要性相对其次，如大型技术设备，此时多采用“高底薪 + 低提成”模式。另外，有些产品本身口碑很好，有力竞争对手不多，销售人员并不需要做多少工作就可以取得较好业绩。需要注意的是，新产品往往不容易打开局面，于是销售人员不愿意推销新产品，而是更愿意推销老产品，对此需要根据公司对产品的定位差异化地制定考核指标与提成比例。

11.2.2 销售考核指标多元化

销售额当然是销售考核的第一指标，但是不是唯一指标，单纯地只用销售额进行考核容易出现一些弊端。如果只考虑销售额，则销售人员倾向要求公司压低价格，以便销售额提高，领取更多奖金，但价格过低，公司实际利润会减少。当然，如果公司处在追求规模、追求市场占有率的某个特定阶段，可以将销售额作为唯一的考核指标。

除了销售额，通常还考虑以下指标：① 回款情况。必须设计销售中关于款项风险的控制措施。否则可能会出现销售额大，但实际上由于存在大量难以收回的款项而有名无实，造成业绩考核失败。美国一些银行一度以发放贷款的数额决定贷款员的表现，结果出现大批的坏账，让公司遭受了巨大损失。② 新客户开发情况，避免一些资深销售人员一直吃老本，一旦离职，公司持续经营受到很大影响。③ 大客户开发情况。④ 一些非财务标准和行为标准，如客户投诉情况、客户拜访记录等。

11.2.3 考核与薪酬挂钩

以利润为基数进行提成计算最合理，该做法的第一个好处是员工开始关心成本，帮助公司一起节省成本；第二个好处是原来是用销售额计算佣金，员工往往要求公司降价以扩大销售额，以便提高自己的提成，但是降价会减少公司利润，改用毛利润计算提成，则销售员一味要求公司降价的冲动会减少很多。

但是，采购价格、真实利润等数据是公司的商业机密，不宜公开。此外，员工会认为：自己只是打工，不是合伙人，没必要和公司一起负盈亏，成本涉及项目多，不容易算清楚，所以一般还是以销售额为提成依据。常见的方法主要有：

（1）纯佣金制：按销售额一定比例进行提成，销售人员拿最低工资。最大的优点在于，销售报酬指向非常明确，能激励销售人员努力工作，大大降低了公司运营成本的压力。弊端也很明显，销售人员只追求销售额，而忽视销售的可持续性、公司利益，销售队伍稳定性差，比较适合于小公司的纯体力型、成熟产品的销售。

（2）纯薪金制：销售人员实行固定的工资制度，而不管当期销售完成与否。优点表现在易于管理，并使员工保持忠诚度。但由于对销售人员缺少金钱的刺激，容易形成“大锅饭”，不能够吸引和留住较有进取心的销售人员。

（3）排序报酬法：把所有销售人员的报酬事先固定，统计不同销售额，按照第一名、第二名、第三名……的顺序发放工资。将最后一名的工资与倒数第二名的工资拉开较大差距，以防止出现吃大锅饭。排序制鼓励适度竞争，让销售人员收入有保障，对于销售队伍的稳定和提高销售员的忠诚度有好处。该方法的优点是适用于市场形势急剧变化而无法确定销售定额、提成率时的情况。如果原有销售额与市场占有率已经很高，则激励效果不佳。

（4）瓜分制：销售人员总收入一定，按个人完成的销售额占全部销售人员销售总额的比例来确定薪酬。前提是参与瓜分的销售人数比较多，否则易于串通作弊，从而达不到鼓励内部竞争、激励销售的目的。主要弊端是不同销售人员的竞争未必公平，如新销售人员与资深销售人员之间的竞争起点显然差异较大。可以考虑将销售人员按照资历、负责市场大小等分组后，再采用瓜分制。

（5）浮动定额制：将每月销售定额（当月的销售总额除以销售人员人数所得的人均销售额）乘以一定比例。如果某员工个人实际完成的销售额在定额以下，则只拿基本工资；如果完成的销售额在浮动定额以上，则超过定额部分按一定比例提成，外加基本工资。

（6）同期比制：每个销售员的销售额与上一年同期本人的销售额进行比较，如果比上一年差，则予以处罚，处罚程度与下降比例挂钩。目的是防止销售人员不愿意主动开发新客户，始终吃老本，或者在外兼职而导致销售额下降；适用于市场处于快速增长、成熟的情况，不适用于市场衰败、宏观经济不景气、行业不景气的情况。

（7）工资 + 提成制：最流行、最常见的销售人员薪酬设计。当然，为了加大激励力度，有些公司规定如果当月或者连续数月没有完成销售指标，则按一定比例扣减基本工资。也就是说，基本工资中也引入一定动态因素，而不是完全固定的。

某公司销售职序考核提成规则如表 11-2 所示。

表 11-2　某公司销售职序考核提成规则

岗位	底薪/元	销售指标/（季/元）		提成比例	金额/元	惩
业务主管（最低45万）	5 000	500 000	以上	2.45%	12 250	1. 如连续两个季度没完成，降为高级，如连续两个季度能完成，晋升为业务经理。 2. 完成一半指标以下，扣 1 500 元。 3. 完成 65%指标，扣 900 元。 4. 完成 80%指标，扣 600 元
		450 000	以上	2.4%	10 800	
高级业务员（最低35万）	4 000	450 000	以上	2.50%	11 250	1. 如连续两个季度没完成，降为初级，如连续两个季度能完成，晋升为业务主管。 2. 完成一半指标以下，扣 900 元。 3. 完成 65%指标，扣 600 元。 4. 完成 80%指标，扣 300 元
		400 000	以上	2.45%	9 800	
		350 000	以上	2.4%	8 400	
初级业务员（最低20完）	3 500	400 000	以上	2.6%	10 400	1. 如连续两个季度没完成，将做绩效薪资或岗位调整，岗随薪变。 2. 如连续两个季度能完成，晋升为高级业务员。 3. 完成一半指标以下，扣 900 元。 4. 完成 65%指标，扣 600 元。 5. 完成 80%指标，扣 300 元
		350 000	以上	2.55%	8 925	
		300 000	以上	2.50%	7 500	
		250 000	以上	2.45%	6 125	
		200 000	以上	2.4%	4 800	
助理业务员	3 000	200 000	以上	2.6%	5 200	1. 连续两个季度没完成，将做绩效薪资或岗位调整，岗随薪变。 2. 一个季度如只完成最低额度的10%或无单，直接辞退。（新人第二个月开始考核） 3. 完成一半指标以下的，将进入一个月的考核期
		150 000	以上	2.5%	3 750	
		100 000	以上	2.4%	2 400	

需要指出的一种极其特殊、罕见的情况是超级大单的提成问题。所谓超级大单，即非常大的销售订单，由于一般情况下提成都是订单越大，提成比例越高，如果订单特别大，则提成非常高，而订单的回款、利润产生是滞后的，由此出现当期要支付完成超级大单的销售人员提成给公司带来较大现金压力甚至出现年度预算超标的情况，对此应提前设计好基本工资薪级提高次数封顶（即很多公司规定如果销售业绩达到某些要求，则基本工资可以涨多少级，超级大单下，可能出现基本工资一次涨很多级的情况，因此需要封顶，比如最多涨三级之类的）、提成分期支付的制度。

11.3　研发序列

研发人员薪酬单元结构通常采用“薪酬 = 基本工资 + 知识技能 + 项目提成”的模式，

和销售人员类似，这里介绍研发序列薪酬设计中需要注意的常见要点。

项目提成需要考虑以下因素：① 产品销售受市场变化的影响，市场不景气时，即使优秀产品，也可能出现销售滑坡现象。② 企业产品销售情况除了产品本身的质量、性能与性价比外，还受到公司定价策略、销售人员努力程度等影响。③ 产品销售提成制不能简单只考虑销售额，还需要考虑产品开发费用，客户后期服务，产品处于销售初期还是快速增长期、稳定、衰落期等内容。

可以考虑以下做法：① 产品销售数量达到一定门槛后，开始从该产品的年销售额提成。在成本核算准确的情况下，可以在毛利润中提取奖励。② 提成时间需要与产品所处的销售阶段匹配，如可以考虑分为前后两个提成期，前提成期提成比例较后提成期高。③ 提成期内职工退休、组织调动，则仍继续享受提成，特殊情况下由其法定继承人继承。④ 约定哪些情况下丧失提成资格。

对于短期内没有效益，但中长期看是公司未来增长点、很重要的项目，即所谓种子项目，要保证参与种子项目研发人员的收入与短期项目研发人员的收入大致相当，必须引入长期激励因素。

对于项目组内部分工明确、每个分工成果可以在个体层面明确的情况，设定项目组内各成员的考核标准，然后提成。对于项目组内部成员的工作界限不是非常明晰的，在对贡献大小进行大致排序的基础上，按照简单的倍数差比例发放，如 1，1.2，1.5，2 之类的。

对于项目被划分为多个进度节点进行阶段性考核的情况，工作难度大的节点提成比例较多，难度小的提成比例较少；项目前期的提成比例较少，后期的提成比例较多。

随堂阅读 11-1：刘颖说相声，演出费给编剧提成

（中国网，http：//cul.china.com.cn，2010-11-08）

相声编剧与演员的关系类似于研发与市场销售的关系。

相声是否吸引人，除了表演者的功力，作为幕后英雄的编剧同样甚至更加重要，剧本质量差，演员表演功力即使强也很难弥补剧本短板，但是剧本好，演员表演只要不太差，效果也会不错。以前相声圈里一段相声的稿费一般在 3 000 ~ 5 000 元，最好的也不过一万多元，这无疑是相声缺乏好编剧、相声质量整体不佳的根本原因之一。

刘颖、浩楠两位相声演员合说的《一对一》在央视相声大赛中包揽了四项大奖中的三项，在央视相声大赛中从未有过。在前往青岛进行慰问演出的火车上，刘颖对记者畅谈成功秘诀。对于相声缺乏好编剧的尴尬，刘颖的办法是采用每场分成方式，激励编剧创作，初次完成剧本有稿费，以后的每一场演出，收入的 10%属于编剧。刘颖的御用编剧康珣 6 年前为刘颖创作的《教你模仿》，稿费是 3 000 元，后来演出近百场，演出分成数万元，远高于相声圈传统模式下的稿费收入，编剧创造的积极性自然高得多。

通过多部门提成加强研发部门与市场销售等部门的合作。技术人员最容易出现的局限性是技术本位而不是市场导向，过多追求技术指标，而忽视用户的需求，包括使用便利性、产品性价比等。实际上，很多情况下产品技术并非越新越好，而是性能比最高、在保证客户质量要求的情况下，最快进入市场，占领客户认知。竞争激烈的情况下，产品更新换代快，如果过度打磨，贻误商机。一个产品从需求提出、研发、销售到实现利润是各个部门通力合作的结果，因此利润均沾。在分配比例上，某公司的做法是：提成比例分商务部分和技术部分。其中，商务提成占计提基数的 7.5%，技术提成占计提基数的 4.5%。商务包括：公司提留 2%，销售人员提成 4%（目前公司处于创业期，在开拓市场方面需要加大力度），商务人员 1%（包括合同、采购等人员），商务部门提成 0.5%（归口综合部保管，用于部门建设、部门活动经费）。技术提成中，项目经理 2%，项目组成员 2%（因目前公司技术人员不多，且项目经理除项目管理外还兼任部分技术开发工作，未来技术开发人员较多时，两者的比例再调整），技术部门提成 0.5%（技术部门的活动经费）。

11.4 行政辅助与外派人员序列

行政工作比较烦琐，多数为事务性工作，没必要逐项评估其价值与贡献，通常参考市场价格与公司贡献最大、最直接的生产、销售、研发序列的工资情况确定一个比例。如在一些高校，副处长年终奖金为副教授的 80%、院系秘书年终奖为教师的平均奖或者平均奖的某个比例等。

对于外派人员，主要考虑地区间工资差异和外派人员工资补贴的问题。通过薪酬调查，可以了解当地的社会平均工资和消费水平、当地公司的薪酬水平，进行直接调整即可，通常是乘以一个地区的差异系数。

阅读·讨论·练习

讨论：不定时工作时与综合计算工作时的区别是什么？举例说明。

第 12 章　薪酬管理诊断与优化

学习目标

1. 了解薪酬诊断与优化的概念。
2. 理解薪酬诊断与优化的难点。
3. 运用本章知识进行薪酬诊断与优化的实际操作。

不少管理者都有类似经历与体会："薪酬制度是公司最大的政治！试图优化改进，很容易落下所有人都不满意的悲剧""我尝试着在公司内部进行薪酬制度优化，最后没人说我的好，以后我再也不干这种事情了"。试图改动薪酬确实很容易导致两边不讨好：薪酬减少的人当然不满意，但是薪酬增加的员工未必也就完全满意。一个新的薪酬制度优化下来，增加工资的人觉得早就应该加，减少工资的人更不会说好。

公司进行薪酬管理改进的情况主要有两种：① 最初几个人成立一个公司，逐渐发展，期间薪酬方案修修补补，一直沿用，最后人员规模到了一定数量，薪酬方案不完善的诸多弊端就暴露出来，需要改进完善。② 公司进入稳定发展阶段，有一套完整的薪酬方案，但遭遇到较大的经营压力，经营战略需要调整。经营战略调整需要绩效与薪酬调整给予支持，薪酬必然有增有减，不可能所有人都一起加薪。即使所有人都加薪，也存在加多加少的区别。但是，长期以来，"一个萝卜一个坑，各人自有一本账"，要进行薪酬调整，如薪酬标准往上增加可以，往下调必定有不少反对意见。

薪酬管理改进的幅度大小、推进速度快慢取决于公司内外部经营压力大小、支持与反对力量对比、主持薪酬管理优化工作的核心人物在公司中的威望和组织能力。当公司生存危机压力比较大，上上下下对薪酬改革的呼声比较一致、一把手权威较高，能够全面控制局面的条件下，可以推行全盘、彻底改革，否则宜选择渐进优化。

本章只讨论一个公司内部薪酬制度诊断与渐进优化的情况。薪酬诊断指摸清公司薪酬管理存在的问题，并在此基础上提出解决措施。

12.1　薪酬管理诊断要点

所谓薪酬诊断即对公司现有薪酬管理诸环节运行的实际状况和发展趋势进行调查，评估公司薪酬理念、薪酬结构、薪酬体系、薪酬水平、薪酬支付形式以及薪酬与考核对应规则等一系列薪酬管理工作的性质和特点，发现其存在的问题，提出合理意见或改革方案，提高薪酬对各级各类员工激励的有效度。

12.1.1 薪酬战略模糊

战略是对公司整体性、长期性、基本性问题的前瞻规划，事关全局，涉及公司重大资源的配置选择。薪酬战略即公司对薪酬管理核心问题的回答。薪酬战略模糊是很多公司在薪酬管理上容易出现的通病。

公司薪酬战略模糊主要表现为：采用领先型策略还是跟跑型策略、薪酬倾斜的重点对象不明确、鼓励员工何种行为，如鼓励团队合作、付酬因素权重设置不合理等问题没有清晰的思考。

某公司在度过婴儿期后，将加强自有核心技术开发能力作为今后 3 年的战略重点。反映在薪酬体系上，必须随着战略重点的改变对薪酬体系进行调整，如合理确定业绩工资的比例、对关键技术人才进行长期激励等。否则，公司虽然付出很高的薪酬成本，却很可能没有达到预期的激励效果。

公司不同发展阶段，对人员要求也不同，薪酬激励对象、激励重点必然也不同。以汽车制造公司为例，其薪酬策略是向“苦、脏、累”岗位倾斜，即向一线生产工人倾斜。如著名电商公司 eBay 意识到一线客户服务雇员是创造利润的关键，公司根据客户直接的反馈来制定一线员工薪酬，而且员工可以随时查阅本人业绩报告。再如美的公司认为一线工人对产品质量的影响比办公室事务性行政人员大，因此一线工人的薪酬高于办公室事务性行政人员。

简言之，进行薪酬优化前务必要广泛调查，在了解各方面情况的基础上，思考清楚：本次优化要解决哪些问题？要达到什么目的？

12.1.2 没有与公司盈亏充分挂钩

制定各种奖励政策时，要有前瞻性，不能只考虑眼前情况，还必须考虑以后的情况。奖励政策上调员工当然不反对，向下调整则几乎必然会出现反对声音。某公司一个部门数年前利润比较理想，所以公司给该部门的提成政策定为利润的 30%。现在时过境迁，由于竞争激烈以及各种成本不断增长，再按数年前 30%的利润比例支付提成变得困难。当公司提出适当下调提成比例时，该部门很多员工反对。后来公司销售提成政策虽然强行改变了，但很多员工不满意，不少员工不时在一些场合提起当年的高额提成比例。

“人无千日好，花无百日红”，很少公司可以持续多年高速度增长，所以一定要将员工的报酬与公司利润充分挂钩，否则一旦公司利润持续下降，则高额人力成本很可能将公司拖垮。通用汽车公司就是前车之鉴，通用汽车公司衰落的原因有很多，但最主要原因之一是公司迫于工会压力，签订了一系列没有考虑公司利润可能出现下滑、过于慷慨的劳务合同，导致通用汽车公司人力成本持续居高不下。

随堂阅读 12-1：通用汽车公司毁于缺乏预见

（田小山，《第一财经日报》，2009-06-15）

通用汽车公司曾是全球最大的汽车公司，在美国最大的五百家工业公司中高居首位，在全球最大工业公司中位居第二。每年汽车总产量 900 多万辆，年产值 1 000 多亿美元。

通用汽车公司与全美汽车工人联合会（United Automobile Workers Union，UAW）间的长期博弈堪称全球商业史经典，无尽的劳工法律与诉讼纠纷、数额庞大的养老金和医疗保险花费、时时刻刻有可能面临的大罢工，最终拖垮了通用汽车的竞争力。

20 世纪 70 年代通用如日中天，在美国市场上一度占到 52%的份额，当时的通用管理层当然领取高薪，而工会自然也希望分一杯羹。由于工会的存在，通用不能开除一些有问题的员工，否则会刺激全员大罢工和游行，罢工损失将远远大于一些员工领薪水不干活的损失。经过一番博弈谈判，通用与工会签署了一系列非常慷慨的劳动合同，包括同意为工作 30 年以上的员工无条件提供全额养老金和医疗保险等。

通用汽车公司的员工平均时薪（包括福利）超过 70 美元，而美国 2009 年 5 月份平均时薪才仅仅 18.54 美元，海外汽车厂商在美国组装工厂的平均时薪也只有 49 美元。与日本的丰田公司每辆车 2 000 美元的利润相比，通用每造一辆车反而损失 1 200 美元。

通用汽车公司管理层曾想把一些工厂搬到墨西哥和东亚以削减劳动成本，但 UAW 马上用一场大罢工迫使管理层就范。通用汽车也曾剥离低效的生产部门，却发现 UAW 包袱如梦魇般挥之不去。管理层曾试图削掉不盈利的品牌以控制运营成本，但各州要求通用汽车在撤销品牌时必须赎回特许经销商的存货，然而通用无力负担。

全美汽车工人联合会 UAW 于 1935 年成立，UAW 早期具有进步意义，在 20 世纪 30 年代的美国汽车产业中，工人每天工作 12 ~ 14 个小时，一周工作 6 天，工作期间不准上厕所，工伤非常普遍。经过罢工斗争，汽车寡头被迫提高工资，改善工人的工作条件。到六七十年代，日本车企进入美国，没有在 UAW 的传统势力范围锈带区（Rusty Belt）设厂。1973 年石油禁运危机，美国汽车产业因为一直生产大排量、高耗油的汽车，无法与日本省油的车型正面竞争，遭受重创。另外，工会管理层腐败贪污不断，为了自身利益完全不顾其他非工会成员的合理利益诉求。美国著名工会运动家 Robert Fitch 在《出卖团结：腐败如何毁掉劳工运动，削弱美国前程》一书有很多描述，如 1998 年 UAW 在卡特比勒（Caterpillar）建立工会医疗信托基金 VEBA，结果仅仅 7 年，2005 年基金就不能持续下去，退休工人只得自掏腰包支付医疗费用。多方面原因交织，UAW 在工人中的影响力不断下降。1999 年美国 85%的汽车由加入 UAW 工会的工人生产，2013 年该比率下降到 54%，UAW 对美国汽车制造业的影响力越来越小。

2005—2009 年通用汽车公司亏损高达 800 亿美元，在 UAW 影响力不断下降、通用汽车如果关门则工人饭碗砸掉、UAW 管理层的肥差也会丢掉的现实面前，UAW 管理层态度不得不松动。2011 年 UAW 投票通过一份协议，同意员工和通用汽车公司根据公司利润调整工人薪酬，不再坚持之前的固定高额待遇，避免通用汽车公司破产关闭，工人失去工作岗位。

2018 年年底通用汽车裁员人数 1.47 万，占公司所有员工的 15%，同时裁减 25%的管理层人员。另外，2019 年年底计划关掉 7 个工厂。

显然，现在回首思考，通用公司在第一次面临 UAW 大罢工时，正确策略是与工会博弈一年，尽管一年内会有很大损失，但工人不可能持续罢工一年，一年的短期损失与后面一二十年的长期亏损相比，得远大于失。当然，由于当时的管理层任期很难长达一二十年，从而与工会妥协，签下“毒药合同”。

12.1.3 岗位薪酬水平定位不准确

公司薪酬定位不准确主要表现为：外部公平不佳，忽略自身特点、实力及市场地位，盲目模仿其他公司的薪酬模式，公司在薪酬定位时选择了错误的劳动力市场、错误的参照对象，导致错误的薪酬定位，薪酬水平或者过高，或者过低。当然常见的是薪酬偏低，公司陷入不断招聘新雇员以满足运作需求的同时，老雇员又不断离职的恶性循环。

公司员工薪酬要在公司所在行业的同类、同等实力公司的同类员工中处于合理位置。公司应该进行薪酬调查，了解同行业公司在薪资福利方面的数据，以此为参数调整公司的薪酬政策。一般地，核心岗位与市场薪酬持平或略高出，普通岗位可以略低于市场价格，低于 15%以内可用工作环境、弹性工作时间等非货币薪酬来弥补。

12.1.4 固定与动态薪酬比例过高或过低

常见如固定工资比例过高，绩效工资比例过低则导致薪酬的激励作用无法有效发挥；反之，固定工资比例过低也是不行的，固定工资比例过低，员工压力大，缺乏必要的职业安全感与收入保障感，人心不稳，对公司持续经营不利。

随堂阅读 12-2:《谁说大象不能跳舞？——IBM 董事长郭士纳自传》节选

（郭士纳著，张秀琴，音正权译，中信出版社 2004 年版）

我（注：指 IBM 当时的 CEO 郭士纳）到 IBM 以后发现薪酬制度不太合理。首先，各级别薪酬主要由固定薪水组成，辅之以少量奖金、股票期权或部门绩效工资。其次，工资待遇差别很小。第三，过于强调福利。公司慷慨地为员工提供各种形式的福利待遇，诸如终身雇佣、养老金、医疗福利、员工乡村俱乐部以及各种培训机会等。20 世纪 70 年代和 80 年代的高利润时代已经过去，竞争对手中没有一个像 IBM 一样实行如此高的福利计划。

我们做了几个重大改革：① 首次向数万名 IBM 员工授予股票期权，而且授予非高层经理的股票期权数量是高层管理人员所获股票期权数量的 2 倍。② 将高级经理每年的工资待遇与公司股票价格挂钩。③ IBM 的高级经理自掏腰包购买股票期权，不再由公司直接授予。④ 在我来 IBM 之前，部门利润与公司利润脱节。1994 年开始，高级经理奖金中有 60%与公司整体利润挂钩，40%与该经理负责部门利润挂钩。⑤ 砍掉员工乡村俱乐部和免费医疗计划，因为公司财务状况已经不能承受。

12.1.5　未合理体现部门岗位与代际员工合作

如果过分强调个人的作用，会影响员工之间的协作精神，从而影响组织整体的运作能力，而过分强调团体的利益，又会陷入山头主义、部门主义、部门墙的弊端。

对于合作度小、主要是员工个体完成的工作，当然严格按照完成的数量质量分配，而对于合作度大的工作，就需要处理好合作分配关系。某公司有一个电工小组，每个人的岗位要求是一样的，但电工个人技能对工作质量的影响很大，而且电工之间的配合与合作也相对较少，因此公司按技能设置 5 个等级的工资，如此一来，一些追求上进的员工学习技能积极性特别高。另一个例子是包装小组，包装工作要完成称量、装袋、封口、装箱、封箱、堆放等多个环节，很难一个人完成，需要 4 个人共同完成，各工序协作要求很强，需要考虑合作导向的分配办法。

某国有企业发生过这样一件事：

某建材厂长黄 × 主持该厂全面工作的第一周，对本厂领导班子成员做了分工：自己除负责全面工作外，同时分管生产技术和财务工作；程 × 分管销售工作；王 × 分管人事、劳动工资和后勤工作。在新班子带领下，产量、产值均有明显增长。半年后，因建材市场竞争激烈，又值销售淡季，公司销售明显下降，仓库积压大批产品，公司面临停产。

分管销售的程 × 根据当时建材市场及本厂的情况，采取了三项促销措施：一是把产品单价下调 8%；二是在本市范围内免费送货上门；三是按产品销售额 2%提成，奖励销售人员。可能觉得销售属于自己分管，程 × 就没有和黄厂长讨论上述措施，自行安排落实了。

三项措施立竿见影，经过一个多月时间，该厂销售额大幅回升，积压在仓库里的产品全部销售完毕，公司产值和利润都有明显增长。

市工业局充分肯定了建材厂的经验，在一期简报刊登了厂里的促销经验。

黄 × 看到工业局简报后，觉得程 × 没提前告诉自己，程 × 在工业局的正面印象加强，自己作为一把手的权威受到挑战，很不高兴。同时，也有生产工人向他投诉，说销售人员上月收入比生产工人收入高出近一倍，太不合理。

于是黄 × 开班子会讨论，会上黄 × 与程 × 闹僵，会议不欢而散。

读者可以思考：如果你是程 ×，应如何沟通？如何解决销售人员收入大幅度高于生产工人的情况？

某公司经常不能按时交货，对职能部门负责人及一些员工进行调查访谈。结果发现，公司部门之间、部门内部相互扯皮、拉帮结派现象严重，导致公司原料浪费严重、产品合格率下降、延期交货、客户流失，公司亏损。

读者可以思考：如何解决该公司管理中的上述问题？

实际上，解决办法也不难，薪酬设计需要充分体现全员、各部门之间既有分工，又有合作的关系，避免陷入部门或者个人本位主义，设计团队导向的薪酬方案。比如对于生产部门部长的考核如下（见表 12-1）。

表 12-1　某公司生产部长绩效考核指标

项目	绩效指标	权重	计分标准
部门考核指标	延期交货	0.2	基准分 100 分，每上升 1%扣 1 分，每下降 1%加 1 分
	不合格品率	0.15	基准分为 100 分，不合格品率（与基数比）每下降 1%加 1 分，每上升 1%扣 1 分
	劳动生产率	0.2	基准分为 100 分，每上升 1%加 2 分，每下降 1%扣 1 分
	产值	0.25	基准分为 100 分，每上升 1%加 1 分，每下降 1%减 1 分
	部门协作	0.2	由公司相关部门对其合作状况进行评分，取平均分
个人考核指标	履行岗位职责状况评分	0.6	最高分 110 分，董事会考核评分
	下属员工投诉	0.4	最高分 100 分，投诉一次如果查实则扣除 5 分；同时对于投诉不实的员工扣分，避免个别员工没有依据，道听途说甚至打击报复而恶意投诉

其中"部门协作"指标占 20%权重，根据需要，可以动态增减，由于部门协作指标占相当权重，故部门墙现象显著减少。打破部门墙的另外一种思路是一个指标只考核一个部门，如该部门证明该指标未完成是其他部门的责任，则扣罚其他部门，该部门免罚。具体阅读第 8 章末尾戴天宇为深圳某公司设计的方案。

文献[61]介绍了一个制造型公司的合作导向、团队导向的考核与薪酬分配方案设计要点：

该公司管理核心指标为创效边利。边利就是边际利润、边际贡献，是管理会计盈亏分析中经常使用的概念。边利 = 销售金额 − 变动成本总额。边际贡献 = 0，说明销售只能维持变动成本支出，无法盈利。边际贡献 > 0，说明销售除补偿变动成本外，还能收回部分固定成本，在不增加投资而引起固定成本增加的情况下，公司可扩大销售，直到收回固定成本而实现真正盈利。当然，在未收回全部固定成本之前，公司总体上仍然处于亏损状态。

该公司年度考评根据公司发展规划及经营目标，预测本年度销售收入、利润目标，据此预算出车间增加值目标，再根据车间成本消耗水平，测算出车间创效边利目标基数，用车间创效边利实际完全情况挂提职工工资。

对生产部门，采取以创效边利为主的薪酬分配体系考评模式。

对专业技术、一般管理和辅助、服务岗位，以满负荷、不养闲人为原则，定编定岗定薪，与生产部门创效边利提成绩效工资密切挂钩。于是，职能部门人员开始关注生产与营销情况，工作态度大有改观。

公司领导挂钩年度经营指标，车间领导和生产经营性部室领导分别挂钩本单位各项经济指标，职能类部门领导分别直接挂钩各生产经营部门的经济指标平均完成水平，从而形成全员性的绩效考评体系。

该公司建立纵横结合的成本控制系统（见图 12-1）。纵向责任是将资产价值回报体系中的成本指标层层分解，将成本责任落实到车间，班组乃至个人。一是根据厂部目标成本的要求，按其构成要素分解到职能部门；二是由各职能部门将指标进一步细化，汇总平衡后下达到车间；三是由车间逐级将指标分解到工段、班组、个人，做到“项项指标有人扛，人人身上有任务”。横向责任是按成本指标的要素开展全面、综合和直接的成本控制。由此，该公司内部建立起了横向到边，纵向到底，纵横连锁，环环相扣的经济责任制。

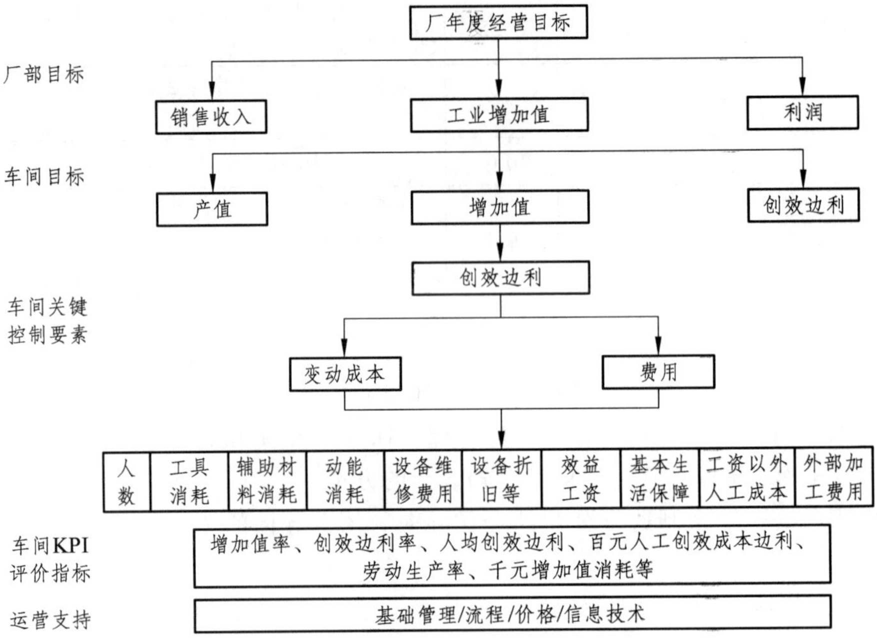

图 12-1　某制造类公司分层考评架构

12.1.6　未充分体现多劳多得优劳优得

公司分配必须遵循多劳多得、优劳优得、少劳少得、不劳不得原则，可谓老生常谈，简单易懂，但知道不等于做到，很多公司政策与实践的一致性不理想，对于人力资源管理而言即人力资源管理强度不佳。出现此类言行不一致的动机，主要包括不愿意得罪人、担心引发激烈反对、目前可以维持，没必要去捅马蜂窝等。

充分体现多劳多得、优劳优得至少包括以下方面：

第一，薪酬与绩效考核结果挂钩力度不够充分。读者需要注意“充分”二字，也就是说挂钩力度要足够。量化而言，总收入与业绩挂钩的比例不应低于 60%，才能比较有效消除“干多干少一个样”“出工不出力”现象。

第二，确保内部公平。尽管互联网时代，薪酬信息比以前透明不少，但是毕竟多数员工对身边信息了解得比外部劳动力市场的信息多。此外，跳槽虽然是大幅度增加收入的一个渠道，但是因个人能力、家庭、年龄等各方面因素的限制，多数员工很难跳槽，自然对本公司的分配情况更加敏感。

第三，拉开核心员工与一般员工所得的差距。20-80 法则在很多不同领域有不同的表现，生产库存管理存在（Activity Based Classification）法则、营销存在大客户管理（Key Customer Management）概念，而人力资源管理提出关键员工管理（Key Staff Management）。实践表明，一个组织的效率和产出，核心员工是最重要的影响因素。关键人才一般包括以下人员：① CEO、CFO 等高级管理人员；② 生产、营销重要部门经理；③ 高级研发人员；④ 高级技能操作人员；⑤ 具有显著发展潜力的一部分年轻员工。⑥ 其余对公司业务等有特殊价值的人。简言之，劳动力市场上供求比小、替代难度大、目前有实力、未来有潜力的员工即核心员工。

第四，代际公平指公司新老员工分配关系合理。一些公司的初始出资者、老员工过大比例地保持公司剩余价值的独享权。一个典型例子即华为老员工每年分红比年度薪酬所得还高，一直被非议。

12.1.7 奖少罚多

很多公司的制度都是罚多奖少，一个原因是惩罚员工的某种行为更容易观察到，处罚效果往往也立竿见影。相比之下，奖励员工后，员工会出现多少积极行为以及积极行为的后果多大，都难以预计与控制。

当然，并不是说罚多奖少、重罚多罚合理，而是恰恰相反。“事多活多责任重，少奖多罚”的制度必然导致员工畏首畏尾，形成“多做事多出错，少做事少出错，不做事不出错”、不求有功但求无过的消极氛围。

举两个管理实例：

例 1：某公司一名销售业务员拜访客户，没有按规定考勤打卡，也没有向部门经理请假。拜访完客户后回到公司，部门经理说公司有考勤规定，而且必须参加部门早会后，才能外出拜会客户，根据公司规定要扣销售员钱。销售员不服，向老板投诉，老板查了该业务员业绩，发现其工销售业绩很不错。可是，部门经理根据公司规定，对该员工考勤提出要求似乎也合情合理。

读者可以思考：在该例中，该不该扣该业务员的收入？公司对于少数高绩效员工应该如何进行差异化管理？

例 2：公司去年销售额 5 000 万元，今年要求 7 000 万。有两种做法：① 达不到就扣钱，这是惩罚导向。② 今年继续要求 5 000 万元，但是超过了就奖励，这是鼓励导向。

在公司外部环境不变的情况下，两种导向哪一种更好？

具体建议：

第一，员工日常行为管理切忌一刀切，要考虑不同情况。特别是对于销售人员、工地现场管理人员等经常在外面活动的一线员工，考勤没必要过于死板，而应该主要看业绩与贡献。业绩与贡献达到一定标准的员工，可以降低日常行为管理严格度，如给一个打卡的豁免额度，一个月可以 3 次晚到多长时间打卡。此种制度，公司没有多支付现金成本，但对员工而言却增加了自由度，属于非货币激励。

第二，必须将扣钱控制在员工总收入的一个合理比例内，比如 5%～10%，不能扣得太多，以至于让员工的注意力从最应该关注的绩效转移到日常行为管理上去。日常行为管理处罚额不宜过多，且要封顶，避免扣到低于最低工资，被员工起诉必然败诉的情况。

第三，绩效要以奖励为主。第二个实例中的两种薪酬给法，前者是减法，后者是加法。支出一样的情况下，就一般情况而言，后者激励效果更好。读者可以从第二章理论基础部分中前景理论相关部分得到一些启示，即个体对损失更加敏感，以奖励为主更好。

12.1.8 加班工资支出过高

一家销售女性服装的连锁公司每天收集各店面销售数据，总部根据每个店面的销售情况进行采购、调配货品。但该公司管理信息化滞后，为收集店面销售数据，老板给每个店面设置一个统计人员，统计每天的销售数据，然后再人工汇总到公司总部。由于收入相对较低，统计员主动离职率一直比较高。

公司新上任人力资源经理建议公司给统计员设置一部分加班工资，老板也同意了。加班工资的政策一出台就发现，刚开始一个月有四五个人加班工资拿得比较多，第二个月有二三十人拿加班工资，第三个月基本所有人都拿加班工资。

调查后发现，加班有两种情况：一种是工作确实多，正常上班时间不能完成而加班；第二种是效率低、做得慢而加班。效率高的员工正常上班时间完成工作，没有加班工资，效率低的员工反而能拿到加班工资，高效率的员工吃亏，于是效率高的员工也放慢速度，最终拿加班工资的人越来越多。

加班使公司支付更多人力成本，也影响员工的正常休息，不利于员工工作与生活的平衡。很多员工对加班抱有抵触情绪，加班时间内效率不高。一些经常加班的公司内有很大一部分员工是大龄单身，影响公司今后的招聘。特别是没有必要的加班反而助长磨洋工、作秀装样的不良风气，个别中基层管理者利用自己批准、审核加班的权力，以权谋私，拉帮结派，排除异己，恶化公司氛围。

公司在对待加班频繁的问题时，首先必须理清造成加班的原因是什么？最常见的两个原因是：① 是否由于组织设计和流程问题、部门与岗位分工问题、考核与分配不合理问题，导致部门之间、岗位之间内耗，工作不顺畅、效率低下；② 正常上班工作量不饱满，而不饱满的一个原因是工资太低，于是员工通过加班来保证收入。员工在正常工作时间不完成工作，而争取加班。

对于加班支出过多问题，根据不同情况采取不同措施，如前面销售女性服装的连锁公司的例子，解决办法就很简单，即引入 IT 数据采集系统，大大减少统计员岗位和统计员工作量。对于磨洋工以及与公司博弈的行为，采用部门投入产出比考核方法进行控制，加班工资与平时工资合计后，与部门产出对比，抑制个别部门经理因为各种原因（如自身管理能力不足、变相为本部门员工增加收入等）而经常申请加班额度的现象。此外，还可以采用本公司部门与行业内其他同类公司类似部门员工人数对比的方法进行控制。

加班工资计算基数争议很多。目前法院判决的常见做法是劳动合同明确约定加班工资计算基数，否则按照实际工资（全口径收入）计算。

12.1.9 忽视非货币薪酬

货币薪酬对于年龄低于 50 岁的大多数员工来说，都是第一位重要的激励因素，但是多数公司没有实力将货币薪酬一直保持在始终高于市场平均水平的程度。在这种情况下，公司应重视通过非货币薪酬提高对员工激励的有效性。

灵活工作方式、工作生活平衡、良好工作环境、员工需要福利等都是多数员工感兴趣的非货币薪酬项目，特别是前三者并不需要公司投入多少真金白银，往往只需要在管理制度、考核方面做一些完善调整即可，如前面提到的销售业绩达到某个标准（如最近 3 个月业绩排公司前 20%）的业务员可以享受一段时间（如 4 个月）的弹性考勤就是一个例子。

12.1.10 薪酬制度文本不直观

奥卡姆剃刀（Occam's Razor，Ockham's Razor）指出凡事能简单就不要复杂。14 世纪英奥卡姆-威廉（William Of Occam）提出“如无必要，勿增实体”。奥卡姆-威廉使用该原理提出很多命题，包括“通过思辨不能得出上帝存在的结论”。

在哲学与自然科学领域，类似提法有很多，如 17 世纪德国数学家莱布尼兹的“不可观测事物的同一性原理”、牛顿主张“如果某一原因既真又足以解释自然事物的特性，则我们不应当接受比这更多的原因”、奥地利物理学家马赫主张“科学家应该使用最简单的手段达到结论”等。如果有两个处于竞争地位的理论能得出同样的结论，那么先选择简单的理论。

复杂的薪酬激励方案需要员工去消化理解，尤其是基层员工普遍不愿花时间去研究复杂的薪酬方案。越简单直接，就越容易被理解，则激励效果越直接。很多公司的销售绩效激励政策，少则五六页，多则几十页，只有设计方案的人明白，其他的人需要花不少时间阅读、思考才明白，激励作用也容易打折扣。

当然，完善的制度设计需要考虑很多方面，几乎必然会有较多内容，那么在内容确实难以减少的情况下，可以采用一些表达技巧让员工更容易理解，如能表格化的就表格化，必要时举一些实际计算例子，或者定制 Excel 宏，员工输入数据就知道本人收入，一目了然，而不必让员工自己去做太多换算。

12.1.11 存在合规性漏洞

薪酬方面的法律法规不少，读者需要专门阅读相关图书，列出需要注意的具体内容清单。这里列举与最低工资相关、容易出错的几个问题。

如何理解最低工资定义中的“提供正常劳动”？正确理解为：只要员工在法定工作时间内，在用人单位指定的劳动岗位上班，则不管该员工是否达到公司要求的绩效标准，公司都应该支付不低于最低工资的报酬。对于不胜任岗位要求的职工，公司可以调离岗位，培训或转岗，而不能不支付最低工资。

注意最低工资不包括下列项目：个人缴纳的社会保险金、加班费、法定津贴（中班、夜班、高温、低温、井下、有毒有害等特殊工作环境下的津贴）、补贴（如上下班交通费补贴等）。

公司因生产经营发生困难，按有关规定经政府或者有关部门批准关闭、整顿或者进入破产程序的，可以不适用最低工资规定。

随堂阅读 12-3：工资条小细节大麻烦

工资条司空见惯，但实践中多次出现单位因工资条设计的小疏漏而败诉赔钱的情况。

事件 1：员工申请劳动仲裁，要求加班费，单位抗辩说已经支付加班费，事实上也支付了，但一拿出工资条，工资条上面没有加班费一项。原来是做工资条时为图省事，把加班费合并进基本工资里面，结果单位败诉。

事件 2：员工申请劳动仲裁，要求加班费，单位抗辩说银行转账支付的工资中已包括加班费，拿出工资条，工资条上面有加班费项目，但工资条无员工签字。该员工只承认银行转账支付的是工资及其他福利，否认收到加班费，单位又败诉。

事件 3：员工申请劳动仲裁，要求支付工资，单位抗辩说工资已现金支付，有员工签收。结果一拿出工资条，发现工资条是员工班组长代签收的，但班组长和单位都拿不出员工代签的委托书，单位又败诉。

当然，也有公司胜诉的纠纷：员工申请劳动仲裁，认为其工资应是 2 500 元，但公司却按最低工资标准 1 000 元为基数计算及支付加班费，要求补足加班费差额。单位拿出有员工签字的工资条，上面将其工资 2 500 元分解为基本工资 1 000 元、职务工资 1 500 元，同时在工资条上有备注栏：加班费按基本工资为基数计算，单位胜诉。

如今，员工维权意识越来越强，甚至有极个别专门抓公司管理漏洞、提起劳动仲裁甚至起诉而碰瓷赚钱的投机分子，公司防范风险非常重要。就工资条问题而言，比较规范的做法是：

每月工资条都以员工在劳动合同中留下的联系方式（主要是微信、QQ 邮件等）发到劳动合同中员工留下的邮箱里。

员工入职当日即下发以单位域用户名注册的个人邮箱或者员工个人在劳动合同签订的邮箱。此外要明确，如果员工邮箱地址更改，必须在公司发放下一次工资之前一周内发送到公司指定邮箱。

工资条要加按语：以下为 × × 员工 × 月的薪资各项明细，如有任何异议请于 × × 日内与人资部 × × 联系，否则视为员工默认无误。工资单注明异议申诉时效。《劳动争议调解仲裁法》第二十七条第一款规定，劳动争议申请仲裁的时效期间为一年。仲裁时效期间从当事人知道或应当知道其权利被侵害之日起计算。加入上述语句后，则发工资条时即为应当知道权利被侵害之日。

工资条要将工资构成明细列出，内容要全面，加班费单列、代扣个税及代扣保险单列，各种容易混淆的项目均应单列。

工资条发放的日期应交代清楚。

加班工资基数在劳动合同内明确约定。

上班天数、缺勤天数、假期类别天数应注明。

如果要求工资保密，可以在工资条上备注。

员工承认收到公司电子邮件，但否认邮件内容的，则需要证明邮件内容是否被改动或者伪造。电子邮件通常被法院采信为证据，但是部分省市公证处不再对电子邮件进行公证，理由是电子邮件可能被伪造。司法实践中，未经公证而当事人又不确认真实性的电子邮件，有可能不被法院采纳，需要司法鉴定。因此，尽量书面签收工资条，同时发送安全性较高、不容易作假的电子邮箱，如钉钉、QQ 等提供的电子邮箱。

12.2 薪酬管理优化实务操作

12.2.1 明确问题是否属于薪酬原因

启动薪酬管理诊断与优化之前，首先要明确一系列管理方面的低效率甚至乱象确实来自薪酬问题，而不是薪酬问题之外的问题，如管理制度不完善等。员工在表达对管理制度、对直接上级的不满意时，常常会提到对薪酬不满意。

对于员工关于薪酬的抱怨，公司必须清醒地认识到：员工抱怨背后的根本原因未必是薪酬，而可能是其他原因，如希望改进管理但迟迟没有得到管理层的积极回应、直接上级的管理风格、直接上级工作能力、公平性以及工作安排的合理性、员工个人的职业发展机会、工作成就感、自由度、决策参与机会等。

一个典型的例子即美国物流公司 UPS 一段时间出现送货司机不正常的过高主动离职率，离职面谈中很多司机提到薪酬不合理，但更深入的调查发现，真正原因是司机普遍对送货之外还要负担其他一些在司机看来不属于其本职工作的职责，司机向管理层提出过改进建议，但由于管理层迟迟未能回应，于是采取离职，而离职面谈时最安全、最常见的理由无疑就是薪酬不合理。

没有调查就没有决策权。陈云同志有一句名言，“领导机关制定政策要用 90%以上时间做调查研究，最后讨论解决问题用不到 10%的时间”。此言对于当代公司管理同样适用。

不要简单相信员工说的工资低，判断员工薪酬是否偏低，最可靠的方法就是基于薪酬调查与员工目前收入的对比分析，而不是员工主观感受。毕竟极少会有员工觉得自己干活少、拿钱多。当然，需要注意的是，使用薪酬调查数据时，要具体到职务序列与各典型群体、典型岗位，不能简单看平均薪酬指标，避免被误导。

12.2.2 夯实基础管理

管理是一个系统工程，对管理改进的思考不能是零碎和片段化的，不能只见树木不见森林。薪酬制度不是孤立的，需要其他管理体系的支撑，才能发挥作用。具体而言即薪酬管理需要建立在分工清晰合理、绩效考核合理的基础上。

1. 编写岗位说明书

岗位说明书不仅为员工招聘、培训提供依据，也为解决部门合作扯皮、岗位评价、绩效管理、薪酬管理和其他人力资源管理活动提供依据。需要在收集工作信息的基础上，对公司流程进行优化整合，进而对岗位工作职责与工作内容、任职条件与资格进行细化和界定，形成规范化、标准化的职位说明书。

当然，岗位说明书的编写需要灵活掌握详细程度。大公司与中小公司不同、处于成熟阶段的公司与处于快速发展时期的公司不同。前者时间、人力、财力都允许岗位说明书进行比较细致的编写，而后者不允许，往往只是粗线条、抓大放小地编写岗位说明书，将岗位难度最大、频率最高的若干项代表性工作任务进行归纳，编写岗位说明书即可，不必过于细化。实际上数量上占大多数的小公司甚至根本没有岗位说明书，本来员工不多，只需要日常默契即可明确各自工作职责。

2. 考核合理

合理的绩效考核制度是薪酬管理有效的基本前提。合理考核至少需要注意以下内容：

第一，考核指标不容易作弊，或者指标作弊很容易查证，进行惩罚。虽然多数员工是中规中矩的，但总有少数员工喜欢钻空子，“上有政策，下有对策”，这样的实例很多。美国一家食品连锁店曾经奖励员工从售卖蔬菜中挑虫子，一开始效果确实不错，员工积极从蔬菜中挑出虫子，但很快作弊现象就出现了。挑虫子麻烦且数量有限，个别员工为获得奖金，故意往蔬菜里面加入虫子，然后声称是自己从蔬菜中挑出来的。

第二，绩效考核指标必须设计合理，目标过高、目标过低、考核内容相当部分并非考核对象（如员工个人、部门、小组等）的努力与能力可以控制与影响属于常见的不合理考核情况，如前面关于集团公司年度总利润与多个分公司利润与奖励提成的关系例子中，分公司只能对本公司的利润目标负责，而不能影响其他分公司的利润目标，所以不能简单地将所有分公司的利润加起来后再按比例分解奖励各分公司。

第三，通过加入合作性方面的指标和权重，在员工之间、部门之间形成合力，打破部门墙，有效抑制只管自家门前雪，各自为战的本位主义、山头主义，避免出现各部门考核都合格，但公司整体表现不佳的不合理情况。当然，打破部门墙的另外一种思路是一个指标只考核一个部门，如该指标因其他部门的责任未完成，处罚其他部门，该部门免责，具体可阅读第 8 章末尾戴天宇为深圳某公司设计的方案。

第四，薪酬与绩效考核结果挂钩方式有多种情况。绩效考核的最终结果通常是具体分数或者分 ABCD、优良中差之类的等级。简单提成制的营销人员，直接与销售额的比例挂钩，而其他人员未必，更可能是等级制。此外，考核指标有多个，一些可能是一票否决，一些可能要某个等级、分数以上才对应某个薪酬，本书编者称此种考核思路为“指标等级组合考核”，如一个营销部门经理，考虑 7 个考核指标，其中一个指标是“指导新员工”，评级为 ABCD，要求必须在 B 以上，该经理整体考核才能为 A 之类的灵活组合。再如，个人与部门薪酬与公司效益挂钩比例统一，显然也是不合理的，不同的岗位与公司效益联系程度不同，财务部与公司效益挂钩系数为 0.5，而销售部公司效益挂钩系数应该为 0.9。

12.2.3 制造优化必要性氛围

通过内部调查、外部竞争对手情况收集、公司财务表现与人员流动数据等信息，全面、有力证明薪酬优化的必要性、紧迫性。

充分利用各类社交媒体与员工沟通，诸如微信、QQ、公司论坛等，一方面缓解员工的不确定感，另一方面了解员工关心的问题，及时回复，完善方案设计。

与员工互动沟通时，必须正面回答关键问题，不能含糊、搪塞，否则会恶化沟通效果，甚至不如不沟通。

当然，还有一个常见做法就是邀请著名专家、咨询公司等来做报告，充分发挥“外来和尚好念经”效应。因为一般员工对于第三方提出的方案心理抵触情绪会少一些。

12.2.4 阻力来源与表现

优化之初，大多数员工不会马上表态支持，因为多数人不知道优化对个人利益有何影响，会持观望态度。随着推进，有些会支持、有些会离开、有些会加入反对阵营。人习惯于待在舒适区。薪酬优化几乎必然伴随着考核的改变，工作量与工作压力随之改变。另外，管理信息化一方面固然带来工作效率提高、减轻工作量，但是另一方面也意味着一些潜规则变成显规则，个人操作的空间变小甚至消失，自然也可能激发反对声音。

高层管理者要在改革启动第一次大会上向员工说清楚进行薪酬优化的目的以及标准，明确承诺多数员工收入不下降。在宣讲后，大约 80%的人会由改革观望者变成改革支持者，至少不会反对。此外剩下 10%～20%的人仍然会保持疑虑甚至反对态度。最大阻力通常来自高层以及骨干，毕竟对于多数员工，只要不损害其基本利益，收入略有增减，那么一般员工多数情况下仅会私下发牢骚而已，而高层与骨干群体当中的反对阻力更难处理。

2009 年新联通薪酬套改方案出炉，很多联通员工愤愤不平，但很快烟消云散，联通现在仍然继续经营，毕竟大多数员工，尤其是已婚已育员工，虽然发牢骚声音调门很高，但是由于各种原因（如家庭、个人知识技能竞争力、年龄各方面），不可能辞职，反而是技术骨干、部分未婚未育年轻人包袱少，更容易辞职。

不仅薪酬改革，几乎所有的改革阻力都或多或少有以下类似表现：① 提出许多反对理由。支持一件事可找出很多理由，反对一件事可以找出更多理由。② 不支持，态度疏离、言语讽刺。③ 造谣生事，传播完全不实或者半真半假的小道消息。④ 软抵抗，消极怠工。⑤ 争吵、肢体冲突。⑥ 出卖商业机密。⑦ 直接离职。

12.2.5 阻力化解

1. 分类管理分而治之

做好所有岗位新旧薪酬方案的增减测算工作，岗位薪酬测算主要包括：① 薪酬优化前后总体人力成本支出的变化。② 结构变化，哪些人的哪些付酬项目发生了变化？应保证多数人微涨，涨多涨少有客观依据（如薪酬调查数据或岗位评价数据）。少数不太重要的岗位不变或者下调，不重要岗位指容易招新人取代，批量换人对公司经营影响不大的一些岗位。

国电南自公司在 2006 年薪酬改革中，按照新薪酬方案套算后，所有员工工资较套算前都有所提高，公司人力成本支出较套算前增加 32.6%之多。尽管所有员工加薪，但并非人人满意，一些员工不断做着各种比较，发出各种质疑："凭什么降低我部门某某的岗位？""为什么管理部门不如业务部门？""为什么他加（薪）得多？要么加一样，要么不加"等。

要有效回应员工上述疑问，需要外部劳动力市场的薪酬调查数据、内部岗位评价数据，两者结合回答员工关于薪酬调整的各种疑问。

2. 员工参与加强沟通

Greenberg 研究过公司降低薪酬后不同员工沟通方式对员工盗窃率有何影响[62]。研究中，两家公司薪酬福利水平各降低 15%，两家公司以不同方式将降薪信息传给员工，一种方式是充分解释、另外一种是不充分解释。第三家薪酬福利水平不变。降薪计划执行后，第三家公司员工的盗窃率没有明显变化，充分解释的公司员工盗窃率增加 54%，而不充分解释公司的员工盗窃率飙升 141%。

积极推动员工参与，开放、透明和信任让员工感到更多尊重。如果告诉员工必须遵守某项政策，而不告知原因，员工容易产生不理解情绪，但如果让员工参与政策制定，或者充分告知制定该政策的原因，员工会更容易接受。参与形式具体多样，如座谈、一对一或者小群体 Face To Face 面谈等，但互联网时代，效率高的参与形式还是公司钉钉群、微信、QQ 群等，辅之以座谈等形式。

当然，尽量和员工沟通，不等于指望所有问题都可以通过和员工沟通而得到解决。沟通只是加强了双方了解，减少误解，根本立场如果有重大分歧，沟通也无法解决。公司发展，员工要参与，但把公司所有问题都拿出来和员工讨论，并奢望得到员工完全理解是不可能的，员工利益与公司利益有一致之处，同时存在不一致之处。一般来说，多数员工必然更倾向少一些工作，多增加薪水，对公司中长期发展并不特别关心，即使公司破产，无非另外找工作，继续打工，而公司当然希望员工认真做事、少要求薪水，这是劳资根本利益的不同之处，所以公司与员工的关系属于合作中有矛盾，矛盾中有合作，管理层需要把握好度。

3. 以考核推动薪酬优化

在推动优化过程中，以考核推动优化是一个有效举措。

中国电力公司联合会 2006 年度管理创新颁奖仪式，国电南京自动化股份有限公司荣获管理创新一等奖。该公司推行薪酬优化的要点是：将完成薪酬体系优化作为年度目标纳入部门的年度考核。绩效薪酬项目启动会上，100 多名主管级别以上的管理层和公司签订项目承诺书。以每两个月为一个周期推行优化，实行薪酬优化的部门将从参与周期的当月起调整工资。各部门自愿选择参与时间。

该公司的薪酬优化并非一次性全面铺开，而是采用部门之间竞争，则必然会出现个别部门先完成的局面，从而给动作慢、完成情况不理想的部门形成有效压力。

12.2.6 薪酬诊断与优化时机抉择

公司是否启动薪酬诊断与优化主要取决于外部与内部环境是否出现重大变化。

公司外部竞争环境出现较大变化一般包括行业竞争格局变化、国家法规或者劳动力市场供求关系发生较大变化、主要竞争者薪酬水平发生较大变化等。

内部环境变化一般包括公司上上下下死气沉沉，活力不足、公司发展战略改变、公司组织结构调整或大规模人事变动、员工普遍对薪酬不满意，主动离职率过高等。

12.3 薪酬优化效果的量化评价

薪酬优化结束后，可将评价优化效果的指标确定为：① 不区分层次的员工总体满意度不低于 70%；② 核心员工满意度不低于 80%；③ 薪酬支出总成本与回报方面，人事费用率不变，或者下降某个比例，或者不高于某个比例；④ 核心员工保持稳定。主动离职率应该控制在 10%以下。

12.3.1 从薪酬满意度到薪酬制度满意度

在过去的很长一段时间里，管理学界、商业咨询界大力鼓吹员工满意度概念，于是许多公司都把员工满意度视为管理改进的重要指标。支持员工满意度者的论证链条似乎不言自明、看上去很有说服力，即员工满意度高→员工忠诚度高→员工工作热情高→公司绩效提高。

对这一逻辑是否成立有很多实证研究，但由于样本、变量选择、计量模型选择等多方面原因，结论并不一致，有不少研究支持“过度重视员工满意度的提高，反而会对公司业绩提高不利”的结论。2004 年国务院发展研究中心企业研究所历时一年，对 1 883 家公司进行调查，完成《中国企业人力资源管理调查报告》。报告显示，72.7%的中国公司员工对目前的薪酬表示“基本满意”“很满意”或“非常满意”。那么，中国有 72.7%的公司业绩称得上“基本满意”“很满意”或“非常满意”吗？即使是全球知名公司，员工薪酬满意度平均也不到 50%，而其他指标都可以达到 80% ~ 90%，可见业绩高低和薪酬满意度高低之间并不存在简单的正相关关系。

美国著名调查咨询公司盖洛普（The Gallup Organization）的一项研究发现，一般公司的员工中属于敬业员工的平均比例只占 30%，而优秀公司中敬业员工比例高达 63%。盖洛普对敬业（Engagement）的定义是“充满激情地工作”。公司当然希望员工都爱岗敬业，但实际上大部分公司的大部分员工对工作的态度称不上热爱，也谈不上讨厌，只是一个谋生与社交工具。

美国沃克信息公司（Walker Information，http：//www.walkerinfo.com）2004年发布的员工忠诚度调查报告显示，虽然有70%的被调查者对当前任职的公司满意，然而只有30%的被调查者对公司忠诚。员工满意并不等于对公司忠诚，对公司忠诚的员工不仅仅是完成工作，更表现出高稳定性。70%被调查者对当前任职的公司满意，与公司薪酬比较符合被调查者预期有关，同时也和劳动力市场就业压力、工作岗位短缺以及自身缺乏跳槽能力与机会有关。沃克公司的员工忠诚度调查表明，大约有2/3的员工随时准备离职。

在2004年沃克公司调查中，77%的高层管理人员认为公司环境很好，中层管理人员和基层工作人员持相同看法的比例分别是61%和51%。68%的高层管理人员对公司忠诚，而中层管理人员和基层工作人员的比例分别是35%和24%。原因显而易见，高层在公司中利益最大，由上而下利益关系度逐渐降低，忠诚度自然下降。

今天中国劳动力市场中，“65后”“70后”“80后”是主体，“90后”也大批进入劳动力市场。“90后”小时候的物质条件比“65后”“70后”普遍更好，成年后顺理成章地对生活品质要求更高，更会忠诚于个人职业生涯，因此“90后”的稳定性相对较差。

员工满意度与员工业绩有一定相关性，但只要员工满意度不属于“差”，则员工满意度与员工业绩相关性就并不强烈。因此，过分注意提高员工满意度，反而对公司业绩提高不利，原因在于：① 满意的员工是为自己“满意”而工作，而不是让公司“满意”。② 公司发展需要一定压力，而压力必然会引发一些员工不满意。从该意义讲，公司需要一定程度“员工不满”，如果员工尤其是低能力、低工作热情的员工都满意，则公司整体竞争力堪忧。

因此，公司内部薪酬满意度调查的重点应该在于薪酬制度本身设计是否满意、员工目前岗位薪酬水平与外部市场薪酬的落差等方面，而不是简单地询问员工对薪酬是否满意。

12.3.2 员工薪酬满意度调查表设计

网上有大量员工薪酬满意度调查表格，大同小异，下载、修改即可应用。此处给出一些进行员工满意度调查时的注意事项：

（1）不能在业务繁忙的时段进行调查。

（2）员工对调查的配合情况纳入员工考核内容之中。

（3）匿名进行。但是被调查人所属职序、岗位薪级等内容要填写清楚，以便分析不同部门不同员工的真实态度。

（4）如果时间条件允许，核心员工应该由人力资源部门经理与之一对一就薪酬满意度进行面谈。

（5）调查重点是员工对薪酬管理制度以及与同类公司同类岗位薪酬比较的满意程度，而不是对薪酬绝对水平的满意程度。

（6）不要笼统地问员工是否满意。笼统地问是否满意，得到的回答对设计具体薪酬增减规则参考价值不大。要求员工给出具体薪酬预期，类似于“我希望的月薪是6 000～

8 000 元”之类的具体表述，且最大最小值差距不能超过 1.5 倍，不能出现“我希望的月薪是 6 000 ~ 30 000 元”之类的无效回答。

（7）调查结果务必向员工反馈。很多员工抱怨调查表填完之后泥牛入海，不知道最终结果。公司后面再进行调查时，员工的参与热情也下降。可使用钉钉群调查系统等网络调查系统高效率搜集和反馈数据。

阅读·讨论·练习

1. 华为公司薪酬管理简史

（刘昕，《薪酬管理》）（第 5 版），中国人民大学出版社 2017 年版，第 70-75 页）

华为公司 1988 年成立于深圳一幢居民楼中，注册资金仅有 2 万元和 6 位员工。经过 30 多年发展，今天已经成为全球第一大通信设备供应商、第三大智能手机厂商。

1988—1994 年：初创期

华为一开始是一家贸易型公司，主要代理销售其他厂商生产的电话交换机。尽管华为 1992 年的销售收入突破 1 亿元，但是公司决定投入公司全部资源，走技术路线。1993 年开发出 2 000 门小型电话交换机，1994 年开发出第一台万门交换机。

这一时期华为的薪酬不高，吸引员工加入的主要原因是通信行业未来发展空间、个人能力发挥机会、创业激情等非经济性报酬。华为从一开始就不搞论资排辈，为年轻人提供快速成长和晋升机会。大学毕业刚进公司两三年可以管理几十人的部门，最年轻的高级工程师只有 19 岁。华为创业时期传奇人物李一男在 1993 年硕士毕业后进入公司，入职两天后升为工程师，半个月后升为主任工程师，半年后升任中央研究部副总经理，两年后被提拔为华为公司总工程师兼中央研究部总裁，27 岁便成为华为公司副总裁。

在尚无法支付高薪的情况下，华为采用股权激励吸引员工。1990 年华为提出内部融资、员工持股。持有内部股的员工有分红权，无其他股东权利，公司在员工退出时按照购股之初的原始价格回购。

1995—2005 年：高速成长期

1995 年华为进入高速成长期，1996 年销售收入 26 亿元。华为邀请中国人民大学一批专家起草“华为基本法”。1997 年提出客户服务文化，聘请 IBM、合益集团、普华永道、埃森哲等国际著名咨询公司帮助华为在研发、供应链、人力资源管理、财务管理、营销管理、质量控制方面引入世界级管理经验。华为实力逐渐雄厚，实施全面领先型薪酬策略，华为员工薪酬比国内厂商同类员工高出 1/3 甚至更多。

2000 年华为以 220 亿元的销售额和 29 亿元的利润位居全国电子行业百强首位。2001 年国内外形势急转直下，华为首次出现销售收入、利润大幅度下滑局面。华为此后两年冻结员工加薪，同时将新员工起薪下调。2003 年 362 位总监以上管理人员降薪 10%。

2003 年国内遭遇非典危机，华为与美国思科公司知识产权官司缠身。但年末华为全球市场销售同比增长 42%。华为在薪酬冻结两年后又开始给员工加薪。

华为公司员工划分为生产、研发、市场销售、客户服务四大序列。研发、市场销售序列员工薪酬明显高于生产、客户服务序列员工薪酬。本科和研究生刚进入华为的起薪存在学历差异，但薪酬差异主要来自岗位、业绩。华为工作压力较大，员工经常为完成工作而主动加班，但没有加班费，每年都有 4%左右的员工主动离职。

华为员工福利不多，集中在购买华为班车票、在公司食堂就餐、公司小卖部购物等内容上。任正非一方面通过高薪酬激励员工，另一方面警惕华为染上大公司的福利病。据说有员工曾建议华为建华为大厦让员工免费居住、员工免费在食堂吃饭，任正非坚决反对，认为一部分员工开始出现追求享受的思想苗头。

2005 年以来：稳定发展期

2005 年华为海外销售额首次超过国内销售额，公司进入国际化发展阶段。华为在 2006 年推行薪酬改革，按责任与贡献付酬，员工岗变薪变。华为希望通过薪酬优化鼓励员工在国际化发展阶段继续奋斗，调整一部分工作懈怠、安于现状、不思进取的员工，做到决不让雷锋吃亏、以奋斗者为本。

虽然 2008 年金融危机对 IT 行业冲击很大，但华为的业绩依然可圈可点。作为华为同城竞争对手的中兴公司的业绩却很不理想。2012 年中兴公司亏损 25 亿 ~ 29 亿元，而华为同年净利润 154 亿元。2013 年上半年，华为宣布为基层员工、应届毕业生大幅加薪。基层员工平均加薪幅度 30%，部分人超过 70%。2014 年新进入华为的应届毕业生的起薪大幅上调。本次调薪中，基层员工年终奖、分红大幅下降，固定薪酬占比明显提高。过去，华为员工年薪中有一半以上是年终奖和分红，随着虚拟受限股总数增加、公司利润率下降，分红比例越来越低，激励作用越来越弱。任正非在 2012 年 4 月的一次讲话中提到，今后要逐步降低分红，将一部分利润用于发奖金，激励奋斗在一线的人。

华为的员工持股

华为从 1992 年开始实施内部员工持股计划，工作 1 年以上的员工均可以购买公司股份，购买数量取决于员工职位、绩效、任职资格。公司年底通知员工可购买股份数，员工以工资、年底奖金出资购买股份，资金不够时公司可以协助员工取得贷款。股票购买价格不与公司净资产挂钩，通常确定为每股 1 元。员工购买股份后的主要收益来自与公司效益挂钩的高额分红。员工离职时，公司按照员工购买价格即每股 1 元回购。工会代表员工持有股份。员工自身并没有公司法意义上完整的股东权利。2001 年以前，处于高速成长期的华为通过内部股票分红使员工获得丰厚收益，华为内部有“1 + 1 + 1”的说法，即在员工的收入中，工资、奖金、股票分红的收入比例大体相当。1997 年之前进入华为的员工是最大受益群体。

2001 年深圳市出台《深圳市公司内部员工持股规定》，华为用虚拟受限股取代原来的内部股权。新员工不再派发 1 元一股的股票，老员工手中持有的每股 1 元内部股则按

2001 年年末公司净资产进行折算，增值到 2.64 元。公司每年会根据员工绩效表现决定其获得股份数。员工按照公司当年净资产价格购买虚拟股。拥有虚拟股的员工可以获得一定比例分红以及虚拟股对应的公司净资产增值部分，但没有所有权、表决权，也不能转让和出售虚拟股。员工离开公司时，股票由华为回购。

2003 年华为再次给予 80%以上员工股票购买权，目的有两个：一是向银行申请股权抵押，缓解华为 3G 业务未达预期带来的资金紧张问题；二是通过股权三年锁定期稳定核心员工队伍。

2008 年华为开始实行饱和配股制，规定员工配股上限。员工达到其所在岗位允许的持股上限后，不再参与新的配股。该规定使华为老员工的配股受限，有利于激励新员工，解决坐车老员工过多，对拉车的新员工激励不足问题。

2013 年华为面向外籍员工推出时间单位计划（Time Unit Plan，TUP）。TUP 计划的基本内容是每年根据员工的岗位及绩效，给员工配一定数量期权，期权不需要员工出资购买，以 5 年为周期结算。

讨论：从一个公司的全生命周期角度看，华为在不同发展阶段面临的薪酬管理有哪些？公司如何应对？

2. 深圳力锐公司的薪酬改革

（欧阳黎明，2008-04-12，http：//www.blueidea.com/news/other/2008/5719.asp）

2005 年，正值力锐创业第三个年头。力锐搬到位于深圳华侨城当代艺术设计中心大门口一个大概 350 平方米工厂改造后的办公室，开销一下翻了 3 倍，尽管之前做过预算，但还是让我（指该文作者）感到压力很大。

为激励设计师，我不断给设计师加薪，设计师薪水节节高升，公司反而出现利润负增长。与此同时，吃大锅饭现象明显，人心不足，不断给设计师加薪反而让设计师越来越自负，难以管理。

我开始启动改革，但在项目奖金分配上公司与设计师分歧严重，一些设计师组织起来与公司博弈。最初我奢望他们能够理解公司，后来我发觉根本行不通。当个人利益与公司（其实是老板）的利益发生冲突时，大部分人将自己的利益放在公司利益之前，这当然是人之常情。作为公司管理者，永远需要将自己摆在掌舵位置，在与员工积极沟通的基础上，领导者必须做出决定并为决定成败负责，而不能过多奢望员工所谓的理解。毕竟老板与员工位置不同，利益不同。

在沟通不理想的情况下，我选择项目不多、对公司影响相对较小的四月份，辞退公司所有人员，没有留下一个人，甚至包括前台文员。由于外人不了解具体情况，疯传力锐员工集体辞职。

现在力锐的制度得到更合理设计，项目小组工作制以及公司项目扁平式的管理方式让力锐颠覆了传统管理模式。

3 年前，力锐在公司禁止设计师聊 QQ，效果不明显。我做员工的时候，就经常用老板键，轻松一按，聊天迹象消失无影踪。堵没有用，只要员工将公司事情完成好，员工聊不聊天不用管太多，况且适当聊天也有一定好处，压力大、郁闷时聊聊天反而有助于工作。公司将设计师薪酬与项目业绩充分关联。优秀而勤奋的设计师拿高薪，过多聊天做事少的人自然收入低，要么自动辞职、要么公司终止合同。此外，有些公司觉得设计师可能会将公司资料在 QQ 聊天中传出去。我的立场是：现在手机、网络无处不在，若设计师要泄密，公司也不可能管得住。当然，必要的保密协议还是要签，以防万一。

管理其实很简单，就是多找公司与员工的共同利益点。企图对员工洗脑，强调所谓公司文化，喊口号，对于公司管理毫无益处。

讨论：

1. 搜索周白羽在《中欧商业评论》发表的《三改薪酬》一文，进行讨论。

2. 在中国知网检索相关参考文献，设计一份员工薪酬满意度调查表。可以独立完成，也可以多人合作完成。

3. 到学校图书馆网站中的中国知网数据库下载一篇薪酬诊断与改革方面的 MBA 学位论文（或者任课教师指定），一边阅读一边标记重点、感兴趣的地方，结合对照本书相关知识点进行分析。

4. 将本书与第一章推荐的薪酬管理教材，或者其他类似的薪酬管理教材在章节设计、内容方面进行比较，指出本教材的优缺点以及建议改进之处。

附录 1　× ×公司薪酬分配办法（2019）

一、总则

（一）目的

为形成效率优先，兼顾公平分配机制，建立健全企业职工工资与公司效益联动、与劳动力市场挂钩的工资决定和正常增长机制，达到员工个人利益与公司业绩有效结合，促进公司持续发展之目的，根据桂林市国资委以及国家发布的相关法律法规，结合我司实际，制定本办法。

（二）适用人员范围

× × ×

（三）基本原则

1. 效益一致原则：公司薪酬总支出与公司效益保持一致，能增能减，与公司效益挂钩。

2. 绩效原则：以贡献、绩效、态度、知识技能、工龄等多个指标综合确定员工报酬，以贡献、绩效为最主要付酬要素。员工收入与公司效益、部门绩效及个人绩效动态、充分挂钩。

3. 市场原则：在满足公司可持续发展条件下，合理参照市场薪酬价格。

4. 合规原则：符合国家与地方政府相关部门（特别是国资委）的各级各类法律、法规、文件办法的最新要求。

二、公司人力薪酬支出总额年度预算

本办法所称工资总额，采用桂林市政规〔2018〕33号文《桂林市人民政府关于印发桂林市改革国有企业工资决定机制实施办法的通知》统计口径，包括工资、奖金、津贴补贴、加班加点工资、特殊情况下支付的工资、福利等。

员工薪酬总额均指税前收入。

根据《桂林市国资委监管企业工资总额管理办法（试行）》的通知（市国资发〔2019〕6号）文第三章《工资与效益联动机制》第十四条相关规定动态确定每年员工薪酬总额。

三、员工薪酬与部门考核、员工个人考核挂钩

基本工资不与部门考核、个人挂钩。

绩效工资中的月绩效部分与个人月考核挂钩。

年绩效与员工个人全年考核、部门考核同时挂钩，年考核等级与年绩效的挂钩系数见表1。

表1　挂钩系数

考核情况	部门年考核优秀	部门年考核合格	部门年考核差
员工年考核优秀	1.6	1.4	0.6
员工年考核合格	1.2	1	
员工年考核差	不发绩效	不发绩效	不发绩效

部门或中干年考核、个人月考核等级由绩效考核办法确定。

四、员工薪酬构成项目

应发工资（月）= 岗位工资 + 职称工资 + 高温烤火补贴 + 绩效工资（月绩效 + 年绩效/12）

绩效工资大致为应发工资的40%。

（一）工龄与职称工资计算

工龄体现员工积累的工作经验和历史贡献。

工龄包括：非本公司工作社会工龄（社会工龄）、到本公司工作的工龄（司龄）。

试用期不计算工龄。

员工1年内实际出勤不满半年的，不计当年工龄。

自本公司离职、辞职后，再应聘进入公司者，司龄作为新员工处理。

社会招聘人员，社会工龄工资按照司龄工资50%计算。

组织调动人员，社会工龄工资按照司龄计算。

工龄工资按照一月10元计算。非整数工龄四舍五入。

职称工资中级月发150元、高级月发300元。

如考取不同序列的多个不同证书，取最高者计算一次。

发现证书外挂，则不予调薪，之前已经调薪的部分，予以扣回。

（二）岗位工资

定级入档，按照“就低不就高”原则确定职级，然后再按照“就高不就低”原则确定职级内的定档。

新员工岗位工资入档：确定新员工职级后，参考工资指导价，按照能招聘到合格人选市场薪酬价格按照《岗位工资表》中职级最低、定档最接近者定级入档。

新设置岗位的岗位工资入档参照新员工入档规则。

（三）绩效工资

公司当年绩效工资发放总额度计算方法为：国资委批复的薪酬总额减去员工基础工资、岗位工资以及福利、其他公司认为需要提留项目后的剩余部分。

每个岗位的年绩效、月绩效工资根据岗位工资与绩效系数加权计算。

各岗位年绩效工资具体计算过程见《年绩效工资计算实例》。

各岗位月绩效工资计算过程和年绩效工资计算过程类似。

可先预发月绩效，年底多退少补。

当月绩效工资（月绩效、年绩效/12）= 应发工资（月）×40%

（四）高温、烤火补贴

高温（月）83.33 元，烤火（月）41.67 元。

（五）社会保险

按国家规定执行。

（六）公司福利

福利支出总额根据国资委对公司考核结果动态增加或者下调，即上一年额度，加上本年度国资委核复的新增效益工资，按照上一年比例提取。

五、试用期

公司新员工试用期按《劳动合同法》第十九条执行。

试用期间的员工工资根据《劳动合同法》第二十条执行：“劳动者在试用期工资不得低于本单位相同岗位最低档工资或者劳动合同约定工资的百分之八十，并不得低于用人单位所在地的最低工资标准。”

工资计算期间中途聘用或离职人员，当月工资按照实际工作日数确定。

六、加班工资

按照公司现行加班办法发放。

协议工资：对于个别公司迫切需要、公司内部缺乏合适人选、难以短期培训满足需要的岗位，采用“一岗一薪一议”方式处理。

七、薪酬调整

薪酬调整包括工龄调整、职称工资调整、考核调整、岗位变动调整。

职称工资调整、岗位变动调整次月开始。

其余调薪项目一年调整一次，次年一月完成上一年调薪。

不参与工龄工资调整的情况：（1）病假、事假、非公司安排的员工脱产培训累计一年超过一个月者。（2）年度考核不合格。（3）加薪实施日前离职者。

考核调整：（1）月考核累积三次不合格，则年度考核不合格。（2）一年考核不合格，担任管理职务者职级降一级定档。没有担任管理职务者岗位工资降一档。（3）连续两年考核不合格，担任管理职务者职级降两级定档。没有担任管理职务者岗位工资降两档。（4）连续三年考核结果为“不合格”的员工解除劳动合同。（5）一个岗位连续两年考核合格及以上，级内升一档，级内顶格为止。（6）一个岗位当年考核优秀，级内升一档，级内顶格为止。（7）当员工达到级内定档顶格后，连续两年考核优秀或者连续四年合格，则进入上一职级。

岗位变动调整：（1）如岗位职级晋升，则在新职级内各档中，选择最接近原岗位工资的高一档确定晋升后新岗位工资。（2）如岗位职级下降，则新职级新岗位工资档位为旧职级对应档位，如原为 2 级 3 档，降级为 3 级，则新岗位定档为 3 级 3 档。

八、薪酬支付

采用人民币支付。

每月 15 日前发放，逢休息日、节假日顺延。

岗位月考核工资部分依据上月考勤记录进行。各部门负责人在每月 3 号前提交上月核算资料，如考勤表、绩效考核汇总表等。

员工如果对当月工资数额有异议，须在查看工资条后 2 日内向负责部门提出异议。人事行政部在 5 个工作日内处理回复，如有差额在下月工资中补发。

根据《广西壮族自治区工资支付暂行规定》（桂劳社发〔2003〕142 号）第 18、19 条，两种情况下公司可以直接从员工薪酬中依法扣除相应款项。

第一种情况，属于国家法定款项，直接从薪酬中扣除：（1）应当由劳动者个人缴纳的税款如个人所得税；（2）应当由劳动者个人缴纳的社会保险费；（3）司法、仲裁机构判决、裁定中要求代扣的款项，如抚养费、赡养费和损害赔偿等费用。

第二种情况，国家法律法规授权公司层面可以扣除的项目：（1）依法签订的劳动合同中明确规定可以扣除的费用；（2）用人单位依照依法制定并经职工代表大会批准、公布的规章制度的明确规定，对劳动者处分（如罚款、缺勤）、要求劳动者赔偿损失的费用。

第二种情况（1）（2）两项合并扣除后的工资余额不得低于当地最低工资。其中，第（2）项每月扣除的工资不得超过劳动者本人当月工资总额的 20%。

九、薪酬保密规定

根据 2018 年《自治区国资委监管企业工资总额管理办法（试行）》第二十八条，建立企业工资分配信息公开制度。企业需将职工工资收入分配情况作为厂务公开的重要内容，定期向职工公开。

公司员工不能向公司之外人员公开自己或其他公司员工的薪酬信息。违反者年度考核不合格，造成严重负面影响者解除劳动合同，公司可以求赔偿损失。

根据《广西工资支付暂行规定》（桂劳社发〔2003〕142 号）第十四条，工资报酬报表、资料、数据（包括纸件及电子文档），保存时间不少于两年。

十、附则

本办法涉及的部门与员工考核办法另行制定。

本办法相关条款如执行后国家有新规定，按照国家新规定执行。

（一）异议处理程序

员工对本人薪酬有异议，直接向人力部书面申诉。

员工提出的薪酬异议，人力部一周内处理完毕并告知员工。员工 3 日内无异议，则视为默认处理结果。

员工不接受公司异议处理结果，可提起仲裁或起诉，但不能单方面以任何方式向公司内外部公开本人或者他人薪酬、异议过程与处理结果，违反者解除劳动合同，严重者要求赔偿。

（二）解释与修订

本制度自 2019 年 × 月 × 日起执行，原制度同时废止。

本办法由 × × 部门负责解释、修订。

附：年个人绩效计算举例

部门考核与员工考核结合的绩效工资最终计算系数如表 2 所示。

表 2　计算系数

<table>
<tr><th></th><th>部门年考核优秀</th><th>部门年考核合格</th><th>部门年考核差</th></tr>
<tr><td>员工年考核优秀</td><td>1.6</td><td>1.4</td><td rowspan="2">0.6</td></tr>
<tr><td>员工年考核合格</td><td>1.2</td><td>1</td></tr>
<tr><td>员工年考核差</td><td>不发绩效</td><td>不发绩效</td><td>不发绩效</td></tr>
</table>

假设某公司某年度的年绩效工资总额为 5 万元。

该公司有两个部门，部门 1 有员工 1、员工 2，员工 1 岗位价值系数为 1、员工 2 岗位价值系数为 1.5。部门 2 有员工 3、员工 4，员工 3 岗位价值系数为 1.25、员工 4 岗位价值系数为 1.75。

部门 1 考核为优秀，员工 1 考核优秀、员工 2 考核合格。

部门 2 考核为差，员工 3、员工 4 考核合格。

则员工 1 的绩效工资为：

5×（1×1.6）/（1×1.6+1.5×1.2+1.5×0.6+1.75×0.6）=5×（1×1.6）/5.35=14 953（元）

员工 2 的绩效工资为：

5×（1.5×1.2）/（1×1.6+1.5×1.2+1.25×0.6+1.75×0.6）=16 822（元）

其余类推。

附录 2　自学资源

图书

三茅人力资源网读书学习小组书籍推荐，http：//www.hrloo.com/g/ds/list10#bf.
戴天宇. 超越执行力：科学管理，从科学的制度设计开始[M]. 清华大学出版社，2010.
李秀华. 公司薪酬涉税处理[M]. 中国税务出版社，2011.
徐斌. 薪酬管理与设计禁忌 86 例[M]. 电子工业出版社，2011.
全怀周. 走出薪酬管理误区[M]. 企业管理出版社，2013.
[美]鲍勃・纳尔逊. 1001 种奖励工人的方法[M]. 朱和中，译. 中华工商联合出版社，2011.
[美]理查德・亨德森. 薪酬管理[M]. 北京师范大学出版社，2013.
[美]乔治・米尔科维奇. 薪酬管理（第 11 版）[M]. 中国人民大学出版社，2014.

网站

国际薪酬管理专业期刊，Compensation & Benefits Review. https：//journals.sagepub.com/home/cbr.
哈佛商业评论，http：//www.ebusinessreview.cn/.
美国代表性薪酬管理网站：
https：//www.payscale.com.
https：//www.glassdoor.com.
https：//www.salary.com.
http：//www.manpower.com.
美国国家学术出版社（National Academies Press，NAP）可注册免费下载英文图书.
网站 Academic.Edu 可注册免费下载英文图书.

论文

Gupta N，Shaw J D. Employee Compensation：The Neglected Area of HRM R esearch[J]. Human Resource Management Review，2014（1）：1-4.

Human Resources Management Panel.Broadband Pay Experience in the Private Sector[P]. 2003.

James F Rand，Randal S Franz.Beyond Broadbanding[J]. ACA News，1998（3）：24-28.

Sierra，Lorenzo.The Next Generation of Broadbanding[J]. ACA News，1998（2）：21-24.

参考文献

[1] HACKMAN J R，OLDHAM G R. Motivation through the design of work：test of a theory[J]. Organizational Behavior & Human Performance，1976（2）.

[2] 中央编译局. 资本论：第 1 卷[M]. 北京：人民出版社，1975.

[3] [巴西]里卡多·塞姆勒. 塞氏企业[M]. 师冬平，欧阳韬，译. 杭州：浙江人民出版社，2016.

[4] HAMERMESH D S，BIDDLE J E. Beauty and the labor market[J]. NBER Working Papers，1994（5）.

[5] 江求川，张克中. 中国劳动力市场中的美貌经济学：身材重要吗？[J]. 经济学（季刊）,2013（3）：983-1006.

[6] Dunning D，Johnson K，Ehrlinger J，et al. Why people fail to recognize their own incompetence[J]. Current Directions in Psychological Science，2003（3）.

[7] 张嘉昕. 马克思工人合作工厂理论视阈下的蒙特拉贡合作公司研究[J]. 马克思主义研究，2012（11）.

[8] 中华全国供销合作总社赴以色列考察团. 以色列合作社考察报告[J]. 中国合作经济，2010（2）.

[9] 胡放之. 西方 200 年来工资决定理论概述[J]. 湖北科技学院学报，2005（4）.

[10] 亚当·斯密. 国民财富的性质和原因的研究[M]. 北京：商务印书馆，1972.

[11] 丁冬青. 约翰·穆勒的工资理论研究[D]. 杭州：浙江大学，2009.

[12] 李国飞. 劳动力市场上搜寻模型的拓展研究[D]. 天津：天津大学，2006.

[13] SHAPIRO C，STIGLITZ J，REVIEW A E，et al.. Equilibrium Unemployment as a worker discipline device[J]. American Economic Review. 1984（3）.

[14] BROSNAN S F，WAAL F B M. Fairness in animals：where to from here？[J]. Social Justice Research，2012（3）.

[15] HOLTZ-EAKIN D，JOULFAIAN D，ROSEN H S. The carnegie conjecture：some empirical evidence[J]. Quarterly Journal of Economics，1993（2）.

[16] 祖伟，龙立荣，刘得明. 基于前景理论视角的薪酬管理五大误区分析[J]. 华东经济管理，2010（12）.
[17] RICHARD P FREEMAN，DOUGLAS L KRUSE. Profit sharing：an American presidential history[OL]. https：//www. huffpost. com/entry/profit-sharing-an-america_b_8056668.
[18] SAUL ESTRIN，VIRGINIE PEROTIN，ANDREW ROBINSON，NISK WILSON. Profit- Sharing in OECD countries：a review and some evidence[J]. business Strategy Review，1997（4）.
[19] FATHI FAKHFAKH，VIRGINIE PEROTIN. The effects of profit-sharing schemes on enterprise performance in France[J]. Economic Analysis，2000（2）.
[20] DOUGLAS L KRUSE，Profit sharing and productivity：micro economic evidence from the United States[J]. The Economic Journal，1992（401）.
[21] 王珍，沈建国. 李炳炎与威茨曼两种分享经济理论的比较[J]. 经济纵横，2009（5）.
[22] 佚名. 从美港口罢工风潮看美劳工制度的隐患[J]. 内参选编，2003（1）.
[23] 王欣. 日本企业薪酬制度的发展及启示[J]. 企业管理，2016（4）.
[24] 廖建桥，蔡婷，文鹏. 激励系数：一个衡量薪酬激励性的新概念[J]. 华中科技大学学报（社会科学版），2009（5）.
[25] 胡左浩. 华为的变与不变——以客户价值创造为核心的持续变革[J]. 清华管理评论，2019（10）.
[26] 狄英，史军. 公司增加值计算方法探讨[J]. 现代经济信息，2011（14）.
[27] 李海，李飞. H 公司车间工资管理及其优化[J]. 中国人力资源开发，2009（1）.
[28] 佚名. 劳动力管理软件曲线破解用工难题[EB/OL]. http：//it.chinabyte.com/355/12263355.shtml.
[29] 孙琼英，侯佳. 胖东来们的管理新思维：高工资 = 低成本[EB/OL]. http：//news. efu. com. cn/newsview-1043481-1. html.
[30] 王诗武. 减员加薪带来高效率[J]. 四川烹饪，2008（5）.
[31] 张玲. 心理因素如何影响风险决策中的价值运算？——兼谈 Kahneman 的贡献[J]. 心理科学进展，2003（3）.
[32] 张凤林，代英姿. 西方内部劳动力市场理论评述[J]. 经济学动态，2003（7）.
[33] 朱田庆. 岗位评价“热”后的“冷落”[J]. 中国劳动，1996（3）.
[34] GILBERT，KAY. The role of job evaluation in determining equal value in tribunals[J]. Employee Relations，2005（1）.
[35] 美国联邦政府人事管理局. 美国联邦政府职位划分手册[EB/R]. https：//www.opm.gov/policy-data-oversight/classification-qualifications/classifying-general-schedule-positions/classifierhandbook.

[36] 王凌峰，杜艳玲，胡卫敏. 岗位评价得分与市场薪酬偏离问题及解决[J]. 企业管理，2019（5）.
[37] 萧鸣政. 工作分析的方法与技术[M]. 北京：中国人民大学出版社，2014.
[38] 王小刚. 企业薪酬管理最佳实践[M]. 北京：中国经济出版社，2010.
[39] 邢丽. 三次样条插值端点约束条件的构造与 Matlab 实现[J]. 上海第二工业大学学报，2012（4）.
[40] MADIGAN R M，HOOVER D J. Effect of alternative job evaluation methods on decisions involving pay equity[J]. Academic Manag Journal，1986（1）.
[41] BERROCAL F，GARCÍA M，RAMÍREZ-VIELMA R. Influence of the type of method on the results of job evaluation[J]. UCJC Business and Society Review. 2018（15）.
[42] 邓大松，刘振宇. 基于 RBRVS 的县级公立医院绩效薪酬管理体系探析——以江西省于都县人民医院为例[J]. 江西财经大学学报，2017（6）.
[43] GUPTA N，DOUGLASJENKINSJR G. Practical problems in using job evaluation systems to determine compensation[J]. Human Resource Management Review，1991（2）.
[44] 程元辉. 本田薪酬考核跳一大级需 15 年[J]. 中国人力资源开发，2012（4）.
[45] 栾润峰. 精确管理详解[M]. 北京：中信出版社，2009.
[46] 李月娥. 美国学者关于美国企业福利资本主义的研究述评[J]. 国外社会科学，2006（2）.
[47] HENNESSEY HARRY，PERREWE PAMELA，HOCHWARTER WAYNE. Impact of benefit awareness on employee and organizational outcomes：a Longitudinal field examination [EB/OL]. http：//connection. ebscohost. com/c/articles/13237621/impact-benefit-awareness-employee-organizational-outcomes-longitudinal-field-examination.
[48] [美]戴维·西洛塔. 激活：让员工享受工作[M]. 北京：中国人民大学出版社，2016.
[49] 理仁. 杰克·韦尔奇的功与过[J]. 招商周刊，2004（24）.
[50] 郭文英. Black-Scholes 期权定价公式的简化推导[J]. 山西财经大学学报，2002(S2).
[51] 关莉. 修正的 Black-Scholes 期权定价模型及其数值解法[D]. 昆明：云南大学，2001.
[52] 李红斐，杨忠直. 我国国有上市公司股权激励方案的设计研究[J]. 南开管理评论，2002（2）.
[53] 张剑鲲. 绝不为短期利益出卖未来[M]. 北京：清华大学出版社，2007.
[54] 吴嵋山. 动态股权分配方案设计[J]. 上海管理科学，2002（3）.
[55] 曾庆宗. 动态股权分配法[J]. 企业管理，1999（10）.
[56] 张贯京. 华为四张脸 海外创始人解密国际化中的华为[M]. 广州：广东经济出版社，2007.

[57] 刘峰. 萨班斯法案：由来、影响及争论[EB/OL]. http://www.cicpa.org.cn/knowledge/hyfzyjzl/200805/t20080530_12778.html.

[58] 孙玉梅. 时间有价证券——德国大众汽车公司人力资源管理的创新[J]. 北京市计划劳动管理干部学院学报，2000（2）.

[59] 水落落. 应出勤/实际出勤/计薪天数等难倒一大波英雄儿女[EB/OL]. https：//www.hrloo. com/rz/14108398.html.

[60] 娄娜. 加班现象及加班规定研究[J]. 中国人力资源开发，2009（4）.

[61] 许苏，郁勤明. 一拖齿轮厂以市场价值为导向的薪酬分配体系[J]. 企业管理，2008（5）.

[62] GREENBERG，JERALD. Employee theft as a reaction to underpayment inequity：the hidden cost of pay cuts[J]. Journal of Applied Psychology，1990（5）.

后 记

2003 年 7 月笔者硕士毕业后到桂林电子工业学院（三年后更名为“桂林电子科技大学”）发展规划处工作，无意间读到一本薪酬管理畅销书，在家人鼓励下，便完成第一部书稿，于 2005 年在中国时代经济出版社出版。当时的书稿并非教材，而是教辅读物。

2008 年 9 月笔者调到桂林电子科技大学管理学院（次年更名为“商学院”）任教，主讲的第一门课程即“薪酬管理”，后来多次主讲该课程。2019 年出版《薪酬管理：理论与实务》教材。使用该教材两轮后，发现一些地方需要完善。于是今年花了一些时间，进行修订后再出版。故本书对于编者而言，实际上是第 2 版，只是由于并非在同一个出版社出版，按国内目前规定不能在封面印上第 2 版字样。

本教材偏重中小公司实务，因为大部分公司都是中小公司。另外，薪酬管理本身是一个高度实务导向的领域，过度学术化的讨论缺乏实践意义，如编者曾读到一篇使用遗传算法研究国有林场管理层薪酬最优分配方案的文章。文章从学术角度看没问题，但实际上不可能有林场会选择此类文章去实践，因为过于复杂。再如有论文研究人格特质对薪酬公平、工作满意度的关系，现实的薪酬管理实践中不会有公司去思考此类关系，实践价值很小。因此，相对而言本书更侧重实务，学术性内容并非重点。

从教学方法上看，薪酬管理基本属于纯文字课程，偶有计算也是简单的加减乘除居多，知识学习本身难度小，重在学习系统性与实务。因此，全部由教师讲授，意义不大，反而容易引起学生厌倦。为此，本教材加入较多阅读材料，教师可以安排学生随堂阅读，提问、讨论与分析。

笔者计划每三到四年修订一次。本次修订参考学界同行的研究成果以及一些互联网材料，标引出处如有疏漏请电子邮件告知更正。

由于个人知识积累、时间精力不足，本书必然有不妥之处，期待读者反馈宝贵意见，以便在今后版本中不断完善。编者电子邮箱 1493352071@qq.com。

王凌峰
桂林电子科技大学商学院
2021 年 6 月于桂林